U0801465

金诚同达30周年——创始合伙人寄语

乘风奋楫，笃志超越！

——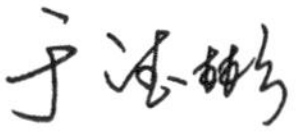

1992年邓小平南方谈话开启了“春天的故事”，那年我们创办律所。30年，须臾之间，我们也将成为律所发展史中的过客。然而，留下的“金诚同达”（JT&N）律所名称、制度、文化，将伴随律所“做久、做强、做大、做出品牌”，直到永远……

——

我一直坚信，人有双手，可取亦可予。从孤独前行到浩浩荡荡，从筚路蓝缕到广大海内，30载朝乾夕惕，半甲子参赞化育，成就了今天的金诚同达。我们在这里奋斗、奉献，也在这里收获、成长。愿以我们这30年的梯山航海，化作一代代金诚同达人英特迈往的灯火航标。最后我想对金诚同达说：浮世三千，吾爱有三，日月与卿，日为朝，月为暮，卿为朝朝暮暮……

——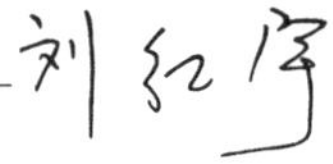

祝贺文集出版！感谢改革开放，给了法律人凭心做事、实现自我并且服务社会的机会。30年，很开心与各位金诚同达人相伴同行。祝福金诚同达！

——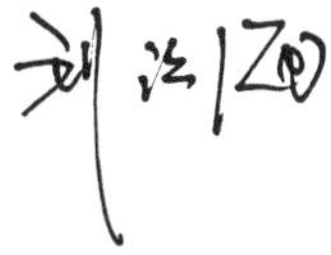

祝贺金诚同达30年！百尺竿头更进一步！

——

11位创始合伙人30年不离不弃的坚守，铸就了金诚同达今日的辉煌，也成就了律师业界一段传奇佳话。感恩30年风雨同舟的同仁，感恩改革开放的伟大时代，感恩30年一路同行、共同成长的“衣食父母”！祝愿金诚同达明天会更好！

——[illegible]

30年前，11位创始合伙人中的大部分人是大学老师；在邓小平南方谈话精神的鼓舞下，大家认为法律的更大价值在于实施，中国未来不缺大学教授，缺的是优秀律师，从而投身于律师行业。30年来，身为法律人，我们一只手擎着客户的信任委托，为维护客户权益和增进客户利益殚精竭虑，另一只手托着宪法法律，为法治中国建设不遗余力。未来日子里，希望金诚同达人仍然保持谦逊谨慎、不骄不躁的优良传统，尊崇“进取、合作、诚信、包容、创新”的核心价值观，永远有担当，永远去争先，永远都靠谱！

——庞正忠

30年前，我们顺应时代召唤，放弃“铁饭碗”投身律师行业，以钻木取火之心寻安身立命之处。30年弹指一挥间，得益于众同仁拾柴添薪，得益于志同道合，当年的星星之火已呈燎原之势。希冀30年后，金诚同达能成为更多法律人愿意“以身相许”，共同砥砺前行的一座永不熄灭的灯塔。

——郑胜

30年恍如瞬间，但它是我们最好的青春创业的30年。有赖于不离不弃的11位创始合伙人和诸位同仁戮力工作，金诚同达持续发展壮大；看到年轻同仁的专业著述、重大案例不断涌现，倍感欣慰。祝愿金诚同达行稳致远！

——[illegible]

三十年过往，如歌，未忘……

卅年后启程，既往，奋扬！

——梁明

JT&N is not only 30 years old, we are also 30 years stronger, better!

We will be even better and stronger in the next 30 years! ——Lan Lan

JT&N 金诚同达

金诚同达30周年文集

科创板技术秘密审查与技术秘密刑事保护

李德成 白露◎著

SSE STAR MARKET'S
JUDICIAL REVIEW OF KNOW-HOW
AND
CRIMINAL PROTECTION OF KNOW-HOW

法律出版社 LAW PRESS · CHINA | 北京

图书在版编目(CIP)数据

科创板技术秘密审查与技术秘密刑事保护 / 李德成，白露著. -- 北京:法律出版社,2022
ISBN 978 - 7 - 5197 - 7163 - 8

Ⅰ. ①科… Ⅱ. ①李… ②白… Ⅲ. ①科学技术－保密法－刑法－研究－中国 Ⅳ. ①D922.174

中国版本图书馆 CIP 数据核字(2022)第 184756 号

科创板技术秘密审查与技术秘密刑事保护
KECHUANGBAN JISHU MIMI SHENCHA YU JISHU MIMI XINGSHI BAOHU

李德成 白 露 著

策划编辑 周 洁 林 蕊
责任编辑 周 洁 林 蕊
装帧设计 汪奇峰

出版发行 法律出版社
编辑统筹 司法实务出版分社
责任校对 李慧艳
责任印制 胡晓雅
经　　销 新华书店

开本 710 毫米×1000 毫米 1/16
印张 18 **字数** 254 千
版本 2022 年 11 月第 1 版
印次 2022 年 11 月第 1 次印刷
印刷 天津嘉恒印务有限公司

地址:北京市丰台区莲花池西里 7 号(100073)
网址:www.lawpress.com.cn
投稿邮箱:info@lawpress.com.cn
举报盗版邮箱:jbwq@lawpress.com.cn

销售电话:010 - 83938349
客服电话:010 - 83938350
咨询电话:010 - 63939796

版权所有·侵权必究

书号:ISBN 978 - 7 - 5197 - 7163 - 8
定价:68.00 元

凡购买本社图书,如有印装错误,我社负责退换。电话:010 - 83938349

作者简介

李德成，金诚同达律师事务所高级合伙人，北京大学知识产权学院兼职教授，最高人民检察院民事行政诉讼监督案件专家委员，曾任中华全国律师协会第七、八、九届知识产权专业委员会执委、副主任（兼任秘书长）。商业（技术）秘密诉讼与刑事保护领域顶级的法律专家，主持起草了《公安部知识产权刑事保护程序指引（建议稿）》，参与了一系列与商业秘密有关的立法、修法活动。主办（代理）的商业秘密经典案例有：蓝思公司刑事控告离职员工和立讯公司侵犯商业秘密案；沈鼓集团诉斯特公司商业秘密侵权案；同方威视诉君和信达案；江苏圣奥控告山西翔宇案；东方实业应诉中国蓝星案；华锐风电应诉美国超导案；中微半导体公司诉美国Lam公司案；安捷伦控告上海仪盟案等有重大影响的案件。

1992-2022
JT&N 30th ANNIVERSARY

作者简介

白露，金诚同达律师事务所高级合伙人，在高新技术领域核心技术的知识产权保护、公司上市与并购重组中核心技术法律核查等方面有非常丰富的实践经验。拥有多年互联网上市公司、私募基金管理公司法务管理工作经验和证券公司资本市场法律服务经验，并对资本市场与核心技术交叉领域的法律服务有深入的研究。负责处理的商业秘密诉讼案件，拟上市公司核心技术知识产权真实性、合法性审查，私募基金与并购重组知识产权专项服务等项目均取得了良好的效果。主办（代理）的商业秘密经典案例有：花儿绽放诉盘石盘兴商业秘密侵权案；沈鼓集团诉斯特公司商业秘密侵权案；某拟上市公司总工程师侵犯商业秘密罪案；某上市公司指控离职员工及竞争对手侵犯商业秘密罪案等有重大影响的案件。

1992-2022
JT&N 30th ANNIVERSARY

制度为舟，文化扬帆

——30 周年文集代序

2022 年，金诚同达成立 30 周年！

金诚同达过往 30 年的发展可分三个阶段来概括：第一个 10 年谋生存，第二个 10 年求发展，第三个 10 年上台阶。这三个阶段也是中国社会经济发展脉络的真实写照。1992 年，邓小平南方谈话，迎着改革大潮，金诚同达正式创立。进入 21 世纪，中国加入世界贸易组织，成功举办奥运会，社会经济进入高速发展期，包括金诚同达在内的诸多中国律所也进入快速发展轨道，在和世界的接触与碰撞中，不断突破自我。进入第三个 10 年，我国继续强化国内法治与涉外法治建设，中国律师行业亦加速变革以适应社会变化带来的机遇和挑战。在这 10 年间，金诚同达脚步坚实，锐意进取，不仅迈入千人大所行列，也不断夯实律所制度与文化建设，取得越来越多的成绩。

在这 30 年里，未曾改变的是，金诚同达一直在坚持不懈地修炼内功，其中最关键的有两件事情——一是建设完善我们的制度，二是总结弘扬我们的文化。

金诚同达的制度体系有“四梁八柱”，涵盖了合伙人会议以及管理机构批准通过的 100 多项规章制度。我们在制度建设和完善的过程中，始终把制度执行放在一个非常重要的位置，也就是一切以制度为准绳，没有人和事可以超越制度。

制度是硬件，文化是软件，两者相辅相成，主要调整和丰富三方面的关系：一是合伙人之间的关系；二是合伙人和律师、职能人员的关系；三是律所和社会的关系。

金诚同达最值得骄傲的事情之一，就是建所30周年了，11名创始合伙人都还在所里，没有一人离开。据我了解，这在有30年历史的综合性中国律所中，可能是唯一的一例。“人和”是合伙文化的基础，深深根植在我们的基因里。“人和”的文化也是靠制度保障的，我们有一套合理的退休制度，其中3名创始合伙人已经在事务所正式退休了。

我们在2019年做管理体制改革时，制度上明确了合伙人参与事务所管理和决策的权力主要通过合伙人会议行使，在律所日常运营中，合伙人也是律所的全职员工，要服从律所的管理，所以合伙人个体与员工个体之间不是老板和雇员的关系，合伙人、律师和职能人员，都是律所的平等一员。基于这个理念，我们倡导并特别注重建设律所平等的工作氛围，并有计划地促进员工之间的互动交流。比如，我们打造一个品牌活动——“文化周”，新冠肺炎疫情爆发前已经举办了两届。在“文化周”期间，我们会密集组织全国同仁进行专业探讨，也会举办多场文体和公益活动，得到了很多员工以及家属的热烈欢迎。我们的培训活动也是全方位、多层次的，针对初、中、高不同年级的律师，有“金石计划”“金鹰计划”“金牌律师计划”，此外还有专门针对合伙人和职能部门的培训。金诚同达研究院在近5年时间里，举办了200多场培训，还有很多线上课程。更重要的是，我们的培训会从拓展活动开始，然后再进行专业领域的互动交流，大家都非常喜欢。

作为一家在社会颇有影响力的品牌律所，我们也很注重加强律所和社会的互动交流，这也是我们文化建设的重要组成部分。比如，我们和上海辅读学校进行结对共建后，律所宣传画用了很多辅读学校孩子们的画。我们还把他们的画在律所相关活动中进行义卖，使孩子们能够感受到自己作品的价值。今年我们还和中国非物质文化遗产保护协会、敦煌研究院签署了公益法律服务合作协议，作为我们30周年庆祝活动的重要组成部分，所以今年律所的宣传画、节日海报等均以非遗文化作品作为背景进行创作。金诚同达参与的其他公益活动还有许多，我们希望金诚同达发展到30周年之际，除了在律所内部继续完善制度、弘扬文化之外，还能够更多地与社会形成互动，更多地展现一家30年律师事务所的社会责任和担当。

物有甘苦，尝之者识；道有夷险，履之者知。当前全球化与逆全球化激烈交锋、国际局势变幻莫测，中国正面临百年未有之大变局。“坚持统筹推进国内法治和涉外法治”是习近平法治思想“十一个坚持”的重要组成部分。中国在向世界展示深化改革开放、积极参与全球多边经贸治理、构建更高水平的制度型开放体系的信心和决心，中国律师行业也正加速改革以适应变化带来的机遇和挑战，沿着专业化、品牌化、规模化、国际化的方向快速推进。

历史长河中，30年转瞬即逝，生命岁月的30年也是骐骥过隙，但对于一家全国领先的综合性律所而言，三十而立，风华正茂，在磨砺中闪耀，在奋斗中升华。

金诚同达将继续遵循“进取、合作、诚信、包容、创新”的核心价值观，加快业务布局、加大人才引进，为持续高质量发展积聚能量，力求“做久、做强、做大、做出品牌”。

金诚同达也将继续坚持“行稳致远”的发展理念，以制度为舟，文化扬帆，乘风奋楫，笃志超越！

金诚同达律师事务所主任 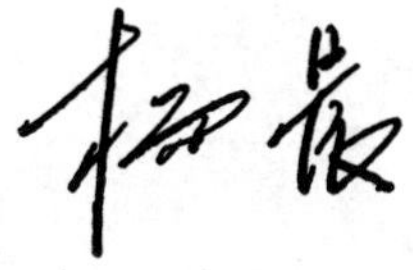

二〇二二年八月十五日

金诚同达 30 周年文集序言

一元复始，万象更新，凡是过往，皆为序章。

守望三十载，诗文会今朝
玉筵鸿鹄至，仙音凤凰调
乘风蹈墨海，奋楫动文潮
长歌九万里，月引和青霄

2022 年，金诚同达成立 30 周年。历史长河的 30 年转瞬即逝，生命岁月的 30 年也是骐骥过隙。金诚同达，三十而立，经历了中国合伙制律师事务所求生存、谋发展、上台阶的整个历程，从蹒跚学步到意气风发，凝聚着一代人的奋斗与担当。在过去的 30 年里，金诚同达铸就了自己的文化和底蕴；在未来，文化和底蕴将滋养和成就金诚同达。

金诚同达律师素来重视专业研究和业务探讨，不少律师出版过专著、案例集、文集。为了三十周年所庆，所内专门征集了一批近期完成的新作，统一出版，作为律所知识管理的重头戏——金诚同达 30 周年文集。

金诚同达在业内有一个故事：创所初期的 11 位创始合伙人，自 1992 年至今没有一位离开，其中除了 3 位已经从所内退休，其他 8 位还在业务一线。这样一代一代的言传身教，潜移默化地吸引、影响金诚同达人。“进取、合作、诚信、包容、创新”的核心价值观，在金诚同达的文化和制度的相互支持与促进中，得到坚守、传承。

“争做法律服务行业的领航者。”这是金诚同达人的使命。在“守信金诚，励志同达”理念的坚持下，金诚同达必定会在法律服务市场上不断突破创新、稳健向前。

30 周年，是金诚同达的全新开始。

金诚同达三十周年筹备委员会

2022 年 7 月 6 日

法律法规简称*

全称	本书简称
《中华人民共和国刑法》	《刑法》
《中华人民共和国反不正当竞争法》	《反不正当竞争法》
《中华人民共和国著作权法》	《著作权法》
《中华人民共和国保守国家秘密法》	《保守国家秘密法》
最高人民法院、最高人民检察院《关于办理侵犯知识产权刑事案件具体应用法律若干问题的解释（三）》	《刑事司法解释（三）》
最高人民法院《关于审理侵犯商业秘密民事案件适用法律若干问题的规定》	《商业秘密民事案件若干规定》
《中华人民共和国刑事诉讼法》	《刑事诉讼法》
最高人民法院《关于适用〈中华人民共和国刑事诉讼法〉的解释》	《刑诉法解释》
《人民检察院审查案件听证工作规定》	《审查听证规定》
《人民检察院听证员库建设管理指导意见》	《听证员库建设意见》
《中华人民共和国民法典》	《民法典》
最高人民法院《关于刑事附带民事诉讼范围问题的规定》（已失效）	《刑事附带民事诉讼范围规定》

* 为行文方便，本书设有法律法规简称表。此表中，除标注“已失效”的外，均为出版时现行有效的版本。文中涉及此前版本的，扩注施行年份。——编者注

续表

全称	本书简称
最高人民法院、最高人民检察院《关于办理侵犯知识产权刑事案件具体应用法律若干问题的解释》	《知识产权刑事解释》
全国人民代表大会常务委员会《关于司法鉴定管理问题的决定》	《司法鉴定的决定》
最高人民检察院、公安部《关于修改侵犯商业秘密刑事案件立案追诉标准的决定》	《侵犯商业秘密案件立案追诉标准》
最高人民检察院、公安部《关于公安机关管辖的刑事案件立案追诉标准的规定（二）》	《公安机关管辖刑事案件立案追诉标准（二）》
最高人民法院《关于审理不正当竞争民事案件应用法律若干问题的解释》（已失效）	《审理不正当竞争的解释》
《中华人民共和国合同法》（已失效）	《合同法》
最高人民法院《关于审理技术合同纠纷案件适用法律若干问题的解释》	《关于审理技术合同纠纷案件适用法律若干问题的解释》
《中华人民共和国民法总则》（已失效）	《民法总则》

目　录

·上篇　科创板技术秘密审查·

第一章　科创板核心技术秘密审查存在的问题与建议 …………………… 3
第一节　公司核心技术是否包含技术秘密 ………………………………… 3
第二节　核心技术人员兼职与变动引发技术秘密侵权 ……………………… 4
第三节　合作研发项目合作方对核心技术秘密的保密措施 ………………… 5
第四节　核心技术人员认定的合理性与核心技术研发真实性 ……………… 6
第五节　公司受托开发的技术成果归合作方是否含核心技术秘密 ………… 7
第六节　核心产品终端设备载负核心技术是否因市场流通泄密 …………… 8
第七节　大股东与竞争对手专利交叉许可涉发行人技术秘密 ……………… 9
第八节　购买特种设备做同类研发涉技术秘密侵权风险 ………………… 10
第九节　涉植物新品种权和商业秘密被侵权未结诉讼的审查 …………… 11
第十节　涉技术秘密侵权案未开庭审理撤诉 ……………………………… 12
第十一节　公司外协加工生产环节技术秘密保护措施 …………………… 13
第十二节　软件源代码技术秘密侵权诉讼和解 …………………………… 13

第二章　涉软件源代码技术秘密被诉侵权问询 ………………………… 16
第一节　发行人源代码技术秘密涉外纠纷案情简介 ……………………… 16
第二节　源代码技术秘密侵权纠纷的实务要点 …………………………… 17
一、涉技术秘密纠纷首轮问询及答复 …………………………………… 17
二、涉软件源代码技术秘密问题的分析与预判 ………………………… 20

第三章　核心产品终端设备涉技术秘密的审查 ………………………… 22
第一节　发行人的基本情况和对核心技术知识产权保护措施的披露情况 …… 22

一、发行人系国内智慧农业企业 …………………………………… 22
二、公司针对核心技术所采取的知识产权保护措施…………………… 22
第二节　核心产品终端设备涉技术秘密的实务要点……………………… 23
一、核心技术的技术难点和技术要求 ………………………………… 23
二、涉技术秘密再次问询的分析与预判 ……………………………… 24

第四章　涉商业秘密纠纷上会前被举报的专项核查………………………… 27
第一节　发行人涉商业秘密案件及被举报的基本情况 ………………… 27
第二节　涉商业秘密纠纷上会前被举报的实务要点……………………… 28
一、涉商业秘密举报的核查与答复 …………………………………… 28
二、涉技术秘密问题的分析与意见 …………………………………… 35

第五章　外协加工涉技术秘密问询的要点……………………………………… 38
第一节　发行人基本情况与核心技术秘密首轮问询情况 ……………… 38
一、发行人系锂电池正极材料研发企业 ……………………………… 38
二、核心技术秘密首轮问询问题与答复 ……………………………… 38
第二节　外协加工涉技术秘密的实务要点 ……………………………… 42
一、生产工艺是否应列为核心技术 …………………………………… 42
二、外协加工生产环节保密措施的有效性 …………………………… 42
三、发行人技术秘密管理与保护制度 ………………………………… 42

第六章　技术秘密涉国家秘密的问询与审查………………………………… 43
第一节　涉国家关键信息基础设施领域企业的基本情况 ……………… 43
第二节　技术秘密涉国家秘密的实务要点 ……………………………… 44
一、核心技术秘密与国家秘密首轮问询与答复 ……………………… 44
二、涉技术秘密再次问询的分析与预判 ……………………………… 47

第七章　业务重组涉核心技术与核心技术人员的问询要点………………… 48
第一节　核心技术来源和核心技术秘密研发人员的问询情况 ………… 48

一、核心技术来源和研发人员首轮问询及回复 …………………………… 48
二、核心技术来源和研发人员二轮问询及回复 …………………………… 49
三、业务重组涉及的核心技术问题 ………………………………………… 50
第二节 业务重组涉核心技术与核心技术人员的实务要点 ……………… 54
一、上市委会议涉核心技术秘密现场问询的问题………………………… 54
二、涉技术秘密问询的分析与值得关注的问题 …………………………… 55

第八章 已撤回技术秘密侵权之诉的问询要点………………………… 64
第一节 发行人基本情况与首轮问询情况 ………………………………… 64
一、发行人系国内半导体设备精密零部件领军企业……………………… 64
二、发行人技术秘密涉诉基本情况 ……………………………………… 65
三、行业技术专家支持与自主研发能力的关系 …………………………… 65
第二节 外协加工涉核心技术的实务要点 ………………………………… 67
一、公司外协的主要工序环节、是否涉及生产关键工序或技术 …… 67
二、涉技术秘密再次问询的分析与预判 …………………………………… 67

第九章 涉植物新品种与商业秘密被侵权纠纷问询要点………………… 69
第一节 发行人基本情况及技术秘密涉及诉讼情况……………………… 69
一、发行人系全球领先农业科技创新企业 ……………………………… 69
二、发行人技术秘密涉诉基本情况 ……………………………………… 70
第二节 涉植物新品种与商业秘密被侵权纠纷的实务要点 ……………… 71
一、核心技术秘密的多轮问询问题与答复 ………………………………… 71
二、涉技术秘密继续问询的分析与预判 …………………………………… 74

第十章 购买特种设备做同类研发涉技术秘密的问询要点……………… 75
第一节 发行人专业从事光纤和光纤环研发生产的基本情况 …………… 75
第二节 购买特种设备做同类研发涉技术秘密的实务要点……………… 76
一、核心技术来源及合作研发情况 ……………………………………… 76
二、涉技术秘密再次问询的分析与预判 …………………………………… 78

第十一章　涉技术交叉许可协议的问询要点 …… 81
第一节　发行人基本情况和涉核心技术秘密首轮问询情况 …… 81
一、发行人系Ⅲ－Ⅴ族化合物半导体材料行业 …… 81
二、核心技术秘密首轮问询问题与答复 …… 82
第二节　涉技术交叉许可协议的实务要点 …… 84
一、发行人现有产品未应用对手方许可的专利问题 …… 84
二、控股公司将其技术秘密申请专利被授权的问题 …… 85
三、公司将控股公司技术秘密申请专利产生的系列问题 …… 85
四、因研发人员在控股股东与发行人任职身份转化所产生的影响问题 …… 85
五、制度安排可能存在的问题与排除重大风险的问询 …… 86

第十二章　多次 IPO 申报涉研发人员离职的问询要点 …… 87
第一节　发行人系智能电网终端设备芯片企业的基本情况 …… 87
第二节　多次 IPO 申报涉研发人员离职的实务要点 …… 88
一、核心技术秘密首轮问询与答复 …… 88
二、核心技术先进性及对外提供技术支持二轮问询与答复 …… 94
三、涉技术秘密问询的分析与值得关注的问题 …… 97

第十三章　涉兼职核心技术人员风险管理的问询要点 …… 99
第一节　发行人系三元前驱体生产商的基本情况 …… 99
第二节　涉兼职核心技术人员风险管理的实务要点 …… 100
一、核心技术来源及核心技术人员离职的影响 …… 100
二、高校兼职人员对核心技术的贡献二轮问询与答复 …… 104
三、涉技术秘密问询的分析与值得关注的问题 …… 106

第十四章　分拆上市涉核心技术秘密的问询要点 …… 108
第一节　发行人基本情况与核心技术秘密的问询情况 …… 108
一、发行人系智能家居服务商和物联网云平台提供商 …… 108

二、涉分拆上市核心技术秘密首轮问询与答复 …………………… 109
三、核心技术秘密第二轮涉资产独立性问询与答复 ……………… 112
第二节　涉分拆上市核心技术秘密的实务要点 …………………… 113

第十五章　核心技术专利涉继受取得的问询要点 …………………… 114
第一节　发行人主营业务为功率半导体芯片的基本情况 ………… 114
第二节　核心技术专利涉继受取得的实务要点 …………………… 115
一、核心技术来源与专利权属纠纷首轮问询与答复 ……………… 115
二、涉技术秘密再次问询的分析与预判 ………………………… 123

第十六章　涉招股说明书披露未结案件技术秘密点 ………………… 127
第一节　发行人基本情况与技术秘密纠纷案情简介 ……………… 127
一、发行人主营危险废物资源化利用和无害化处置 ……………… 127
二、发行人技术秘密纠纷案情 …………………………………… 128
第二节　涉招股说明书披露未结案件技术秘密点的实务要点 …… 129
一、核心专利较少且主要为继受取得的首轮问询与答复 ………… 129
二、核心技术秘密未结诉讼对上市的影响二轮问询与答复 ……… 134

第十七章　核心技术涉非专利出资的问询要点 ……………………… 137
第一节　发行人专注于光伏发电新能源领域的基本情况 ………… 137
第二节　核心技术涉非专利出资的实务要点 ……………………… 138
一、非专利技术出资对公司核心技术来源的影响 ………………… 138
二、涉技术秘密问询的分析与值得关注的问题 …………………… 146

·中篇　技术秘密刑事保护·

第十八章　技术秘密点的数量与修改 ……………………………… 151
第一节　确定秘密点的因素与注意事项 ………………………… 151
一、确定秘密点时要考虑的因素 ………………………………… 151

二、确定秘密点数量时的注意事项 …… 151
第二节 技术秘密保护范围的修改 …… 153
一、立案前与立案后的非公知性鉴定 …… 153
二、办案单位应有条件地允许修改 …… 154

第十九章 有效防范再次泄密措施 …… 155
第一节 受害单位及时提出申请防范再次泄密 …… 155
一、受害单位提出申请的依据与内容 …… 155
二、分不同目的不同阶段分别提交 …… 157
第二节 鉴定意见仅告知结论与涉密文件禁止复制 …… 158
一、告知鉴定意见结论而不将全文交嫌疑人质证 …… 158
二、涉案秘密文件只允许查阅禁止复制 …… 159

第二十章 对技术秘密保密措施质疑的核查 …… 160
第一节 涉案技术秘密共有对保护措施的核查要求 …… 160
一、技术秘密保护措施核查的基本要求 …… 160
二、对各共有人保密措施核查的具体内容 …… 161
第二节 受托加工方提出控告与涉案秘密曾被组织培训 …… 161
一、应核查与委托方有关的保密措施 …… 161
二、涉案技术秘密曾被培训应核查保密措施针对性 …… 162
第三节 载负技术秘密市场流通产品的保密措施核查 …… 163
一、核查保密措施能否达到应有的特殊程度 …… 163
二、核查保密措施与市场流通被侵权产品的关联性 …… 163
第四节 涉案技术秘密曾被泄露的核查 …… 164
一、核查是否有相反证据证明该信息已经泄露 …… 164
二、通过核查排除合理怀疑的具体方法 …… 165

第二十一章 技术秘密审查起诉听证 …… 166
第一节 技术秘密审查起诉听证的相关规定 …… 166

一、人民检察院审查起诉听证法律规定 …… 166
二、可以召开听证会的案件类型和适用情形 …… 166
三、公开听证和不公开听证 …… 167
四、听证的法律效力 …… 167
第二节 审查起诉阶段召开听证会的必要性与建议 …… 167

第二十二章 审查批捕阶段十种情况要听取辩护律师意见 …… 169
第一节 检察机关需要听取辩护意见的具体情况 …… 169
第二节 核查保密措施、审查批捕与审查起诉听证的密切关联性 …… 170

第二十三章 受害单位技术专家的重要作用 …… 173
第一节 技术专家团队有三个方面的重要作用 …… 173
一、权利基础证据确定 …… 173
二、协助指控证明犯罪事实 …… 174
三、排除合理怀疑 …… 174
第二节 有效发挥技术专家作用的方法与注意事项 …… 174

第二十四章 技术秘密刑事附带民事诉讼 …… 176
第一节 商业秘密罪刑附民的法律适用与探索 …… 176
一、商业秘密罪刑事附带民事诉讼的法律规定 …… 176
二、商业秘密刑事附带民事诉讼的有益探索 …… 177
第二节 积极探索审慎受理附带民事诉讼 …… 178
一、受理刑事附带民事诉讼要考虑的问题 …… 178
二、不宜接受刑事附带民事诉讼的几种情况 …… 179
三、已有刑事附带民事案例调研情况的说明 …… 179

第二十五章 技术秘密鉴定和评估的费用承担与资质问题 …… 180
第一节 鉴定和评估应允许委托机构与付费主体分离 …… 180
一、技术秘密委托鉴定的法律规定 …… 180

二、鉴定费与评估费支付存在的问题与建议 …… 181
第二节 鉴定与评估机构不需要司法行政登记管理的法定资质 …… 182

第二十六章 技术秘密民案先起刑事立案不应受其影响 …… 184
第一节 先刑后民和先民后刑均无法律依据 …… 184
第二节 刑事立案不应受是否提起民事诉讼的影响 …… 186

·下篇 2021 年度商业秘密案例评析·

第二十七章 员工携密跳槽不正当手段认定对定罪的影响 …… 191
第一节 博威公司刑案中的不正当手段 …… 191
第二节 利诱携密员工非法获取技术秘密的认定 …… 192

第二十八章 技术秘密案件中的贡献率 …… 194
第一节 “天赐诉纽曼案”顶格适用惩罚性赔偿 …… 194
第二节 对技术贡献率适用条件的反思 …… 195

第二十九章 倒卖苹果拟上市手机 3D 图九人涉刑 …… 198
第一节 富泰华公司控告员工倒卖披露手机 3D 图案 …… 198
第二节 经许可的商业秘密使用人有权控告 …… 199

第三十章 侵犯商业秘密法定代表人承担连带赔偿责任 …… 201
第一节 “香兰素案”被告法定代表人构成共同侵权 …… 201
第二节 可能构成商业秘密犯罪移送公安机关处理 …… 202

第三十一章 从音王商业秘密案析刑事司法解释适用 …… 205
第一节 “音王案”犯罪行为区分违约型与侵权型 …… 205
第二节 对《刑事司法解释（三)》的困惑与思考 …… 206

第三十二章 软件源代码技术秘密实质相同的认定 …… 208
第一节 “理正软件源代码案”先刑后民 …… 208
第二节 软件源代码的同一性鉴定与共同侵权认定 …… 209

第三十三章 市场流通产品载负技术秘密是否容易获得 …… 212
第一节 被侵权产品市场流通零极公司诉请被驳 …… 212
第二节 通过权利人产品容易获得涉案技术秘密 …… 212

第三十四章 根据勘验结果推定使用技术秘密判巨额赔偿 …… 216
第一节 “优铠公司优选锯案”改判巨额赔偿 …… 216
第二节 最高人民法院根据勘验结果推定构成侵权 …… 217

第三十五章 诉前对不为公众所知悉的证据准备 …… 220
第一节 “瑞昌诉明远案”认定经营秘密与技术秘密均侵权 …… 220
第二节 合理分配不为公众所知悉的证明责任 …… 221
一、将原公司技术秘密申请专利构成侵权的民事责任与后续法律救济问题 …… 221
二、员工违反约定利用原单位经营秘密进行（或帮助）交易违法事实认定的方法以及侵权行为发生时员工离职与否所产生的影响 …… 221
三、针对争议焦点合理分配“不为公众所知悉”的证明责任并在此基础上做综合判断 …… 222
四、针对已经发生的侵害经营秘密的侵权行为，判决承担停止侵权民事责任的必要性问题 …… 223
五、二审加大了侵权公司实际控制人承担的侵权连带责任 …… 224

第三十六章 软件源代码技术秘密案诉请版本有误被驳 …… 225
第一节 “安美微客诉岭博科技软件源代码案”诉请被驳回 …… 225
第二节 软件源代码技术秘密范围的确定性与真实性 …… 226

第三十七章　新合伙人侵犯商业秘密专利代理所被诉 …… 229
第一节　带走原专利所客户经营秘密侵权案 …… 229
第二节　专利代理行业的客户信赖抗辩 …… 232
第三节　新竞争环境下专利代理所的风险控制 …… 235

第三十八章　对证据保全行为侵犯技术秘密提起诉讼 …… 238
第一节　“思克诉兰光案”区分对内和对外的保密措施 …… 238
一、所指控侵权行为发生在新法生效前且持续至新法生效后，本案应适用新的《反不正当竞争法》及相应的司法解释 …… 239
二、需要判断所采取的保护措施与所主张被侵害的技术秘密的成立是否具有关联性，且要从法律要件和举证责任两方面综合进行分析 …… 240
第二节　市场流通产品的保密措施与反向工程 …… 243
第三节　对诉讼证据保全行为的合法性审查与可诉性 …… 244
一、在技术秘密案中应对所指控的诉讼证据保全行为的合法性进行审查，以及技术秘密民事诉讼与刑事诉讼的博弈关系 …… 244
二、美国科林研发（LAM）在我国台湾地区以专利侵权为由提出证据保全因超出裁定范围查看，被中微公司（AMEC）在上海起诉技术秘密侵权 …… 245
三、最高人民法院针对本案的判决结论对此前被告发起的针对原告技术秘密的刑事控告案产生的实质性影响 …… 246

第三十九章　商榷保密期届满被许可人被认定侵权案 …… 247
第一节　“君德同创诉泽兴公司案”涉及销售方共同侵权 …… 247
第二节　合同义务与技术秘密侵权认定的关系 …… 249
第三节　技术秘密保密期限对技术秘密受法律保护的影响 …… 252
一、技术秘密的保密期限与技术秘密受法律保护的关系需要分析清楚 …… 253

二、诚实信用原则不能成为保密期限届满后附加保密义务的理由……253
三、合同附随的保密义务与保密期限届满后另行要求延长保密期限完全不同……254
四、保密期限届满后技术秘密权利丧失，相对人的行为无须权利人同意……255
五、通过合同解释延长保密期限无异于创设技术秘密的保密措施……255

第四十章　员工违规将技术秘密发个人邮箱是盗窃行为……257
第一节　大连倍通诉崔某吉将数据信息通过公司电子邮箱发送至个人邮箱……257
第二节　将技术秘密信息从公司邮箱外发至个人邮箱的行为定性……258
一、涉案技术尚未投入市场，外发电子邮件仅为程序片段以及技术曾用于违法活动等抗辩事实，对认定构成技术秘密是否产生影响……258
二、将技术秘密信息从公司邮箱外发至个人邮箱的行为，定性为“盗窃”还是“以其他不正当手段获取”之讨论……259
三、将违约金作为认定技术秘密侵权赔偿损失数额的参考因素，值得在类似的案件中学习借鉴……260
四、提起技术秘密侵权诉讼与《信息外泄处置协议》对新侵权行为进一步追诉的约定并不冲突……262
五、定性“盗窃”或“以不正当手段获取”对民事案件影响不大……262
六、民事案件定性为盗窃，希望能够在达成共识的前提下对技术秘密刑事案件产生积极的影响……263

上篇

科创板技术秘密审查

科创板上市必然要面对上市审核机构就核心技术（人员）的各种问询。本书上篇选取公司部门核心技术以商业秘密为保护形式（以下简称核心技术秘密或技术秘密）的拟上市企业，从技术秘密合规管理、技术秘密民事刑事风险防范，技术秘密（潜在）纠纷处理与企业独立持续经营能力的视角，探讨科创板 IPO 企业涉核心技术秘密信息披露、问询与答复等问题。

当前实践对核心技术秘密的审查明显不足，本部分内容针对其中存在的问题并结合近期审查的案例，提出相应的建议和意见。

第二章到第十七章每章介绍一个科创板拟上市企业涉核心技术秘密的问询及回复，通过分析已问询问题和回复，阐述其内在逻辑及必要性的同时，提出继续审查的具体建议。为表述的方便，此部分每章第一节会注明本章案例的发行人，之后本章内提及的发行人即相应公司。

以期有益！

第一章 科创板核心技术秘密审查存在的问题与建议

科创板对核心技术（人员）的问询审查集中在核心技术发明专利，这是必要的，但还不够，因为核心技术秘密的作用同等重要，甚至价值更大。当前对核心技术秘密的审查明显不足，本章针对其中存在的问题分类提出如下建议。本章于每节介绍一个科创板拟上市/已上市企业问询的真实案例，并以此为基础进行提炼总结，为拟赴科创板上市的企业在涉及核心技术秘密审查问题方面提出建议和意见。

第一节 公司核心技术是否包含技术秘密

湖南麒麟信安科技股份有限公司（以下简称湖南麒麟）（发行人）拥有操作系统安全技术、操作系统工控属性实现技术、操作系统版本构建技术、NAS 安全存储技术和文件集中管控技术等 12 项核心技术。但在招股说明书中披露的核心技术对应的知识产权只有专利和软件著作权，未披露有技术秘密。在回复一轮问询时也未说明核心技术中有非专利技术。本书第六章“技术秘密涉国家秘密的问询与审查”中建议核查该公司核心技术是否有以技术秘密作为保护形式的知识产权，并对其真实性、合法性进行再次问询。令人欣慰的是，上市审核机构在第二轮详细问询了发行人核心技术是否有对应的非专利技术，并要求补充披露非专利技术对应的研发人员等。发行人在第二轮问询回复中补充披露了 12 项核心技术中的非专利技术研发人员。由此可知，该公司 12 项核心技术中有 11 项对应为非专利技术。2022 年 5 月 16 日，湖南麒麟通过上市委会议。

科创板 IPO 公司中技术秘密是发行人核心技术但未披露的案例很多。实践中科创企业在正常情况下都有技术秘密，且大部分为其核心技术。这是核心竞争力之本。在上市审核关注发明专利同时，还应加强对核心技术秘密审查，这既是信息披露完整性、真实性的要求，也是甄别“硬科技”企业的必备内容。

此类项目的问询审查应包括：

（1）核心技术中是否有以技术秘密作为保护形式的知识产权；

（2）是否对核心技术秘密自主研发的真实性做过核查并出具报告；

（3）采取了哪些具体的保密措施，是否合理有效；

（4）在委托加工、第三方合作过程中是如何保护核心技术秘密的等。

第二节　核心技术人员兼职与变动引发技术秘密侵权

2022 年 5 月 6 日，浙江帕瓦新能源股份有限公司（以下简称浙江帕瓦新能源）通过上市委会议。公司认定的 5 名核心技术人员中，隐名大股东兼总经理/研究院院长为中南大学冶金与环境学院党委书记，2 名核心技术人员为中南大学在读博士且入职前就职于竞争对手，1 名核心技术人员在报告期内离职。问询已要求浙江帕瓦新能源说明核心技术人员离职是否给公司生产经营造成重大不利影响，其余 3 名员工被认定为核心技术人员的合理性等。

发行人存在核心技术人员兼职，源于竞争对手和报告期内离职的情况，为此应高度关注核心人员引入和流出可能引发的技术秘密侵权风险，核查并披露为此作出的应对措施，从而呈现管理团队对潜在投资风险的识别意识和抗风险能力。

此类项目的问询审查应包括：

（1）核心技术人员原就职单位与公司是否存在竞争关系，其入职是否违反其与原单位的协议约定；

（2）是否向拟录用人员明示不得将原单位技术秘密用于本公司的研发生产；

（3）公司对此是否有定期的核查制度以及该制度执行情况如何；

（4）是否知悉离职核心技术人员去向；

（5）是否有侵犯技术秘密行为的发现机制；

（6）是否采取有效措施降低侵犯核心技术秘密的不利影响等。

第三节　合作研发项目合作方对核心技术秘密的保密措施

浙江帕瓦新能源的窄分布单晶三元前驱体合成技术是在与中南大学合作研发取得的发明专利基础上二次开发而成的。另外，披露的合作研发项目成果专利申请时间早于合作研发项目协议开始时间。就上述情形而言，浙江帕瓦新能源与中南大学的合作项目已涉及该公司核心技术。

问询要求发行人说明：

（1）与中南大学的合作模式；

（2）双方参与人员及在项目中的贡献内容、合作成果及其归属；

（3）合作项目对应技术与浙江帕瓦新能源公司核心技术的关系；

（4）浙江帕瓦新能源公司是否具备独立研发能力；

（5）核心技术是否属于自主研发等。

以合作研发之名行非法利益输出的危害后果十分严重，因此审查合作研发项目真实性确有必要，为此建议审查：

（1）公司人员是否参与了合作研发；

（2）合作研发协议签署时公司是否已知合作方已完成该专利研发并提交专利申请；

（3）不签署专利申请权转让协议而签署合作研发协议的原因等。

科研院校在合作中有可能接触到公司核心技术秘密，为防止泄露，此类项目的问询审查还应包括：

（1）是否采取了必要的保护措施防止技术秘密泄露，合作方是否与其他主体开展过相同或类似的合作研发项目；

（2）公司是否存在就相关技术知识产权因合作项目与其他主体共有或共用的情况等。

第四节　核心技术人员认定的合理性与核心技术研发真实性

2022 年 4 月 29 日钜泉光电科技（上海）股份有限公司（以下简称钜泉光电）提交注册，此前其于 2011 年和 2016 年的两次 IPO 申报均未获批准。之前主板申报时的核心技术人员萧某华、庄某昇和佘某在 2022 年本次 IPO 报告期内离职。钜泉光电员工持股平台上有 46 名研发人员离职。庄某昇离职前未在研发部门任职且未参与过钜泉光电核心技术的研发工作，也未申请过发明专利，仅在市场销售环节给予一定的技术支持。萧某华和佘某在离职前参与过核心技术的研发，但离职后任职的单位或创业公司与钜泉光电无竞争关系。

公司披露认定核心技术人员主要依据包括：员工的研发领域、牵头执行重大研发项目的情况及职责、专业能力、研究成果、工作背景、学历和对公司经营的贡献等因素，具体体现为：

（1）在公司技术路线确立过程中做出重大决断，对公司核心技术具有重大的开创性贡献；

（2）公司主要研发部门负责人、研发部门主要领导；

（3）对公司主力产品形成过程做出重大技术贡献等。

因为本项目发行人曾认定的核心技术人员并未参与核心技术研发，与其披露的上述认定依据不符，而在实践中又大量存在核心专利发明人并非实际研发人员情况。为此，该类项目问询审查应包括：

（1）曾将非研发人员认定为核心技术人员的原因，以及本次申报中认定核心技术人员的规则及其合理性；

（2）核实是否存在高级管理人员未参与核心技术研发而被认定为核心技术人员的情况；

（3）是否存在未参与核心专利研发而将其列为专利发明人的情况；

（4）如存在上述情况之一，说明公司核心专利发明人对该专利技术方案做出的具体实质性贡献；

（5）公司对专利发明人奖励报酬制度设计的合理性与执行情况等。

第五节　公司受托开发的技术成果归合作方是否含核心技术秘密

钜泉光电招股说明书中列示35项核心技术，其中的高精度可变增益放大器、更高精度Sigma Delta ADC、高阶Sigma-Delta调制技术和一种基于双载波MPSK的通信技术是以技术秘密形式保护的。钜泉光电与前程无忧和西安晖润两家技术合作方（钜泉光电向合作方提供宽带载波芯片并以合作方自有品牌进行芯片销售）均约定技术成果由合作方作为唯一权利人向国家知识产权局申请登记并取得该等集成电路布图设计的专有权。钜泉光电与委托开发方智芯微合作项目（智芯微委托钜泉光电研究开发的高速电力线载波通信芯片研发项目—电力线载波通信模拟技术研究及优化项目，由HPLC模拟前端电路优化设计服务及HPLC芯片性能、试系统开发服务两部分技术开发构成）的研究开发成果归智芯微所有，包括研究开发成果专利申请权、转让权和奖励申请权等；钜泉光电与智芯微共享的权利包括研究开发成果的使用权及发表权。问询中未聚焦钜泉光电向合作方交付的技术成果是否包含技术秘密。

发行人存在合作项目可能涉及公司核心技术秘密且约定开发技术成果归合作方享有的情况，故核查公司核心技术权属有无争议确有必要。

此类项目的问询审查应包括：

（1）与合作方合作形成的技术成果是否包含公司的核心技术秘密；

（2）提供给合作方的成果或载体中包含公司核心技术秘密的，发行人是否与合作方约定了保密措施并切实履行保密义务；

（3）将包含公司核心技术秘密的成果约定为合作方享有知识产权，是否会对发行人的持续经营产生不利影响等。

第六节　核心产品终端设备载负核心技术是否因市场流通泄密

空间数字化及图像处理技术是广州极飞科技股份有限公司（以下简称极飞科技）的六大核心技术之一，该技术由两部分组成：

一是基于光学、图像处理等相关技术；

二是通过将空间数字化及图像处理技术集成于具备边缘端空间数字化获取与处理能力的终端设备上，以提高设备的作业效率，保障设备作业安全的技术。

2022 年 4 月 29 日极飞科技撤回了上市申请。

据“集成于具备边缘端空间数字化获取与处理能力的终端设备”的披露事实可知，上述核心技术在产品市场流通后有通过反向工程等手段获得其中相关技术秘密信息的可能。因此，从保护核心技术秘密角度考虑，应当提升技术秘密的管理水平和风险控制能力。

此类项目的问询审查应包括：

（1）在终端设备上和交付给客户的随机资料、培训课件、技术数据包等资料中是否含有或者载负公司核心技术秘密信息；

（2）公司设备本身和交付给客户的信息资料中，是否含有或载负公司的核心技术秘密信息；

（3）公司对设备与所交付的资料，分别采取了何种保密措施，保密措施的类型、时间和相对人对该措施的执行情况；

（4）发行人律师是否核查过上述保密措施的真实性和有效性等。所谓有效性，是指针对市场流通产品载负技术秘密所采取的保密措施能够达到对抗不特定第三人通过反向工程获取其技术秘密的程度。

第七节　大股东与竞争对手专利交叉许可涉发行人技术秘密

2022 年 4 月 18 日北京通美晶体技术股份有限公司（以下简称通美晶体）答复首轮问询。该公司大股东 AXT 与主要竞争对手 M 公司签署了交叉许可协议，约定将各自在 2029 年 12 月 31 日之前申请的专利互相授予许可给对方及其控制的实体使用。AXT 需支付许可使用费 [由通美晶体（发行人）实际承担]，而对手方免于支付许可使用费。交叉许可协议主要是为避免因专利重叠造成的侵权和诉讼风险，发行人现有产品未应用对手方许可的专利。

2021 年 3 月前，AXT 派驻研发人员协助发行人研发，主要从事境外客户沟通及境外产品研发、测试等研发工作；自 2021 年 3 月起，上述研发人员已转化为通美晶体员工。发行人主要研发核心工作均由自身完成，通美晶体在此基础上，申请了一系列技术专利或形成技术秘密，形成了通美晶体的核心技术、专利和产品，通美晶体当前的核心技术来源为自主研发产生。

问询要求发行人说明：

（1）通美晶体核心技术是否存在争议或潜在纠纷；

（2）报告期内是否存在通美晶体与 AXT 在管理人员、核心技术团队方面交叉任职或兼职的情形；

（3）通美晶体现有产品未应用对手方许可的专利，但公司需向对手方支付使用费，而对手方无须支付的原因及合理性等。

基于如下事实：

（1）通美晶体对于 AXT 所授权的技术秘密有权使用并无所有权，AXT 如申请专利获授权，M 公司有权免费使用该专利；

（2）AXT 不申请专利而以技术秘密形式许可公司是合法的，也可以做出合理解释；

（3）将 AXT 授权通美晶体使用的技术秘密，以通美晶体名义申请专利是违法的；

（4）本项目中有 AXT 研发人员转化为通美晶体研发人员的情况。

通美晶体有与 AXT 合谋实施如下违法行为的合理怀疑：

将 AXT 授权通美晶体使用的技术秘密，以通美晶体名义申请专利，规避按协议约定必须免费向竞争对手 M 公司许可的义务。

为此需要排除此重大怀疑，以免被竞争对手 M 公司在境外发起仲裁或诉讼，以保护投资人的利益，则此类项目的问询审查还应包括：

（1）有无对研发人员转移之后一年内与其在原单位职务有关的技术成果归属的约定或制度安排；

（2）公司采取了哪些措施确保所申请的专利不会侵犯股东授权其使用（而非转让）的技术秘密；

（3）如有相应约定、措施和制度安排，应核查其真实性和执行情况；

（4）有无其他合理有效的措施避免上述重大风险的发生。

第八节　购买特种设备做同类研发涉技术秘密侵权风险

2010 年武汉长盈通光电技术股份有限公司（以下简称武汉长盈通）向长飞光纤购买了一台绕环机，开始研发分纤机和绕环机等绕环设备，获得成功。截至 2022 年 3 月 31 日首轮问询回复日，武汉长盈通自主研发的绕环机已从第一代四级半自动绕环机迭代到第四代半自动多级绕环机、新升级四级绕环机，且第五代全自动绕环机正在研发。武汉长盈通绕环技术自 2011 年以来陆续获得多项专利授权。

因笔者处理过获得对方特种设备后，自行改造成核心生产设备进行销售而被起诉技术秘密侵权的案件，建议此类项目的问询审查应包括：

（1）出售方对特种设备是否进行了改造，改造设备是否载负了出售方的技术秘密，是否约定了保密及不得进行反向工程的条款；

（2）发行人自主研发的同类设备是否基于购买的设备基础上研发，研发及迭代设备是否使用购买设备载负的技术秘密；

（3）公司的自主研发的设备是否存在侵犯出售方或其他第三方技术秘密的侵权风险等。

第九节　涉植物新品种权和商业秘密被侵权未结诉讼的审查

2022 年 3 月 31 日先正达集团股份有限公司（以下简称先正达）回复了三轮问询。该公司是全球领先的农业科技创新企业，主营业务涵盖植物保护、种子、作物营养产品的研发、生产与销售和现代农业服务等。先正达通过植物新品种权保护新种子品种。

2021 年 7 月 12 日，先正达认为葛某鹏、杜某才、“农龙种苗”、“华泰种苗”、魏某忠和贺某锤六被告窃取了甜玉米杂交种“双色先蜜”和“米哥”等被侵权品种的亲本种子，侵犯了先正达种苗和先正达投资享有的被侵权品种在中国的商业和技术秘密、申请和获得植物新品种保护的权利。先正达种苗和先正达投资共同向北京知识产权法院提起诉讼，要求六被告停止生产和销售杂交种“SBS902”“SBS903”的植物繁殖材料及与其实质相同的品种植物繁殖材料，并销毁所述植物繁殖材料；停止使用、销毁且不得向任何第三方提供亲本种子“AS56”、“ZS23”、“NL721”及“NL86”的植物繁殖材料及与其实质相同的品种植物繁殖材料；侵权杂交种的植物新品种权归先正达种苗所有，侵权亲本种子的植物新品种权申请权归先正达投资所有；赔偿损失 2000 万元人民币并承担诉讼费。对该案相关情况进行审查时，该案尚在审理中。

植物新品种的繁殖材料、育种材料及方法、制种技术规程、栽培措施等技术信息及市场价格、许可合同和客户名单等经营信息属于商业秘密，对商业秘密的保护和法律规制适用植物新品种。

此类项目的问询审查应包括：

（1）案件的背景，说明涉案人员是否为发行人的离职员工，是否与发行人签署过保密协议或竞业限制协议等，是否参与了“被侵权品种”的研发；

（2）案件是否对发行人的主营业务产生实质影响，发行人对尚未申请和获得植物新品种保护的公司商业秘密所采取的保密措施是否有效；

（3）公司其他已研发但尚未申请植物新品种的项目是否也存在与该案相同的商业秘密泄密风险；

（4）请发行人结合前述问题核查公司对商业秘密采取的保密措施是否适当等。

第十节　涉技术秘密侵权案未开庭审理撤诉

2022 年 5 月 5 日沈阳富创精密设备股份有限公司（以下简称沈阳富创）通过上市委会议。超科林微电子设备（上海）有限公司（以下简称超科林上海）曾向上海知识产权法院起诉林某松和沈阳富创公司侵害其技术秘密，2021 年 3 月 15 日法院准许其撤诉。

超科林半导体公司 Ultra Clean Holdings Inc. 是一家于 2002 年在美国注册成立的公司，主要为半导体设备企业提供关键气体和流体输送子系统、组件和部件以及超高纯度清洁和分析服务，产品主要为气体管路与气柜等。该公司在中国设立超科林上海，从事气体管路和气柜的研发和制造。

招股说明书披露显示，截至 2021 年 6 月 30 日，林某松作为核心人员（非核心技术人员）参与了沈阳富创预算金额排名第 3 的自研项目即“高端管路制造工艺研发项目”。该项目总预算 2299 万元，已完成 20%，项目主要应用于钛合金及高温合金工艺技术的研发，项目目标是具备钛合金及高温合金材料零部件制造能力等。

鉴于技术秘密侵权案并未开庭审理，而以对方撤诉结案，不能排除再诉或其他竞争对手提起新诉讼的可能，故发行人存在的侵权风险不明确。

此类项目的问询审查应包括：

（1）曾涉诉的案件与公司核心技术的关系；

（2）自然人被告与公司核心技术的关系；

（3）公司募投项目是否使用诉争技术，如再诉对公司在研项目和募投项目的影响等。

第十一节　公司外协加工生产环节技术秘密保护措施

2022 年 5 月 10 日湖北万润新能源科技股份有限公司（以下简称湖北万润）回复了二轮问询。该公司绝大多数生产环节系外协加工，问询已要求其说明：（1）外协加工具体环节以及是否涉及核心技术，外协加工是否符合行业惯例；（2）绝大多数生产环节系外协加工的情况下，公司核心技术的具体体现等。

外协厂商能够接触到公司的技术秘密，是否要求外协厂商履行保密义务并监督执行直接影响到公司的技术秘密的保密性。

此类项目的问询审查应包括：

（1）公司与外协生产商签订的合同中是否明确约定了外协厂商的保密义务及保密期限；

（2）相关的外协厂商是否制定了保密管理制度并与其公司内部员工签订有保密协议；

（3）公司内部是否制定了技术秘密保密制度，是否有相应的商业秘密管理部门；相关部门是否会定期对外协厂商的保密风险管理水平进行评估等。

第十二节　软件源代码技术秘密侵权诉讼和解

2022 年 3 月 8 日苏州浩辰软件股份有限公司（以下简称浩辰）（发行人）回复了首轮问询。浩辰曾是 ITC 会员之一，利用 ITC 的源代码开发了 GstarCAD 2012 版本及之前的版本。2010 年浩辰着手开发一款独立于 ITC、具有自主核心技术的 CAD 平台软件，并于 2013 年 7 月正式发布。

2015 年 5 月 18 日，浩辰因违反了 ITC 会员协议及规则被终止 ITC 会员资格。2019 年 12 月，ITC 向美国俄勒冈联邦地区法院提起诉讼，提出了包括停止侵权、承担侵犯商业秘密的法律责任、销毁侵权产品、提供 GstarCAD8 和新 GstarCAD 的源代码、提供与侵权产品销售相关的商业信息、赔偿 1000 万美元等诉讼请求。

2020 年 9 月，浩辰向江苏省苏州中院对 ITC 提起诉讼，请求确认发行人在中国生产、销售的“浩辰 CAD 平台软件（V2020）”不侵犯 ITCIntelliCAD 平台软件的著作权，并请求判令 ITC 立即澄清事实、消除影响。

2021 年 4 月，浩辰与 ITC 签署了《保密和解协议》，ITC 承诺：（1）“不会因任何实际或涉嫌侵犯或不当使用任何 ITC 知识产权的行为起诉浩辰，及其关联方或任何其他免责浩辰主体”；（2）ITC 不会“因浩辰被指控的在和解产品中使用 ITC 知识产权的行为，而在任何相关主张、要求、诉讼、行动或程序中，向浩辰及其关联方或任何其他免责浩辰主体主张 ITC 知识产权”。“本不起诉承诺仅适用于 ITC 在 2015 年 5 月 18 日之前提供给浩辰的 ITC 知识产权。”

双方各自撤回起诉。

问询要求浩辰说明：

（1）ITC 提起的历次仲裁和诉讼的具体事由，涉及浩辰的具体产品和技术内容；

（2）“和解产品”是否涵盖所有涉诉、双方争议产品和技术；

（3）产品中使用 ITC2015 年 5 月 18 日之后提供的知识产权的相关情况；

（4）是否存在不起诉承诺之外的知识产权纠纷风险等。

浩辰回复不存在不起诉承诺之外的知识产权纠纷风险。

要得出浩辰不存在不起诉承诺之外的知识产权纠纷风险，需要核查如下事实：

一是《和解协议》签署以后的新产品，如 CAD2022 是否有侵犯《和解协议》中源代码技术秘密的巨大风险；二是由于《和解协议》所涉及纠纷发生在先，是否采取了有效措施防范浩辰或员工以不正当手段获取和使用 ITC 2015 年 5 月 18 日之后发布的源代码，因为这可能涉及我国《刑法》第 219 条侵犯商业秘密罪的问题。

因此从有效防止源代码技术秘密侵权行为和犯罪的角度，此类项目的问询审查应包括：

（1）和解协议后，浩辰是否有接触、使用 ITC 发布的新的源代码的行为；

（2）浩辰采取了何种措施对哪些技术人员、职责岗位和存储的介质做过核查，以尽可能排除前述行为；

（3）从研发的角度是否采取了有效措施避免使用之前已经接触和此后可能接触（如有）的源代码，如是否有程序语言的换用改写，算法的改写，测试用例的改写，有硬件的重新绘图和重新制板等。

综上，科创板核心技术秘密的审查工作存在的问题较多，迫切需要加大问询的力度、提升问询的水平，希望为此尽微薄之力！

第二章　涉软件源代码技术秘密被诉侵权问询

第一节　发行人源代码技术秘密涉外纠纷案情简介

浩辰（发行人）是一家从事 CAD 相关软件的研发及推广销售业务的公司，其在招股说明书中披露了源代码技术秘密涉外纠纷。

ITC 成立于 1999 年，是由众多 CAD 开发公司组成的非营利性组织，拥有 2DCAD 产品 IntelliCAD 版权并负责开发和管理，该组织的成员按约定有权合法使用 ITC 的技术。浩辰曾是 ITC 会员之一，利用 ITC 源代码开发了 GstarCAD 2012 版本及之前的版本。2010 年浩辰决定开发一款独立于 ITC 具有自主核心技术的 CAD 平台软件，并于 2013 年 7 月正式发布。2015 年 5 月 18 日，发行人因违反了 ITC 会员协议及规则被终止 ITC 会员资格。2019 年 12 月，ITC 向美国俄勒冈联邦地区法院提起诉讼，提出了包括停止侵权、承担侵犯商业秘密的法律责任、销毁侵权产品、提供 GstarCAD8 和新 GstarCAD 的源代码、提供与侵权产品销售相关的商业信息、赔偿 1000 万美元等诉讼请求。2020 年 9 月，发行人向苏州中院对 ITC 提起诉讼，请求确认发行人在中国生产、销售的“浩辰 CAD 平台软件（V2020）”不侵犯 ITCIntelliCAD 平台软件的著作权，并请求判令 ITC 立即澄清事实、消除影响。

2021 年 4 月，发行人与 ITC 签署了《保密和解协议》，ITC 承诺“不会因任何实际或涉嫌侵犯或不当使用任何 ITC 知识产权的行为起诉浩辰，及其关联方或任何其他免责浩辰主体”；ITC 也不会“因浩辰被指控的在和解产品中使用 ITC 知识产权的行为，而在任何相关主张、要求、诉讼、行动或程序中，向浩辰及其关联方或任何其他免责浩辰主体主张 ITC 知识产权”，“本不起诉承诺仅适用于 ITC 在 2015 年 5 月 18 日之前提供给浩辰的 ITC 知识产权”。双方各自撤回起诉。

第二节 源代码技术秘密侵权纠纷的实务要点

一、涉技术秘密纠纷首轮问询及答复

（一）历次仲裁和诉讼的具体事由与内容

1. ITC 诉发行人侵权诉讼（第二项俄勒冈诉讼）

ITC 向美国俄勒冈联邦地区法院提起诉讼，声称浩辰开发的 GstarCAD 8 及其衍生产品（以下统称为新 GstarCAD）不当使用了一部分 ITC 专有代码。

ITC 诉请：（1）禁止浩辰及其员工、代理商、关联公司、继受人、与其积极合作或共同参与的人员披露、利用或使用 ITC 的保密信息，包括但不限于 IntelliCAD 源代码；（2）判决确认浩辰不当使用 ITC 商业秘密；（3）判令扣押、销毁或以其他方式合理处置所有侵犯 ITC 著作权或商业秘密而制作或使用的复制品，以及复制该等复制品的所有方法；（4）判令浩辰在判决生效后 14 天内向 IronMountain 提供所有 GstarCAD（GstarCAD 8 之前）、GstarCAD 8 和新 GstarCAD 所有版本源代码的副本及完整的源代码存储库，Iron Mountain 将会作为法院指定的独立机构存储所有源代码副本，直至收到新的通知；（5）判令浩辰提供其持有或已经持有的 IntelliCAD 基础软件的整个源代码库的副本；（6）判令浩辰在收到判决后的 14 天内向 ITC 律师提供一份经注册会计师核查和审计的包括以下信息的书面概述：包括浩辰的供应商、制造商、分销商、客户的资料以及销售记录、库存记录、营业额、利润等财务资料；（7）判令浩辰在收到判决后的 14 天内向所有客户按要求的内容致函，并将函件副本和地址明细提交 ITC 律师；（8）判令浩辰支付不少于 1000 万美

元的赔偿金，包括实际和惩罚性损害赔偿和利润损失，以及判决前和判决后的利息；（9）判令支付 ITC 的诉讼成本和律师费；（10）任何其他根据法律可能提供的、法院认为适当的其他法律和公平的救济方式。

本次诉讼涉及的主要产品和技术为新 GstarCAD。

2. 发行人与 ITC 签署了《保密和解协议》

2015 年至 2021 年，因会员协议及规则与知识产权纠纷，发行人与 ITC 发生仲裁及相互诉讼。

综合考虑涉外案件诉讼成本较高、时间较长，长期的诉讼过程对发行人日常经营可能产生负面影响，特别是证据出示环节源代码出境存在知识产权和商业秘密泄露风险，以及可能受中美政治环境影响等因素，发行人同意与 ITC 进行和解。

2021 年 4 月，发行人与 ITC 签署了《保密和解协议》，同时双方在各自官网公开发表了和解声明：

任何一方均不承认任何不当行为或责任，并且法院也未就双方诉讼案件的实质性内容作出任何认定。为了全面地解决纠纷，并避免任何将来可能产生的误解，双方签订了《保密和解协议》。

（二）和解产品所涵盖的问题与范围

公司首款独立于 ITC、具有自主核心技术的 CAD 平台软件浩辰 CAD 8 于 2013 年 7 月正式发布，以此为基础，浩辰在后续年度陆续推出迭代版本。截至本补充法律意见书出具日，浩辰最新版本 CAD 平台软件为浩辰 CAD 2022。2015 年 5 月，ITC 向美国波特兰仲裁处（Arbitration Service of Portland）提起仲裁，即波特兰仲裁案件，申请裁决发行人接受 ITC 对其 CAD 平台软件进行审查；2019 年 12 月，ITC 向美国俄勒冈联邦地区法院提起诉讼，即第二项俄勒冈诉讼，提出了要求发行人提供 GstarCAD 8 和新 GstarCAD 源代码等诉讼请求。由上文可知，发行人与 ITC 之间的涉诉争议产品和技术围绕浩辰 CAD 8 及后续更新版本的 CAD 平台软件展开。

2021 年 4 月，发行人与 ITC 签订的《保密和解协议》约定“和解产品指在前述各个案件中，浩辰或其关联方或以浩辰或其关联方的名义，在过去、当前和未来使用、制造、设计、开发、分销、租赁、进口、出口、许可或许诺许可、销售或许诺销售或以其他方式转让的所有机器、制成品、合成物、方法、流程仪器、设备、硬件、软件、应用程序、源代码、数据、产品、网站、系统，以及其他产品和服务，包括但不限于浩辰 CAD 8、浩辰 CAD 2015、浩辰 CAD 2016、浩辰 CAD 2017、浩辰 CAD 2018、浩辰 CAD 2019、浩辰 CAD 2020、浩辰 CAD 2021，以及先前、当前和未来可能存在的前述各项的所有版本及衍生产品，以及浩辰或其关联方或以浩辰或其关联方的名义提供的与前述各项有关的服务”。

综上所述，发行人认为“和解产品”已涵盖了所有涉诉、双方有争议的产品和技术。

（三）判断不起诉承诺之外的知识产权纠纷风险

2021 年 4 月发行人与 ITC 签订的《保密和解协议》约定：“ITC 承诺，其不会因任何实际或涉嫌侵犯或不当使用任何 ITC 知识产权的行为起诉浩辰及其关联方或任何其他免责浩辰主体；同时，ITC 也不会因浩辰被指控的在和解产品中使用 ITC 知识产权的行为，而在任何相关主张、要求、诉讼、行动或程序中，向浩辰及其关联方或任何其他浩辰主体主张 ITC 知识产权。本不起诉承诺仅适用于 ITC 在 2015 年 5 月 18 日之前提供给浩辰的 ITC 知识产权。”

如上所述，《保密和解协议》之所以约定“本不起诉承诺仅适用于 ITC 在 2015 年 5 月 18 日之前提供给浩辰的 ITC 知识产权”，是因为 2015 年 5 月 18 日前，发行人是 ITC 会员，有权接触和使用 ITC 相关技术，进而 ITC 认为发行人利用此期间获取的 ITC 相关技术开发了浩辰 CAD 8 及后续更新版本的 CAD 平台软件，从而导致双方产生争议并引发相关仲裁与诉讼。因此《保密和解协议》约定“本不起诉承诺仅适用于 ITC 在 2015 年 5 月 18 日之前提供给浩辰的 ITC 知识产权”。

2015 年 5 月 18 日之后，发行人退出 ITC，不再是 ITC 会员，无法获得 ITC 的源代码，ITC 也不再向发行人提供任何知识产权。同时，发行人与 ITC 在《保密和解协议》中约定的“和解产品”包含了浩辰 CAD 8、浩辰 CAD

2015、浩辰 CAD 2016、浩辰 CAD 2017、浩辰 CAD 2018、浩辰 CAD 2019、浩辰 CAD 2020、浩辰 CAD 2021，以及先前、当前和未来可能存在的前述各项的所有版本及衍生产品，已涵盖了所有涉诉、双方有争议的产品和技术。2021 年 4 月 27 日至 28 日，双方在各自官网公开发表了和解声明，声明指出，双方本次在全球范围内的和解全面以及最终地解决了双方的纠纷。

浩辰坚持核心技术自主创新的研发路线，根据中国软件行业协会于 2021 年 11 月出具的《浩辰 CAD 平台软件自主性论证报告》，浩辰 CAD 平台软件研发过程关键技术研究深入、技术路线清晰、研发过程管理水平高，研发资料完整，故该软件具有高度自主性。综上所述，浩辰坚持核心技术自主创新的研发路线，且已与 ITC 就争议产品和技术在全球范围内达成了全面和最终的和解，不存在不起诉承诺之外的知识产权纠纷风险。

二、涉软件源代码技术秘密问题的分析与预判

（一）不存在不起诉承诺之外知识产权纠纷风险的法律分析

第一轮关于“不存在不起诉承诺之外的知识产权纠纷风险”的回复，应从如下三个方面综合分析上述回复是否恰当：

（1）要判断发行人包括浩辰 CAD 2022 产品在内的所有具体核心产品，是否全部被上述和解约定的具体产品型号所涵盖；

（2）2015 年 5 月 18 日之后，发行人不再是 ITC 会员无法获得源代码，是否有从未实施不正当手段获取源代码的公开声明和防范措施；

（3）中国软件行业协会于 2021 年 11 月出具的《浩辰 CAD 平台软件自主性论证报告》与不存在上述风险的结论是否具有关联性和证明力等。

对于（1）中的内容不难判断，通过比对核查即可落实，已知浩辰 CAD 2022 产品不在内；对于（2）中的内容在回复中未涉及，需要查明；对于（3）中的内容从形式上看有关联性但证明力太弱，很显然据此回复无法消除存在“不起诉承诺之外知识产权纠纷风险”的重大可能。

（二）发起技术秘密第二轮问询的必要性与问询预判

基于上述分析发起技术秘密第二轮问询确有必要，理由还包括：

（1）《和解协议》签署以后的新产品，如CAD2022是否有侵犯《和解协议》中源代码技术秘密的巨大风险；

（2）由于《和解协议》所涉及纠纷发生在先，是否采取了有效措施防范浩辰或浩辰员工以不正当手段获取和使用ITC于2015年5月18日之后发布的源代码，因为这可能涉及我国《刑法》第219条侵犯商业秘密罪的问题。

据此第二轮问询的角度应当是如何有效防止源代码技术秘密侵权行为和犯罪的发生，问询建议包括两个方面：

首先，在2015年5月18日之后，浩辰是否有接触、使用ITC发布的新的源代码；浩辰采取了何种措施对哪些技术人员、职责岗位和存储的介质做过核查，以尽可能排除上述的行为；

其次，从研发的角度是否采取了有效措施避免使用2015年5月18日之前已经接触和此后可能接触（如有）的源代码，为便于发行人和同类企业理解举例陈述措施的类型如下：

（1）是否有程序语言的换用改写；

（2）是否有算法的改写；

（3）是否有测试用例的改写；

（4）是否有硬件的重新绘图和重新制板等。

第三章　核心产品终端设备涉技术秘密的审查

第一节　发行人的基本情况和对核心技术知识产权保护措施的披露情况

一、发行人系国内智慧农业企业

极飞科技（发行人）致力于机器人、人工智能和新能源技术为农业赋能事业，是一家从事研发、制造并销售智能农业装备和智慧农业管理系统，并提供相关技术服务的企业。极飞科技的核心产品为农业无人机、农业无人车、农机自驾仪和农业物联网设备等。该公司在精准农业方向的竞争对手，包括联适导航、NETAFIM 和大疆创新等；其在数字农业方向的竞争对手，包括普云农、Climate 和大气候农业等。

招股说明书披露，极飞科技拥有自动驾驶技术、空间数字化及图像处理技术、智能喷洒播撒技术、智慧农业系统技术、工业设计技术和物联平台技术 6 项核心技术。前 4 项核心技术以技术秘密、专利和软件著作权的方式进行知识产权保护，后 2 项核心技术以技术秘密和专利方式进行知识产权保护。极飞科技披露了 7 个与科研院校的合作研发项目，研发成果的归属约定为双方共有或未明确约定。

二、公司针对核心技术所采取的知识产权保护措施

极飞科技拥有的核心技术均源于长期的技术积累和自主创新，出于技术

秘密保护的考虑，极飞科技仅对部分核心技术通过申请专利等方式加以保护，经论证不适于申请专利的核心技术，该公司已将其纳入技术秘密保护范围。为了更好地保护本公司的核心技术，极飞科技制定了《知识产权管理办法》，设立了知识产权工作组，指派专人负责知识产权的管理，并建立档案。极飞科技与核心技术人员在劳动合同中约定了保密义务，并签订了竞业限制协议，规定核心技术人员离职后一段时间内不得从事与极飞科技相同、近似或有竞争性的工作。

为进一步提升技术研发能力和知识产权产出质量，极飞科技正积极开展以下工作：

（1）密切跟踪技术发展趋势，鼓励研发团队开展前瞻技术研发，时刻保持公司技术的先进性和时效性；

（2）除现有的技术保护措施外，加强核心技术专利的申请力度，切实保护极飞科技的相关技术成果；

（3）加强知识产权规划及对行业竞争者核心技术知识产权的分析，加强知识产权风险防范措施等。

第二节　核心产品终端设备涉技术秘密的实务要点

一、核心技术的技术难点和技术要求

（一）核心模块的技术难点与同行业情况

核心模块的具体内涵，生产、测试核心模块的技术难点与技术壁垒，以及同行业自主生产测试核心模块的情况如下：

极飞科技核心产品农业无人机主要包含了飞行控制系统、任务载荷系统和动力系统三大核心模块。上述核心模块的整体方案，由极飞科技自主设计开发，包括核心电路、零部件、生产工艺和软件算法等。在相关模块的生产

测试环节，极飞科技根据产品整体设计方案制定了匹配的装配工序和专用的测试软件，极飞科技生产部门完成了定制化零部件的装配、软件程序烧录、老化测试、防水测试、气密性测试和功能测试等。极飞科技在生产测试环节拥有一定的经验和技术积累，其中，其自主开发的与产品整体设计方案相匹配的专用测试软件具备一定的技术壁垒。

（二）核心技术的具体体现和技术要求

结合极飞科技机器设备原值较低、生产流程主要以组装测试为主、材料成本占比较高的情况，说明核心技术具体体现和技术要求等情况如下：

极飞科技农业无人机等产品属于智能硬件，具有智能化和自动化水平高、作业复杂且精准性强的特性，需要依靠核心技术对产品进行可靠控制，并使产品在导航定位、动态稳定性与鲁棒性、避障性能、喷播作业性能、测绘性能、工业设计等诸多维度具有技术先进性，功能和性能均处于行业先进水平。

极飞科技的核心技术并非传统制造业的制造加工能力，而是集中于研发设计能力上，主要体现在产品整机、核心模块、控制算法等软、硬件的综合研发设计环节，因此极飞科技不需要大量金额较大的机器设备等固定资产。

极飞科技产品的研发具有较高的技术要求，已拥有超过 1300 项授权专利。对于所需结构件的机械加工、电子元器件的生产制造等，在产业链上具有专业分工；极飞科技向成熟的供应商采购或委托加工厂商按照极飞科技要求加工取得所需的基础零部件并加以利用，具有商业合理性且符合行业惯例。在生产流程中，极飞科技主要负责软件灌装、模块组装与测试、整机组装与测试等，通过工程化的方式将研发成果产业化，保证在最终产品上有效实现所要求的功能与性能标准并使产品达到量产水平。

二、涉技术秘密再次问询的分析与预判

根据极飞科技披露的信息可知，极飞科技核心产品要实现工业化量产并保持竞争力，必须保证核心技术秘密的合法与安全，因此，对技术秘密的管理水平、风险控制和对技术秘密被侵权所采取的积极有效措施，应当作为重点问询的问题。

（一）核心技术秘密真实性与保密措施的有效性

（1）极飞科技律师是否对企业核心技术秘密合法来源的真实性进行调查并出具了意见；

（2）极飞科技对核心技术秘密的保密措施是否适当；

（3）极飞科技在合作研发项目中是否有涉及合作方使用公司技术秘密进行研发的情况；

（4）极飞科技在委托加工以及与第三方合作过程中是如何保护本公司技术秘密的等。

（二）通过反向工程手段容易获得的问题

据极飞科技披露信息显示，空间数字化及图像处理技术是六大核心技术之一，其由两大部分组成：

一是基于光学、图像处理等相关技术，极飞科技自主研发形成了全时域多维度数据获取技术、全场景数字化技术以及强信息自动获取技术，能够实现对作业环境进行数字化处理，使得终端设备能够实时提供作业所需要的高精度地图、三维地形信息和处方图信息；

二是通过将空间数字化及图像处理技术集成于具备边缘端空间数字化获取与处理能力的终端设备上，来提高设备的作业效率，保障设备作业安全。

据“集成于具备边缘端空间数字化获取与处理能力的终端设备”的披露事实可知，该技术在产品市场流通后有通过反向工程等手段获得相关技术秘密信息的可能，为此需要问询如下事实：

（1）在终端设备上和交付给客户的随机资料、培训课件、技术数据包等资料中是否有体现或者载负公司空间数字化及图像处理的技术秘密信息，如有，具体情况是什么；

（2）极飞科技的农业无人机、无人车、自驾仪、物联网等智能装备和智慧农业管理系统，在设备本身和交付给客户的信息资料中，是否会体现或载负极飞科技的六大核心技术秘密信息；

（3）如果存在上述（1）或（2）情况之一，对设备与所交付的资料，极飞科技分别采取了何种保密措施，包括保密措施的类型、时间和相对人对该措施的执行情况；

（4）如果存在（1）、（2）或（3）情况，极飞科技律师是否核查过上述保密措施的真实性和有效性，所谓有效性是指针对市场流通产品载负技术秘密所采取的保密措施能够达到对抗不特定第三人通过反向工程获取其技术秘密程度。

对保密措施的上述要求，最高人民法院在2021年度作出的“北京零极公司诉鼎源力诺公司、周某和李某等侵害技术秘密纠纷案”（参见本书第三十三章“市场流通产品载负技术秘密是否容易获得”）和“思克”诉“兰光”技术秘密侵权案（参见本书第三十八章“对证据保全行为侵犯技术秘密提起诉讼”）中均有明确的体现。在此郑重提醒，2022年以后这是必须要查清楚的问题，是为了有效避免严重不利后果的发生。

第四章　涉商业秘密纠纷上会前被举报的专项核查

第一节　发行人涉商业秘密案件及被举报的基本情况

甬矽电子（宁波）股份有限公司（以下简称甬矽电子）（发行人）是一家从事集成电路封装和测试方案开发、不同种类集成电路芯片的封装加工和成品测试服务，以及与集成电路封装和测试相关的配套服务的公司。

甬矽电子成立于2017年11月13日，主营业务包括集成电路封装和测试方案开发、不同种类集成电路芯片的封装加工和成品测试服务，以及与集成电路封装和测试相关的配套服务。甬矽电子拥有高密度细间距凸点倒装产品（FC类产品）、系统级封装产品（SiP）、扁平无引脚封装产品（QFN/DFN）、微机电系统传感器（MEMS）等中高端先进封装技术，是除长电科技、通富微电和华天科技以外的国内封测准第一梯队成员。

举报人长电科技成立于1998年11月6日，系提供微系统集成封装测试一站式服务的集成电路封测企业。2021年11月19日，长电科技以侵害商业秘密为由向无锡中院起诉甬矽电子及其副总经理徐某华、封装二厂厂长林某斌、研发工程中心负责人/核心技术人员徐某鹏、工艺研发处工程师/核心技术人员何某鸿、材料开发处研发部经理/核心技术人员李某和材料开发处处长/核心技术人员钟某六名员工[①]，请求判令甬矽电子及相关人员立即停止侵犯其商业秘密的行为，同时请求甬矽电子及相关人员赔偿其因侵

① 江苏省无锡市中级人民法院民事判决书，（2022）苏02民初29号。

犯商业秘密所造成的损失 6 632 479. 77 元。据媒体资料显示，长电科技于 2022 年 2 月向无锡中院提交申请，将赔偿金额由 663 万元增加至 8271 万元，并请求被告方连带赔偿其为制止侵权的合理开支 50 万元。举报时本案尚未开庭审理。

长电科技在发起前述诉讼的同时向上海证券交易所举报，认为甬矽电子与长电科技主营业务领域相同，其大量核心技术人员及高级管理人员是长电科技离职人员，该等人员存在违反与长电科技之间的法定保密、约定保密义务的情况；发行人存在通过招揽长电科技离职人员，使用长电科技的技术成果、商业秘密并申请专利的情况；发行人的专利、核心技术来源和核心产品存在纠纷或潜在纠纷。甬矽电子在首轮问询回复中仅通过简单的核查对象签署承诺书的方式就作出相关人员“不存在违反原任职单位保密义务的情形，且其亦未曾被原任职单位主张违反保密义务，不存在相关纠纷”的结论，以甬矽电子成立之初产品较为简单即得出“研发周期相对较短，具有合理性”是极不严谨的。一旦甬矽电子商业秘密侵权成立，其需要承担的法律后果包括巨额赔偿、禁令和刑事责任等，必然会对其主营业务造成重大不利影响。甬矽电子研发人员中有 9 名从长电科技离职一年内的发明人在甬矽电子就职期间申请了 4 项专利，均涉及相应发明人在长电科技工作时的核心技术，前述行为属于未经长电科技许可披露商业秘密的侵权行为。甬矽电子主动撤回 3 项专利申请，恰恰说明其自认无权将相关技术方案申请专利。甬矽电子已获授的 1 项实用新型专利的发明人在长电科技期间从事与该领域相关或相近的工序，该项专利涉嫌侵犯长电科技的商业秘密。

第二节　涉商业秘密纠纷上会前被举报的实务要点

一、涉商业秘密举报的核查与答复

（一）上市审核机构的核查要求

请发行人律师对举报问题和下列事项进行核查并发表明确核查意见，说明核查内容、核查手段、核查过程和核查结论：

（1）上述举报事项是否属实，认定不属实的理由、依据及实际情况；

（2）如属实，相关事项的具体情况，申报材料是否存在应披露未披露事项，发行人信息披露是否真实、准确、完整，是否存在虚假记载、误导性陈述或重大遗漏；

（3）充分说明举报信中涉及的纠纷基本情况、进展、发行人对相关诉讼主张是否成立的分析、若败诉可能给发行人带来的不利影响；

（4）上述事项对发行人持续经营的影响，发行人是否符合《科创板首次公开发行股票注册管理办法（试行）》第12条第3项的规定；

（5）结合上述情形，说明上述举报事项是否对发行人本次发行上市构成实质性障碍等。

（二）中介机构披露的核查事项

针对长电科技举报信内容，保荐机构及发行人律师详细核查了甬矽电子的以下信息：（1）主要生产设施的形成过程；（2）主要产品的研发过程；（3）生产过程所涉及的知识产权和技术秘密的形成过程；（4）主要客户的取得和导入过程；（5）甬矽电子产品与长电科技在具体实现工艺及内部微观结构上存在的差异等（见表1）。

表1　核查主要信息的相关情况

类别		取得/形成方式	是否涉及商业秘密
生产基础设施的形成过程	厂房	外购	否
	设备	通用设备，外购	否
	软件	外购及定制开发	定制开发部分涉及
技术研发	封装结构研发	行业公共知识＋自主研发	自主研发部分涉及
	封装工艺研发	行业公共知识＋自主研发	自主研发部分涉及
	封装材料应用开发	行业公共知识＋自主研发	自主研发部分涉及

续表

<table>
<tr><th colspan="3">类别</th><th>取得/形成方式</th><th>是否涉及商业秘密</th></tr>
<tr><td rowspan="4">生产过程中涉及的主要要素</td><td colspan="2">生产产品涉及的工艺流程</td><td>行业通识及自主研发</td><td>自主开发部分涉及</td></tr>
<tr><td rowspan="2">主要原材料</td><td>通用类材料（锡膏、导电胶、焊线等）</td><td>外购</td><td>否</td></tr>
<tr><td>定制类（基板/引线框架）</td><td>自主设计＋外购</td><td>是</td></tr>
<tr><td colspan="2">生产设备使用的工艺参数</td><td>自主取得</td><td>是</td></tr>
</table>

1. 发行人主要产品研发和生产过程所涉及的知识产权和技术秘密均系自主取得，不存在侵犯长电科技知识产权或技术秘密的情形

（1）报告期内，发行人业务环节涉及的技术秘密主要体现在封装结构、封装工艺、封装材料的研发，以及生产过程中所采用的技术路线、具体使用的原材料及设备参数等环节，相关基础要素、研发环节、生产环节及其是否涉及商业秘密的情况如表1所示。发行人基于行业通识的基础上，对生产工艺进行持续创新，形成了发行人的独特竞争工艺即“know-how”，定制类原材料的设计方案均为发行人自主开发，设备的具体参数设置通过DOE（Design of Experiments 试验设计）验证自主取得，故不存在侵犯长电科技商业秘密的情形。

（2）发行人借助现有厂房及与燕东微电子的合作完成了初始生产线的搭建，大大缩减了量产周期；厂房、设备、软件等生产环节基础设施的构建均系发行人自主完成。发行人使用的厂房是在现有厂房的基础上进行了自主布局，生产用的设备均系在通用设备基础上独立选型完成的，使用的生产软件与长电科技存在显著差异，且进行了定制开发，不存在使用或侵犯他人商业秘密或技术秘密的情形。发行人在回复中披露了报告期内的厂房建设过程、投资情况、厂房选址及外购过程、主要生产设备的发展过程和选型情况、关键软件系统的定制化开发情况等数据。

（3）发行人自设立以来的主要产品及相关技术均系在公共知识的基础上自主研发取得，产品演进和技术研发过程清晰可溯。发行人拥有完整的产品、工艺和材料设计团队，能自主进行FC-LGA、QFN、WB-BGA、WB-LGA、

MEMS、Hybrid-BGA、Hybrid-LGA、FC-CSP 等全部量产封装类型的产品电性能、封装工艺和封装结构设计。截至回复出具日，发行人累计形成了超过 7000 份封装产品设计图纸，相关图纸能充分证明发行人产品的自主设计过程和技术演进过程。发行人披露了从公司设立至今的产品导入和技术发展过程、在封装结构和封装工艺方面进行的研发改良情况和各主要封装类型技术研发过程（研发姓名名称、研发开始和结束时间、研发费用和参与人员数量），认为其核心技术系以行业公共技术为基石，结合高度定制化的客户需求进行的研发改良。

（4）发行人 2018 年年初部分研发项目开始时间早于设备到厂时间的原因，主要系发行人产品在实际进行工程试验或验证前，需要研发人员有针对性地进行公开市场调研、技术路线分析及具体的产品设计所致。虽然部分研发项目的开始时间早于设备到厂时间，但在研发过程中完成了设备下单，项目结束时间均晚于设备的到厂时间，符合发行人的业务发展实际情况。

（5）首轮回复中以甬矽电子成立之初产品较为简单得出“研发周期相对较短，具有合理性”符合实际情况。保荐机构和发行人律师于 2021 年 10 月 9 日上午（举报前）对中国半导体协会封装分会相关工作人员进行了访谈。经访谈确认，集成电路封测行业不同研发活动的平均研发周期在 6 ~ 11 个月。报告期内，发行人各类封装形式的平均研发周期为 8 ~ 11 个月；发行人成立之初，WB-BGA 及 FC-LGA 产品首次研发立项至量产周期分别为 5 ~ 6 个月，上述研发周期均符合集成电路封测行业研发周期惯例。长电科技举报内容不属实。

（6）发行人生产过程中所采用的工艺流程、具体使用的主要原材料（客供除外）及设备参数等均系发行人自主开发或取得。发行人生产过程中所采用的工艺流程是在行业通识的基础上形成并进行了创新。发行人生产过程中使用的主要原材料如基板、引线框架等均为自主设计，部分材料率先实现了国产化突破。发行人各生产环节使用的参数均为自主取得。工艺参数验证过程会形成《试验设计报告》（Design of Experiments，DOE）并进行归档备查。报告期内，发行人主要客户的产品导入过程均保存了完整的 DOE 报告，主要工艺参数均系发行人自主取得，具有独特性。DOE 报告可体现其生产环节主要技术秘密（生产过程中的工艺参数）的详细形成过程，能较为充分地证明发行人工艺参数是通过自主试验取得的，不存在使用、侵犯其他方技术秘密的情形。中介机构抽查了发行人报告期各期主营业务收入超过500万客户的DOE报告，抽查DOE报告客户主营业务收入占报告期各期主营业务收入的比例分别为79.75%、86.96%、85.68%和86.87%。

（7）发行人产品与长电科技在具体实现工艺及内部微观结构上存在差异。基于集成电路封测行业的技术特点，由于不同封测企业的设备选型、生产软件和工艺路线所使用的封装材料不同，客户委托封装的产品型号不同，因此封装企业必须根据客户要求并结合自身生产要素进行独立的工艺设计，从而使得封装产品存在差异。封装行业积累的公共知识仅为基础，各封装测试企业需要根据客户的具体需求进行针对性研发，从而形成自身的技术积累，形成各自的知识产权或商业秘密。发行人核心团队在原单位任职期间并未涉及部分产品的研发及量产工作，相关产品系发行人自主研发形成。发行人部分产品类型与长电科技存在重合系行业特点，但相关具体产品均为发行人基于行业通识的基础上自主研发取得，生产过程和最终产品与长电科技存在差异，不存在侵犯长电科技技术秘密的情形。

（8）发行人具备独立自主的持续研发能力。发行人具备完整的研发体系和研发人员。发行人具备独立的产品开发能力和技术开发能力，并形成了较为丰富的研发成果。发行人具备独立的客户导入能力。

（9）离职员工合理利用其掌握的知识、技能和经验并不侵犯原任职单位的商业秘密，且发行人通过自主研发形成的工艺、参数，不属于侵犯商业秘密行为。

综上所述，发行人借助现有厂房及与燕东微电子的合作完成了初始生产线的搭建，大大缩减了量产周期；厂房、设备、软件等生产环节基础设施的构建均系发行人自主完成；发行人自设立以来的主要产品及相关技术均系在公共知识的基础上自主研发取得，产品演进和技术研发过程清晰可溯；且由于集成电路封测行业的特点，发行人产品生产过程与最终产品均与长电科技存在差异，发行人生产过程中所采用的工艺流程、具体使用的主要原材料（客供除外）及设备参数等均系发行人自主开发或取得；根据相关法律规定，通过自行开发研制获得被诉侵权信息的，人民法院应当认定不属于《反不正当竞争法》第9条规定的侵犯商业秘密行为；经知识产权律师对长电科技同发行人产品结构近似的56项专利进行的侵权比对，发行人产品不存在侵权行为。因此，发行人主要产品研发和生产过程所涉及的知识产权和技术秘密均系自主取得，不存在侵犯长电科技知识产权或技术秘密的情形，且长电科技未就发行人产品侵犯其技术秘密提出具体证据或任何权利主张，其举报内容不属实。

2. 发行人部分核心技术人员及高级管理人员系长电科技离职人员，部分人员存在保密义务，但不存在披露及使用其员工信息的情形

（1）发行人创始团队与核心团队中的大部分人员在入职长电科技前已具备丰富的行业经验、技能和资源；来自长电科技员工从人数占比上看逐年下降，且以流动性较大的低级别生产岗位员工为主；发行人具备独立的人员发展和培养能力。

（2）发行人部分核心技术人员及高级管理人员系长电科技离职人员，部分人员存在保密义务，但该等人员不存在违反与长电科技之间的法定保密、约定保密义务的情况；发行人中来自长电科技的11名员工曾签署或不确定是否签署过竞业限制协议，但该等员工未收到长电科技支付的竞业限制补偿金，无须承担竞业限制义务；发行人建立了较为完善的管理制度及相应措施，避免侵犯其他厂商的知识产权或商业秘密。

（3）三项撤回发明专利所涉及的技术均系发行人自主研发成果，且所公开的内容在被发行人公开前均已有同类公开信息且被公众所知悉，因此不构成长电科技的商业秘密，也不存在侵犯长电科技商业秘密和专利申请权的情形，已经获得授权的1项实用新型专利发明人虽有长电科技任职经历，但相关人员在长电科技任职期间工作职责同该专利内容无关，曹某权作为第一发明人对该专利设计思路来源描述清晰、合理，该专利不属于职务发明，长电科技相关举报内容不属实。

3. 长电科技提交的现有材料无法证明其所主张的相关信息为商业秘密，无法证明甬矽电子及相关人员侵权，发行人承担相应法律后果的可能性极低

长电科技未就其主张的公司侵害其技术秘密提供任何明确且有效的信息

和依据，不具备认定侵害商业秘密的法律基础：长电科技在举报信中仅依据发行人发展较快推定其极有可能依赖于不断挖走的长电科技前员工所知悉的技术或客户资源，“另外甬矽电子的封装产品亦存在侵犯长电科技技术秘密的情形，产品存在潜在侵犯商业秘密纠纷”，未对其技术秘密的载体和具体内容提供任何明确且有效的依据，更无法论及其所谓的技术秘密是否符合法定要件，因此，不具备认定侵害技术秘密的法律基础。截至回复意见出具之日，长电科技的诉讼请求主要为判令甬矽电子及相关人员立即停止侵犯其商业秘密的行为及判令甬矽电子及相关人员赔偿其所因侵犯商业秘密所造成的损失 6 632 479. 77 元，而本案不存在适用惩罚性赔偿的空间。因此，即便发行人败诉，最高实际判决金额不会超过663. 25 万元，仅占发行人 2021 年 1 ~ 6 月净利润的 6. 17% 。因此，本案即使败诉亦不会对发行人主营业务造成重大不利影响。

4. 上述事项不会对发行人本次发行上市构成实质性障碍

（1）长电科技在举报信及有关声明中所主张的侵犯商业秘密等事宜无具体的侵权事实和依据、无客观有效的证据支持，侵权推定亦缺乏必然性逻辑，并不成立，不因此构成与甬矽电子的主要资产、核心技术、商标等重大权属纠纷。举报信中，长电科技仅基于“公司存在较多长电科技离职人员”“公司成立时间较短”“存在较多重合客户”等甬矽电子在招股说明书等上市申请文件中披露的公示信息，即通过“极有可能”这种主观推测，声称甬矽电子存在侵犯其商业秘密的情形。一方面，长电科技未说明其被侵犯的商业秘密的内容、秘密点和行为方式等具体情形，无具体的侵权事实和依据，更未提供客观有效的证据支持；亦未说明甬矽电子产品侵犯其知识产权、甬矽电子拥有的知识产权存在权属纠纷的具体内容；另一方面，仅基于甬矽电子成立时间较短和员工中长电科技离职人员较多，无法必然得出甬矽电子侵犯长电科技商业秘密的结论，长电科技举报信中主张的结果与其提供的依据之间不具备逻辑因果关系。另外，保荐机构及发行人律师亦对甬矽电子成立至今的人员、技术和客户等经营要素的形成及发展进行了全面核查，证实甬矽电子不存在侵犯长电科技商业秘密，从而导致主要资产和核心技术等存在重大权属风险的情形，不会因此产生重大偿债风险，故长电科技在举报信和声明中的主张不因此构成与发行人的重大纠纷，从而导致主要资产和核心技术等存在重大权属纠纷的情形。

(2) 长电科技提起的诉讼不属于权属纠纷，不会导致甬矽电子存在重大偿债风险，不属于重大担保、诉讼、仲裁等或有事项。

综上所述，上述事项不会对发行人本次发行上市构成实质性障碍。

二、涉技术秘密问题的分析与意见

(一) 发行人使用的关键软件系统源代码真实性与合法性核查

由于发行人封装是在客户的晶圆上进行加工，且不同客户的晶圆系该客户独有，则封测过程中使用的基板、引线框架等具有定制化的特点且产品良率要求高，大规模生产依赖可靠、稳定的生产软件系统。公开披露的资料显示，发行人通过两大核心生产管理系统（MES 系统、EAP 系统）实现了产品投单、产品生产、产品入库等生产流程的智能化和自动化管理。

MES 系统（制造执行管理系统）于 2018 年 8 月上线，主要功能包括：投单管理（生产订单的下达）、BOM 管理（某一产品的材料构成）、产品建模信息（某一产品的结构信息）、流程信息管理（产品工步流转顺序信息）、模具管理（设备使用的工具管理）、产品次品信息管理（产品产生次品信息的记录）和标签管理（材料需要使用的标签以及成品需要贴的标签打印）等。该系统的供应商是上海赛美特软件科技有限公司，最早接触人吴某悦为发行人质量总监，吴某春的前任职单位为恩耐激光技术（上海）有限公司，其于 2018 年 1 月加入发行人。

EAP 系统（生产自动化系统）的供应商，是无锡芯享信息科技有限公司，该系统自 2020 年 1 月始陆续上线，到 2021 年 10 月全部上线。主要包括：设备程序信息管理（每台设备运行的程序上传服务器后相关人员审核，审核后设备可以远程下载）、产品作业过程成品信息管理（产品作业过程中设备上传作业记录的管理）、芯片图纸信息管理（来料芯片的图纸转换成统一的格式）、设备作业参数及报警信息管理（序对应的参数数值管控，如要求 3 -5N，设备设置 6N，设备无法开机）、产品设备作业自动出入转账管理

（作业产品完工后自动触发 MES 的流程信息结转）和设备日志信息管理（作业日志统一上传至服务器便于追踪查看）等。最早接触人邱某海是发行人系统信息处处长，邱某海的前任职单位为长电科技，于 2018 年 1 月加入发行人。

基于上述事实可知，两大系统包括软件源代码。

软件源代码既是作品，受《著作权法》保护，也是商业秘密，受我国《反不正当竞争法》保护，为此应当核查如下事实而未见披露：

（1）就源代码的归属问题，与无锡芯享信息科技有限公司、上海赛美特软件科技有限公司是如何约定的；

（2）吴某悦参与开发 MES 系统的真实性，是否为其职务作品，是否有侵犯恩耐激光技术（上海）有限公司著作权和软件源代码技术秘密的可能；

（3）邱某海参与开发 EAP 系统的真实性，是否为其职务作品，是否有侵犯长电科技的著作权和软件源代码技术秘密的可能等。

（二）发行人披露的募投项目是否存在侵犯第三方商业秘密的风险核查

发行人披露的核心技术共 7 项（见表 2），其中 6 项为封装技术，1 项为测试技术。

表 2　甬矽电子披露的核心技术

序号	核心技术名称	技术来源	目前状态
1	高密度细间距倒装凸点互联芯片封装技术	自主开发	量产阶段
2	应用于 4G/5G 通讯的射频芯片/模组封装技术	自主开发	量产阶段
3	混合系统级封装（Hybrid-SiP）技术	自主开发	量产阶段
4	多芯片（Multi-Chip）/高焊线数球栅阵列（WB-BGA）封装技术	自主开发	量产阶段
5	基于引线框的高密度/大尺寸的 QFN 封装技术	自主开发	量产阶段
6	MEMS & 光学传感器封装技术	自主开发	量产阶段
7	多应用领域先进 IC 测试技术	自主开发	量产阶段

发行人共披露了2项募投项目：

（1）“高密度SiP射频模块封测项目”是发行人在现有产品和技术的基础上，发挥发行人在系统级封装（SiP）领域的技术优势，拟达到“通过购买先进生产设备，扩大生产规模，缓解产能瓶颈”的目标；

（2）“集成电路先进封装晶圆凸点产业化项目”旨在对工艺制程进行完善和升级，并引进全套晶圆“凸点工艺”（Bumping）生产线，完善倒装类封装产品制程，补全发行人生产工艺短板，且该项目可为Fan-Out、WLCSP等拟开发的先进封装产品提供工艺支持。

基于募投项目披露信息及与长电科技的商业秘密侵权纠纷，有必要就发行人募投项目是否涉及使用发行人已有核心技术，是否存在侵犯长电科技或其他第三方的商业秘密进行核查并披露，以保护投资人的利益。

第五章　外协加工涉技术秘密问询的要点

第一节　发行人基本情况与核心技术秘密首轮问询情况

一、发行人系锂电池正极材料研发企业

湖北万润（发行人）是一家从事锂电池正极材料研发、生产和销售的高新技术企业。湖北万润的核心产品涵盖磷酸铁锂正极材料及前驱体、锰酸锂正极材料等。该公司在磷酸铁锂正极材料行业内的竞争对手，包括德方纳米、湖南裕能、富临精工和安达科技等。根据招股说明书披露信息，湖北万润的市场竞争力和盈利能力依赖于在长期发展过程中积累起来的核心技术和工艺。湖北万润拥有金属离子体相掺杂技术、引入高分子碳源技术、晶粒尺寸调控技术、晶体结构控制技术、高倍率锰酸锂正极材料制备技术和废水的浓缩与净化技术等18项核心技术，均以发明和实用新型专利进行保护。湖北万润披露了4个与科研院校的合作研发项目，研发成果的知识产权归属均约定归发行人享有。

二、核心技术秘密首轮问询问题与答复

（一）关于核心技术研发的具体过程与自主持续研发能力

需说明湖北万润是否存在核心技术源于合作研发单位及其相关人员或其他第三方的情况，按时间线描述湖北万润核心技术研发的具体过程，重要技术研发节点及其对应的主要技术人员、相关人员目前的任职情况，并说明湖北万润是否具备自主持续研发能力。

发行人通过列表形式列明了18项核心技术的研发历程、重要研发节点和主要技术人员及任职情况。截至该问询回复出具日，发行人共拥有18项核心技术，发行人持有与核心技术相关的发明专利共15项，其中13项系自主研发取得或合作研发取得，根据合作研发相关协议约定以及对合作方的访谈，发行人在上述合作研发中均起到了主导作用；受让专利中1项系从发行人实际控制人刘某琦处受让取得，1项系从第三方受让取得。发行人与核心技术相关的专利大部分为自主研发或合作研发取得。

根据发行人的专利证书、合作研发协议、研发项目资料、发行人出具的书面说明，并经访谈发行人实际控制人、发行人合作研发项目合作方以及受让取得专利的转让方等，发行人自设立起通过自主研发、合作研发等多种方式，开展核心技术的研发工作，并针对核心技术进行持续改进，其拥有独立的研发团队且形成了丰富的技术研发成果，具备自主持续研发能力。

（二）关于离职人员去向对技术研发业务发展的影响

根据保荐工作报告，报告期内发行人研发人员数量分别为178人、123人、98人和112人，相关变动主要原因为湖北万润2019年因襄阳工厂停工停产，部分研发人员离职。请发行人说明：原襄阳工厂任职的研发人员情况及其对应负责的工作内容，离职的具体情况及离职后去向，此次人员变动对发行人技术研发与业务发展的影响。

2018年，襄阳华虹研发人员为51人，其中研发项目经理6人，其余均为技术员，发行人提供的列表展示了各研发人员具体的工作内容和研发人员的离职去向，得出以下结论：2019年，襄阳华虹离职员工的级别集中在主管或技术员工级别，该级别员工主要工作为日常研发工作的具体执行，非公司核心技术人员，上述员工自襄阳华虹离职不涉及核心技术泄密，亦不会对发行人的业务经营稳定性以及研发能力造成重大不利影响。

（三）关于核心技术的转让、受让及权属问题

就涉及公司核心技术的第三方专利、技术转让情形，说明公司受让专利、技术的背景及原因，转让方的基本情况，转让方（及其任职单位）是否与发行人从事相同、相似、上下游业务或构成竞争关系，转让价格及其公允性，

相关专利、技术是否存在瑕疵、权属纠纷或争议。

发行人两项专利“磷酸铁废水处理回收装置及其方法”和“磷酸铁高盐废液零排放处理装置及其方法”是自山东国信转让而来。2015 年 7 月 21 日，发行人子公司华虹清源与山东国信签署《襄阳华虹高科新材料 166T/H 工业废水处理项目承包合同》，华虹清源委托山东国信承包工业废水处理系统项目。双方约定，鉴于在项目实施过程中（包括但不限于前期的项目论证、项目实施及未来的项目改造完善等），华虹清源组织若干专业技术团队和制造商，针对该项目的水质、水量、相关生产工艺、技术参数和生产过程中产生的废水的处理方法与山东国信进行了充分的技术交流，并提供了大量的技术数据和文件，其间无论是华虹清源还是山东国信利用相关信息形成和申请的所有知识产权、技术专利和发明等技术资料和商业秘密，全部属于华虹清源所有，山东国信须在该合同生效后 3 个月内将上述知识产权无条件转移给华虹清源；山东国信在申请知识产权、技术专利和发明过程中所支付的直接费用由华虹清源承担。此外，双方于当日签署了《知识产权及商业秘密保护协议》，该协议约定，该项目从投入试验到项目竣工和未来技术改进过程中产生的所有知识产权、技术专利、发明和商业秘密归华虹清源所有；山东国信使用华虹清源污水站设计方案承接的施工项目必须以书面形式告知华虹清源，并向华虹清源提供所承接项目的相关材料，经华虹清源审核通过，同意后方可使用相关知识产权、技术专利、发明。

（四）关于合作研发技术的相关问题

根据招股说明书披露，发行人核心技术来源存在较多合作研发，涉及多个从第三方转让取得、合作取得的专利。发行人与中国科学院宁波材料与工程研究所、宁波杰斯特新能源科技有限公司存在专利共有的情况，并与武汉大学等多个国内高校、科研机构等单位开展合作研发。根据律师工作报告，发行人与武汉大学、湖北汽车工业学院等的合作协议中，发行人主要负责提供研发所需要的场地、材料、设备、人员以及研发经费、奖励及相关补贴等。对此，请发行人披露：合作研发的期限、权利义务划分约定。

除自主研发外，湖北万润及下属公司与多个国内高校、科研机构等单位开展合作研发，答复意见稿中通过表格的形式展示了湖北万润与武汉大学、湖北汽车工业学院、华中科技大学和北京理工大学的合作项目。这些合作项目中的知识产权归属均属于发行人所有，且这些项目均在合同中签订了保密条款。

（五）关于外协加工具体环节是否涉及核心技术的问题

请说明，外协加工的具体环节以及是否涉及核心技术，外协加工是否符合行业惯例；绝大多数生产环节系外协加工情况下，湖北万润核心技术的具体体现。

报告期内，发行人委托外协厂商进行加工，依据各外协厂商的具体生产设施条件，可将其分为两类：一类为发行人提供磷酸铁锂前驱体磷酸铁，委托外协厂商完成磷酸铁锂的生产，如中航信诺、融通高科和圣钒科技；另一类为发行人提供原料，委托外协厂商完成磷酸铁及磷酸铁锂的生产工序，如山东鑫动能。行业内公司存在为满足自身产能需求或自身生产经营需要，将部分产品或半成品委托外协厂商进行生产的情况，发行人外协加工与行业内公司不存在重大差异，符合行业惯例。

发行人与外协厂商合作，主要基于双方的需求展开，具体合作模式为：外协厂商提供设备和生产人员，发行人提供生产过程中的核心工艺和技术的把控，并负责产品的质量、销售以及售后服务等。具体体现在：（1）双方在签署《委托代加工合同》协议后，在正式生产前，发行人安排生产和技术人员对外协厂商的生产设备进行调试和培训，并安排相应驻厂人员入驻，驻厂人员对整个代工过程的生产、质量、工艺、检测和进出库等进行监控，同时安排配料人员到各个代工厂进行配料；（2）在代工生产过程中，由发行人下发《工艺通知书》给到发行人各个驻厂人员，由驻厂人员下达工艺指令给发行人配料人员和外协工厂各个部门的人员，组织安排生产；（3）在配料、纳米化工序、喷雾干燥和煅烧等生产工序方面，严格按照发行人现有工艺参数及操作规范等核心生产技术进行配料、砂磨、喷雾、煅烧、粉碎和检测等，以确保产品工艺关键控制点和设备参数的控制，从而满足客户的产品质量要求。

第二节　外协加工涉技术秘密的实务要点

一、生产工艺是否应列为核心技术

根据披露信息，湖北万润的市场竞争力和盈利能力依赖于在长期发展过程中积累起来的核心技术和工艺，该公司披露的核心技术均以专利形式保护。从表述上看，所涉及工艺似乎未被列为核心技术进行披露，但从生产管理的角度看，工艺所涉技术也是不可或缺的，其常以技术秘密的形式被予以保护。应当请发行人说明生产过程中的工艺是否为公司核心技术；如果不是，应说明原因；如果是，应说明是以何种知识产权形式保护的，以及湖北万润在核心技术保护措施部分的信息披露是否真实完整无遗漏等。

二、外协加工生产环节保密措施的有效性

结合公司外协生产过程，请发行人进一步说明与外协生产商签订的《委托代加工合同》中是否明确约定了外协厂商的保密义务及保密期限；相关的外协厂商是否制定了保密管理制度并与其公司内部员工签订有保密协议。

三、发行人技术秘密管理与保护制度

请发行人进一步披露公司内部是否制定了技术秘密保密制度，是否有相应的商业秘密管理部门；相关的部门是否会定期对外协厂商的保密风险管理水平进行评估。

对外协生产的保密期限的要求，最高人民法院在2021年度作出的“君德同创”诉“泽兴公司”和“大晓公司”技术秘密侵权案（参见本书第三十九章“商榷保密期届满被许可人被认定侵权案”）中有详细讨论。在此郑重提醒：要重视外协加工生产过程中外协厂商保密义务和保密期限问题，对此应当提前在合作协议中对相关事项进行明确约定，以有效避免严重不利后果的发生。

第六章　技术秘密涉国家秘密的问询与审查

第一节　涉国家关键信息基础设施领域企业的基本情况

湖南麒麟（发行人）专注于国家关键信息基础设施领域相关技术的研发与应用，主要从事操作系统产品研发及技术服务，并以操作系统为根技术创新发展信息安全、云计算等产品及服务业务。湖南麒麟致力于将技术进步与行业属性深度连接，为国防、电力和政务等具有信息安全刚性需求的关键行业，提供自主可控、安全高效的产品和服务。

湖南麒麟拥有操作系统安全技术、操作系统工控属性实现技术、操作系统版本构建技术、NAS 安全存储技术和文件集中管控技术等 12 项核心技术，对此分别以专利及软件著作权的形式进行保护。

湖南麒麟的核心产品为基于开源 Linux 技术研制的麒麟信安操作系统系列发行版，并基于麒麟信安操作系统自主研发的信息安全产品和云计算产品。目前湖南麒麟形成了“操作系统—云计算—信息安全”三位一体的产品体系，即以操作系统技术为根技术，以操作系统产品为基石，以信息安全产品和云计算产品为延伸的紧相关产品结构。

湖南麒麟客户主要集中在国防企事业单位和大型国有企业，其在国防业务相关的部分信息涉及国家秘密，涉密信息主要包括军工资质、涉军合同、涉军供应商及客户名称、军品产能、产量和销量信息、军品科研项目名称及储运交装信息等内容。

湖南麒麟与其董事（除独立董事、外部董事以外）、监事、高级管理人员及核心技术人员签署了《劳动合同》《知识产权及保密协议》《竞业限制协议》，对前述人员在商业秘密知识产权、竞业禁止等方面作出了规定。

第二节　技术秘密涉国家秘密的实务要点

一、核心技术秘密与国家秘密首轮问询与答复

（一）核心技术来源

请发行人说明：发行人现有产品及专利技术与“麒麟操作系统”相关国家863课题研发成果的关联性，以及是否应用其他单位的研发成果，是否涉及权属纠纷；说明发行人专利及核心技术是否系自主研发，是否存在权属纠纷或对第三方存在依赖。

发行人回复了其现有产品与“麒麟操作系统”相关国家863课题研发成果的关联性，2002年国防科大牵头承担的国家863课题成果“银河麒麟操作系统”采用了BSD技术路线，而湖南麒麟及业务合并方麒麟工程的操作系统是基于开源Linux技术路线自主迭代发行的商业版。湖南麒麟主要从事操作系统产品研发及技术服务，并以操作系统为根技术创新发展信息安全、云计算等产品及服务业务。湖南麒麟现有产品及专利技术均为自主研发，与国家863计划软件重大专项操作系统课题成果没有关联性。发行人从起源构建不同、系统组成不同、代码独立演进、生态不同和国内应用情况不同几个方面进行了差异性说明。

截至问询函回复出具之日，湖南麒麟积累了12项核心技术及12项授权专利。发行人从核心技术名称、关键技术点、已经授权的专利权利、形成过程和技术来源等方面，以表格形式对其核心技术进行了说明。

（二）权属纠纷

请发行人说明：发行人董事、监事、高级管理人员、主要技术团队成员、

核心技术相关专利发明人在前任单位的研究内容及研发成果与在发行人处工作研发内容、研究成果的区别，发行人专利是否涉及其他单位的职务成果，是否存在权属纠纷。

发行人以表格的形式列示了本公司拥有专利申请时间与原单位终止劳动合同关系1年内在本公司作为发明人申请专利的情况，并对其专利未涉及其他单位的职务成果做出了以下两方面说明：

（1）湖南麒麟拥有的授权专利均为发明人在本职工作中作出的发明创造；

（2）部分专利发明人在专利申请时自前任单位离职时间未满1年，但发明成果与前任单位工作内容无关联。

（三）合作研发

请发行人及保荐机构说明：（1）各项合作研发的主要内容、各合作方权利义务及费用承担方式；（2）各合作研发项目目前已取得的研发进展及各合作方在研发中的具体贡献情况，已取得的研发成果及其权利归属、收益分配情况，是否存在纠纷或潜在纠纷；（3）相关研发成果与发行人核心技术的关系，各自独立拥有知识产权是否影响发行人对该知识产权的使用，发行人对合作研发方是否存在依赖。

回复情况如下：

（1）发行人列表展示了报告期内，其与其他公司、单位合作研发的主要内容、各合作方权利义务及费用承担方式；

（2）发行人列表展示了报告期内，其各合作研发项目目前已取得的研发进展及各合作方在研发中的具体贡献情况，已取得的研发成果及其权利归属、收益分配情况；

（3）发行人列表展示了项目名称、形成的与核心技术有关的授权专利和软件著作权与核心技术的关系。

截至问询回复出具之日，发行人根据合作研发协议约定，对其独自申请而形成的专利权、计算机软件著作权依法享有完整的权利，不受其他合作方的限制。发行人与合作方均为同行业具备研发能力的知名企业和机构，具备完整的基于开源 Linux 技术迭代演进各自发行版的能力，各方在其从事的业务领域中均具有较高研发能力，为共同承担、完成国家课题而签署合作协议。合作过程中，各方根据合作协议独立组织研发团队、独立开展研发，发行人形成的研发成果归其独自所有，对合作研发方不存在依赖。

（四）国家秘密和商业秘密

根据申报材料，本次发行的相关信息中对军工资质、涉军合同、涉军供应商及客户名称、军品产能、产量和销量信息、军品科研项目名称及储运交装信息等涉密信息，通过代称、定性说明、合并等方式进行了模糊披露。请说明发行人信息豁免披露涉及信息与同行业公司的相似内容披露的比较情况，发行人信息披露豁免是否符合相关规定、是否影响投资者决策判断、是否存在发行人技术泄密或国家秘密泄露的风险。

发行人从国家秘密和商业秘密两方面列表展示了与同行业公司相似内容披露的比较情况，结果显示，发行人信息披露豁免符合相关规定。发行人相关信息披露文件已按照《科创板首次公开发行股票并注册管理办法（试行）》《上海证券交易所科创板股票发行上市审核规则》《公开发行证券的公司信息披露内容与格式准则第 41 号——科创板公司招股说明书》《上海证券交易所科创板股票发行上市审核问答》等相关规定进行了文件制作和信息披露，符合相关规定要求。

发行人不存在技术泄密或国家秘密泄露的风险。2022 年 1 月 19 日，湖南省国家保密局出具证明，确认发行人自取得保密资格之日至《证明》出具之日，不存在因违反《保守国家秘密法》《武器装备科研生产单位保密资格认定办法》等法律、法规和规范性文件的规定而受到该局行政处罚的情形。

另外，发行人相关信息披露文件已经其董事、监事、高级管理人员审核，相关信息披露文件采取的脱密披露方式恰当，脱密披露仍存在泄密风险的事项已申请豁免披露，综上，发行人采取了较为全面的保密防护措施，内部保密制度能够得到有效执行，能够有效避免信息披露文件中技术泄密或国家秘密泄露的风险。

二、涉技术秘密再次问询的分析与预判

发行人披露信息显示，发行人拥有操作系统安全技术、操作系统工控属性实现技术、操作系统版本构建技术、NAS 安全存储技术和文件集中管控技术等 12 项核心技术，分别以专利及软件著作权的形式进行保护。据此信息可知，发行人核心技术中除了以专利形式保护的知识产权以外，还可能有技术秘密。因此对于发行人核心技术秘密的真实性、合法性和保密措施的有效性应当作为重点问询的问题。

（一）核心技术秘密的真实性与合法性

（1）发行人的核心技术中是否有以商业秘密作为保护形式的知识产权；

（2）如果有（1）的情况，发行人律师是否对自主研发的真实性做过核查并出具报告；

（3）发行人律师是否核查过核心技术秘密中有属于与国家单位合作研发的项目；

（4）如果有属于（3）的情况，对合作研发成果是如何约定的，该约定是否会影响发行人使用该技术持续运营等。

（二）核心技术秘密采取保密措施的有效性

发行人并没有披露对商业秘密的具体保护措施，为此应该问询：

（1）发行人对核心技术秘密采取了哪些具体的保密措施，该保密措施是否适当、有效；

（2）发行人在委托加工以及与第三方合作过程中是如何保护本公司技术秘密的；

（3）是否有既是核心技术秘密又是国家秘密的情况，如有，是否分别按要求采取了保密措施等。

（三）核心技术在国家秘密脱密后处理措施

公司核心技术是国家秘密的，不论是哪种密级的国家秘密均有保密期限，当国家秘密保密期限届满，该核心技术作为技术秘密的保密期可能还在持续。为此，发行人律师应该核查核心技术作为国家秘密脱密后，是否采取了有效的措施继续保护相关核心技术秘密等。

第七章　业务重组涉核心技术与核心技术人员的问询要点

第六章针对湖南麒麟（发行人）首轮问询及回复做了分析与预测，本章梳理了其二轮问询和上市委会议现场问询问题中与核心技术秘密相关的事实，结合首轮问询关联性问题，针对技术资产收购的尽职调查与回复应对事宜，提出相应的建议。

第一节　核心技术来源和核心技术秘密研发人员的问询情况

一、核心技术来源和研发人员首轮问询及回复

根据申报材料，湖南麒麟信息工程技术有限公司（以下简称麒麟工程）原为与发行人属同一控制（实际控制人均为杨某）的公司。为了避免同业竞争及减少关联交易，2021 年 1 月发行人对麒麟工程进行业务收购，将麒麟工程的操作系统、云计算和信息安全业务相关的经营性资产及负债、业务和人员一并转移至发行人旗下，麒麟工程名下与业务相关的知识产权无偿转让给发行人或其子公司。天津麒麟和中标软件曾是中国软件出资设立的公司，后于 2019 年进行重组，中标软件成为天津麒麟全资子公司，重组后天津麒麟更名为麒麟软件。发行人部分高级管理人员、核心技术人员曾在天津麒麟、中标软件及麒麟工程任职，发行人与麒麟软件、中标软件存在产品及应用领域交叉的情况。

上市审核机构在首轮问询中曾要求发行人说明其董事、监事、高级管理人、主要技术团队成员和核心技术相关专利发明人在上述单位任职、研究成果及签署竞业禁止协议及保密协议的情况；在前任单位的研究内容及研发成果与在发行人处工作研发内容、研究成果的区别，以及发行人专利是否涉及其他单位的职务成果，是否存在权属纠纷；发行人产品与麒麟软件、中标软件等主体的产品是否存在应用同一专利技术或专利技术源于相同技术的情形，发行人产品涉及的相关专利技术是否存在权属纠纷等。

发行人在首轮问询回复中列明了相关技术人员与原单位终止劳动关系后1年内，发行人作为发明人申请专利的情况和公司主要产品，并申明湖南麒麟拥有的授权专利均为发明人在本职工作中作出的发明创造；部分专利发明人在专利申请时自前任单位离职时间未满1年，但发明成果与前任单位工作内容无关联。公司产品所采用专利技术均系发行人自主研发，专利技术不存在应用麒麟软件、中标软件专利技术的情况或与麒麟软件、中标软件专利技术来源于相同技术的情形。发行人列明了麒麟工程核心技术及人员的发展历程。

二、核心技术来源和研发人员二轮问询及回复

根据申报材料及首轮问询回复：（1）发行人董事、监事、高级管理人员、主要技术团队成员、核心技术相关专利发明人曾在中标软件、天津麒麟、麒麟工程或其他相似领域工作单位任职；（2）麒麟工程向发行人转让的知识产权涉及发行人核心技术；（3）公司产品主要包括操作系统产品、信息安全产品、云计算产品，根据麒麟软件官网显示，麒麟软件、中标软件主要产品包括服务器操作系统、桌面操作系统、增值产品及移动端操作系统和办公软件等。

请发行人说明：现有核心技术形成及迭代的时间及具体过程，以及对应非专利技术相关研发人员的主要经历、入职时间及入职前单位，是否涉及其他单位的职务发明或依赖其他单位的研发成果。

请保荐机构及发行人律师对上述事项进行核查并发表意见，并说明首轮问询回复中下述核查结论的具体依据及核查手段是否充分：（1）发行人与麒

麟软件、中标软件不存在应用同一专利、技术或核心技术来源相同情形；（2）发行人核心技术不存在权属纠纷。

回复情况如下：

发行人列表展示了12项核心技术形成及迭代的时间具体过程，并详细论证了发行人现有核心技术是由核心技术人员带领核心技术团队通过行业实践不断优化自主研发形成的，在功能、性能和兼容性等方面已大幅超越麒麟工程的有关技术；业务合并前，发行人存在未获得麒麟工程书面授权而使用麒麟工程有关技术进行迭代和重构的情形，但麒麟工程已确认，其对发行人使用其有关技术进行迭代和重构不存在异议，其与发行人之间不存在任何知识产权纠纷，且发行人已通过对麒麟工程实施同一控制下业务合并，取得了麒麟工程与操作系统、信息安全和云计算相关的知识产权。

发行人以表格形式对核心技术有关的非专利技术和专利技术对应的主要技术人员进行了说明，表格列示了核心技术名称、参与研发的主要技术人员、核心技术对应的授权专利、专利发明人和参与技术研发的非专利发明人。发行人还列示了每项核心技术对应非专利技术研发人员的主要经历、入职时间及入职前单位。通过论证核心技术对应的非专利技术为发行人主要技术人员在本职工作中做出，核心技术对应的非专利技术并非来自主要技术人员原任职单位、不涉及其他单位的职务发明，得出结论：除三名员工原任职单位与发行人为竞争对手的关系外，其余技术人员原任职单位与发行人均不构成竞争关系，有关技术人员在发行人从事的研发活动与原单位存在区别。发行人核心技术均为自主研发，已经或正在申请专利权、计算机软件著作权，发行人列表展示了12项核心技术对应的专利及软件著作权。发行人核心技术对应的非专利技术不依赖其他单位的研发成果，均为发行人研发人员团队自主研发，不存在依赖其他单位研发成果的情况。

三、业务重组涉及的核心技术问题

（一）关于核心技术承继关系与发行人自主研发能力

请发行人说明：发行人核心技术在业务重组前后的变化情况，与麒麟工程核心技术是否具有承继关系，是否存在与麒麟工程共用研发人员或相关技术的情形，发行人核心技术是否依赖于麒麟工程相关研发成果，是否具备独立自主的研发能力。

回复情况如下：

（1）从核心技术相关的专利及计算机软件著作权角度来看，业务重组时，麒麟工程向发行人一共转让了1项发明专利申请权、57项计算机软件著作权，其中所转让的1项发明专利申请权及13项计算机软件著作权与发行人核心技术有关，这导致发行人核心技术对应的知识产权情况有所变化。

（2）发行人列表展示了公司核心技术与麒麟工程核心技术的承继情况，具体列示了核心技术名称、关键技术点和与麒麟工程核心技术的承继情况。发行的部分核心技术与麒麟工程具有一定的承继关系，包括在麒麟工程原有技术基础上进行迭代演进或重构开发两种情形。发行人形成的12项核心技术可具体细分为31个关键技术点，其中14个技术点与麒麟工程技术具有承继关系；4个关键技术点为发行人在麒麟工程技术基础上迭代演进，即以原有的设计及代码为基础，不断增加功能、优化性能、改进界面等，占发行人关键技术点总数比约为12.90%；10个关键技术点是对麒麟工程技术的重构开发，即继承既有功能展现，但舍弃原有的设计与代码，重新进行架构设计和编码开发，以期在功能、性能、兼容性等方面实现大幅超越。另外，发行人新研的核心技术点17个，故发行人重构开发和新研的关键技术点合计27个，占发行人关键技术点总比数约87.10%。

（3）业务重组前，发行人与麒麟工程存在共用部分研发人员的情形。发行人现有专利存在部分专利发明人在专利申请时为麒麟工程员工的情形，其中涉及发行人的发明专利12项、专利发明人13名。发行人以表格形式列示了涉及人员、涉及期间、涉及的专利、对专利的贡献情况、专利初始权利人以及专利当前权利人。发行人与麒麟工程存在共用21名研发人员的情形，截至业务合并完成日，发行人共计209名研发人员，上述21名研发人员占研发人员总数的比例约为10.05%，整体占比较小。其中部分人员作为发行人专利发明人的情况已在表格中体现，其余研发人员在发行人核心技术形成过程中，主要参与调研、测试、方案讨论、方案评审和协助处理少量技术问题等工作，对发行人研发工作整体参与程度较低，对核心技术形成的总体贡献相对较小。业务重组完成后，上述研发人员的劳动关系均已转移到发行人，上述共用研发人员的情形已彻底消除。

（4）业务重组前，发行人存在对麒麟工程相关技术进行承继使用的情形，主要是在麒麟工程原有技术基础上进行迭代演进或重构开发，包括对麒麟工程核心技术 4 项关键技术点进行迭代开发和 10 项关键技术点进行重构。业务重组后，麒麟工程相关技术已并入发行人，不再存在与麒麟工程共用相关技术的情形。麒麟工程已出具《确认函》，对发行人历史上曾使用麒麟工程有关技术及人员的情况无异议，麒麟工程与发行人独立申请知识产权，不存在共有知识产权情形，各方单独所有的知识产权权属清晰；发行人不存在侵犯麒麟工程知识产权、研发成果的情况，麒麟工程与发行人及其在职员工不存在与知识产权、研发成果相关的纠纷及潜在纠纷，并承诺不会在未来向发行人提出任何与知识产权、研发成果相关的异议、诉讼或仲裁。

发行人拥有 12 项核心技术，对应 31 个关键技术点，其中仅有 4 个关键技术点为发行人在麒麟工程技术基础上迭代演进，其余 27 个关键技术点为发行人重构开发或新研形成。发行人既有核心技术已完全能够支撑其自身产品的功能及应用，不依赖于麒麟工程相关研发成果。发行人具备完整的技术团队架构和人才梯队，形成了丰富的自主研发核心技术成果，具有较为齐备的研发设施和科学的研发管理体系，因此，发行人具备独立自主的研发能力。

（二）底层技术路线变更、技术合作与转让对发行人产生的影响

根据首轮问询回复：（1）2009 年，麒麟工程变更底层技术路线，开始基于开源 Linux 技术路线研制操作系统基本版，并将其命名为“麒麟操作系统”产品；长沙银河、中标软件、长沙软件园等股东分别于 2009 年、2010 年、2010 年退出麒麟工程。（2）业务合并前，麒麟工程相关产品与发行人产品除存在一定的版本代际差异外，无其他明显差异。（3）本次业务重组过程中，麒麟工程向发行人转让的专利申请权对应的正在申请的专利、部分计算机软

件著作权，构成发行人目前核心技术的组成部分。（4）发行人将重组基准日定为2021年1月1日，在基准日当天召开了审议业务重组议案的董事会会议，并于2021年1月5日召开了审议业务重组议案的股东大会会议；公司对麒麟工程业务重组的完成日为2021年1月15日。

请发行人说明：（1）麒麟工程将底层技术路线变更为Linux技术路线后，核心技术人员的具体构成及其后变动情况。（2）麒麟工程是否存在部分核心技术或核心技术人员来源于股东的情况，长沙银河、中标软件、长沙软件园等股东退出对麒麟工程核心技术及技术人员的影响。（3）麒麟工程是否存在与其他单位开展合作研发的情形，如存在，说明相关研究成果的权属情况，与第三方共有知识产权的具体情形，相关权属是否存在纠纷。（4）麒麟工程向发行人转让的知识产权对发行人核心技术的具体影响及重要性，以及其在发行人主营业务的应用情况；发行人核心技术与麒麟工程的差异情况，是否在业务重组前即实质使用相关技术的情形。

回复情况如下：

（1）发行人以列表展示了麒麟工程变更底层技术路线后，其核心技术、核心技术人员和主要技术人员的变动情况。

（2）麒麟工程变更技术路线后，核心技术为自主研发，不存在核心技术源于长沙银河、中标软件和长沙软件园的情况；麒麟工程历史股东长沙银河、中标软件、长沙软件园投入的“银河麒麟安全运行环境软件V1.0”著作权未形成麒麟工程的核心技术；除个别主要技术人员李某辉、周某在股东长沙银河曾经任职外，麒麟工程核心技术人员及主要技术人员与长沙银河、中标软件、长沙软件园无直接关联。

（3）麒麟工程存在与其他单位开展合作研发的情形，发行人以表格形式列示了合作项目开始时间、项目名称、参与方式、研发进展、研究成果、研究成果权属和共有知识产权的情况。麒麟工程不存在因合作研发而形成的与第三方共有知识产权的情形。根据麒麟工程提供的合作研发协议并经其确认，麒麟工程仅与上述合作研发项目的牵头单位签署了合作研发协议。麒麟工程历史上存在与其他单位开展合作研发的情形，但不存在因合作研发产生的共有知识产权；麒麟工程合作研发中取得的研究成果权属清晰，不存在权属纠纷。

（4）麒麟工程向发行人一共转让了1项发明专利申请权、57项计算机软件著作权，其所转让的1项发明专利申请权及13项计算机软件著作权与发行人核心技术有关。发行人以表格形式列示了名称、专利申请号/软著登记号、对应发行人的核心技术、对发行人核心技术的具体影响及重要性和在发行人主营业务的应用情况。除表格列示的情况外，麒麟工程向发行人转让的知识产权没有直接应用在发行人主营业务中的情形。

湖南麒麟操作系统、信息安全和云计算相关核心技术与麒麟工程的核心技术具体差异以表格形式列示，展示了核心技术名称、关键技术点和麒麟工程与湖南麒麟核心技术差异情况。

发行人成立后，发行人对麒麟工程核心技术4项关键技术点进行迭代开发、10项关键技术点进行重构，另发行人自身新研17项关键技术点，上述关键技术点形成了发行人12项核心技术31项关键技术点。麒麟工程有关操作系统、云计算、信息安全产品的所用核心技术，已经被发行人核心技术代替。麒麟工程核心技术是以麒麟工程核心技术人员杨某及其主要技术人员自主研发产生，发行人在业务重组前即实质使用麒麟工程技术开展研发并持续迭代演进、重构或新研。

第二节　业务重组涉核心技术与核心技术人员的实务要点

一、上市委会议涉核心技术秘密现场问询的问题

1. 请发行人代表对以下问题进行说明：（1）根据申请文件，权属清晰是发行人选择收购麒麟工程相关业务而非收购其股权的部分原因，说明截至目前是否能够确认麒麟工程权属清晰，是否存在影响发行人业务和资产的潜在

争议；（2）根据申请文件，发行人对麒麟工程业务合并时相关资产的对价为零，说明该等安排是否合理、是否损害其他方利益。请保荐代表人发表明确意见。

2. 根据申请文件，公司以操作系统产品为基础创新发展云计算产品和信息安全产品。请发行人代表说明：发行人上述模式是否已建立垂直领域壁垒，目前产品所在行业的市场持续发展空间及发展策略，以及向其他自主可控要求的信创领域的拓展能力。请保荐代表人发表明确意见。

二、涉技术秘密问询的分析与值得关注的问题

湖南麒麟因在报告期内实施了对同一控制下的麒麟工程的业务重组，麒麟工程向湖南麒麟转让并交付了一系列知识产权（未包含技术秘密转让及交付清单）及对应技术，部分技术为发行人核心技术；麒麟工程的部分研发人员也一并转移至发行人旗下。为此，上市审核机构在首轮和二轮问询中就业务重组涉及的发行人核心技术和核心技术人员提出了非常多的问题。结合本案例，从收购方应对 IPO 问询视角，对涉核心技术资产收购中应关注的问题提出以下建议。

1. 收购前应关注的与核心技术相关的尽职调查内容

除收购中常规需要调查的被收购方是否存在重大违法违规行为或诉讼纠纷以外，还需对以下问题进行调查：

（1）被收购方核心技术对应的知识产权有哪些，是否有技术秘密及对应哪些载体文件。

（2）核心技术对应的研发人员有哪些，包括专利发明人和非专利技术研发人员；前述研发人员在除被收购方以外的原任职单位参与的研发项目及成果的情况，是否与原单位签署过竞业禁止协议及保密协议，前任单位的本职工作内容是否与在收购方处的工作内容相同或相关，该批研发人员入职收购方拟申请的专利是否涉及原任职单位职务成果或技术秘密。

（3）收购方产品与该批研发人员曾任职单位的产品是否存在应用同一专利技术或专利技术源于相同技术的情况，收购方产品涉及的专利技术是否存

在权属纠纷。

（4）被收购方如有股东技术出资且该股东已退出被收购方的情形，需关注如下问题：第一，调查被收购方股东技术出资与拟收购的核心技术的关系。第二，被收购方核心技术人员是否存在源于历史股东的情况；历史股东退出前后，被收购方核心技术人员的变化情况。第三，判断被收购方的核心技术和核心技术人员是否存在源于历史股东的情况，股东退出是否对被收购方的核心技术权属及应用产生影响等。

2. 收购前后应做的核心技术来源真实性与合法性的梳理工作

如经过调查分析，判断被收购方拟转让的核心技术与收购方已有的核心技术属同一领域，或拟入职收购方的核心技术人员曾在原任职单位在相同技术领域做过研发工作，则收购方应高度重视因资产收购可能引发的核心技术专利权属和技术秘密侵权风险。

为此，建议收购方在收购前应完整梳理已有核心技术研发历程，收购完成后建立并执行研发留痕制度，体现收购的核心技术与已有的核心技术的承继关系，做到能够完整展现收购前后收购方核心技术的演变历程，避免因收购导致的核心技术来源不清，使法律风险升级等。

3. 判断收购是否影响公司独立自主研发能力需要关注的问题

为了能够有效应对上市审核机构提出的以资产（核心技术知识产权和核心技术人员）收购方式获得核心技术，质疑收购方是否具备独立自主研发能力的问题，建议收购方提前梳理以下工作：

（1）梳理收购前后公司业务及核心技术、核心技术人员变化情况；

（2）收购前后是否存在与被收购方共用研发人员或技术的情形，是否存在侵权纠纷等。

4. 就非专利技术是否信赖其他单位研发成果问询的分析与判断

发行人回复：通过论证核心技术对应的非专利技术为发行人主要技术人员在本职工作中做出，核心技术对应的非专利技术并非来自主要技术人员原任职单位、不涉及其他单位的职务发明，得出结论：除 3 名员工原任职单位与发行人为竞争对手的关系外，其余技术人员原任职单位与发行人均不构成竞争关系，有关技术人员在发行人从事的研发活动与原单位存在区别，发行人核心技术均为自主研发且已经或正在申请知识产权保护。发行人具备独立的研发能力和技术创新体系，发行人核心技术对应的非专利技术均为自主研发，故发行人核心技术对应的非专利技术不存在依赖其他单位研发成果的情况等。

从防范技术资产收购重大风险的尽调审查角度看，上述回复存在如下问题：

首先，在这里核心技术相对应的为非专利技术，强调“不涉及其他单位的职务发明”答非所问；

其次，“技术人员原任职单位与发行人均不构成竞争关系”无实际意义，因为技术秘密侵权虽受《反不正当竞争法》调整，但不以有竞争关系为要件或前提；

最后，“有关技术人员在发行人从事的研发活动与原单位存在区别”的事实回复，已经表明在原单位从事的研发活动与在发行人处的本职工作并非无关。综上，技术资产收购涉及技术秘密问题的审查与回复还流于形式，并未做实质性尽调与判断。

5. 要如实客观判断技术秘密是否属于发行人核心技术并做好答复准备

发行人在招股说明书上会稿中披露的核心技术对应的知识产权只有专利和软件著作权。在回复一轮问询时也未说明核心技术中有非专利技术。令人欣慰的是，上市审核机构在第二轮问询中对此做了详细问询，并要求补充披露非专利技术对应的研发人员等。

发行人在回复第二轮问询时，补充披露了12项核心技术中的非专利技术的研发人员。根据发行人披露的信息制作了《发行人核心技术知识产权披露对比表》（如下），经对比可知，发行人12项核心技术中有11项对应有非专利技术。

在此郑重建议要如实客观地对发行人技术秘密是否属于核心技术做实质性判断，并针对技术秘密的共性以及发行人技术秘密因收购而产生的特殊性，做好披露和问询的充分准备工作等。

发行人核心技术知识产权披露对比如表3所示。

表 3　发行人核心技术知识产权披露对比

序号	招股说明书			一轮问询	二轮问询		
	核心技术名称	核心技术相关的专利及软件著作权	核心技术对应的产品/服务	已经授权的专利授权	核心技术对应的授权专利/非专利技术	专利发明人	参与技术研发的非专利发明人
1	操作系统安全技术	专利权利：5 项发明专利处于申请状态 软件著作权： 2016SR208566 2020SR0529700 2019SR0736160 等 10 项	服务器操作系统、桌面操作系统、专用操作系统模块及有关技术开发服务	ZL201910361429. 6	ZL201910361429. 6	刘某宇、彭某、申某铠、刘某清、杨某	周某、罗某、戴某剑、陈某天
2	操作系统工控属性实现技术	专利权利： 3 项发明专利处于申请状态，已经取得授权的发明专利如下： ZL201910541884. 4 软件著作权： 2021SR1836496 2019SR0253132 2020SR1500702 等 5 项	服务器操作系统、桌面操作系统、专用操作系统模块及有关技术开发服务	ZL201910541884. 4 ZL202111291803. 3	ZL201910541884. 4	石某、邱某博、杨某、陈某政、刘某清	—
					ZL202111291803. 3	秦某高、石某、孙某杰、杨某、刘某清、陈某政、颜某进	
					ZL201911023403. 7	王某庆、孙某杰、石某、杨某举、周某、陈某政、刘某清、杨某	

续表

序号	招股说明书			一轮问询	二轮问询		
	核心技术名称	核心技术相关的专利及软件著作权	核心技术对应的产品/服务	已经授权的专利授权	核心技术对应的授权专利/非专利技术	专利发明人	参与技术研发的非专利发明人
3	操作系统版本构建技术	专利权利： 5项发明专利处于申请状态 软件著作权： 2020SR0265161 2019SR0736160 2020SR0265161等4项	安全存储产品及有关技术开发服务	—	—	—	周某、廖某、唐某（小）、杨某、陈某政、刘某清、彭某、石某
4	NAS安全存储技术	专利权利： 3项发明专利处于申请状态，已经取得授权的发明专利如下： ZL201910541884.4 ZL201810048721.8 ZL201810403474.9 软件著作权： 2016SR188170 2015SR097966 2016SR208566等23项软件著作权	安全存储产品及有关技术开发服务	ZL201910541884.4 ZL201810048721.8 ZL201810403474.9	ZL201910541884.4	石某、邱某博、杨某、陈某政、刘某清	袁某
					ZL201810048721.8	何某1、彭某、蒋某、申某铠、刘某清、杨某	
					ZL201810403474.9	卿某、龚某东、彭某、申某铠、刘某清、杨某	

续表

序号	招股说明书			一轮问询	二轮问询		
	核心技术名称	核心技术相关的专利及软件著作权	核心技术对应的产品/服务	已经授权的专利授权	核心技术对应的授权专利/非专利技术	专利发明人	参与技术研发的非专利发明人
5	SAN安全存储技术	ZL201710447273. 4 软件著作权： 2015SR097966 2018SR027309 2019SR1101962 等 15 项	安全存储产品及有关技术开发服务	ZL201710421889. 4 ZL201710447273. 4	ZL201710421889. 4	何某 2、申某铠、李某辉、龚某东、吴某、刘某清、杨某	袁某
					ZL201710447273. 4	谢某飞、彭某、蒋某、申某铠、刘某清、杨某	
6	云平台安全存储技术	专利权利： 1 项发明专利处于申请状态，已经取得授权的发明专利如下： ZL201910841846. 0 软件著作权： 2016SR208566 2018SR027309 2020SR0325117 等 6 项软件著作权	安全存储产品及有关技术开发服务	ZL201910841846. 0	ZL201910841846. 0	刘某宇、蒋某、申某铠、刘某清、杨某、陈某政、颜某进	文某川、肖某

续表

<table>
<tr><th rowspan="2">序号</th><th colspan="3">招股说明书</th><th>一轮问询</th><th colspan="3">二轮问询</th></tr>
<tr><th>核心技术名称</th><th>核心技术相关的专利及软件著作权</th><th>核心技术对应的产品/服务</th><th>已经授权的专利授权</th><th>核心技术对应的授权专利/非专利技术</th><th>专利发明人</th><th>参与技术研发的非专利发明人</th></tr>
<tr><td rowspan="2">7</td><td rowspan="2">文件集中管控技术</td><td rowspan="2">专利权利：已经取得授权的发明专利如下：
ZL201910207683.0
ZL201910795884.7
软件著作权：
2016SR199709
2020SR0494033</td><td rowspan="2">电子文档安全管理系统及有关技术开发服务</td><td rowspan="2">ZL201910207683.0
ZL201910795884.7</td><td>ZL201910207683.0</td><td>苏某、刘某宇、彭某、申某铠、杨某、刘某清</td><td rowspan="2">罗某波、冯某俊</td></tr>
<tr><td>ZL201910795884.7</td><td>卿某、申某铠、彭某、蒋某、李某辉</td></tr>
<tr><td>8</td><td>远程桌面传输协议技术</td><td>2015SR124831
2017SR535080
2019SR1024596 等 29 项软件著作权</td><td>云桌面、超融合一体机、云终端及有关技术开发服务</td><td>—</td><td>—</td><td>—</td><td>欧某某朝、邓某波、邱某博、李某宇、郝某戈</td></tr>
<tr><td>9</td><td>超融合分布式存储技术</td><td>专利权利：
5 项发明专利处于申请状态
软件著作权：
2017SR648798
2020SR0534764
2021SR1806685 等 34 项软件著作权</td><td>云桌面、轻量级云平台、超融合一体机及有关技术开发服务</td><td>—</td><td>—</td><td>—</td><td>周某峰、卢某、孙某杰、陈某政</td></tr>
</table>

续表

序号	招股说明书			一轮问询	二轮问询		
	核心技术名称	核心技术相关的专利及软件著作权	核心技术对应的产品/服务	已经授权的专利授权	核心技术对应的授权专利/非专利技术	专利发明人	参与技术研发的非专利发明人
10	国产平台支撑技术	专利权利： 11 项发明专利处于申请状态，已经取得授权的发明专利如下： ZL201910541884. 4 软件著作权： 2018SR060870 2019SR0808690 2021SR0238740 等 27 项软件著作权	云桌面、轻量级云平台、超融合一体机、云终端及有关技术开发服务	ZL201910541884. 4	ZL201910541884. 4	石某、邱某博、杨某、陈某政、刘某清	杨某举、胡某峰
11	云桌面 GPU 支撑技术	专利权利： 1 项发明专利处于申请状态 软件著作权： 2017SR648798 2018SR788147 2019SR1148435 等 24 项软件著作权	云桌面、超融合一体机、云终端及有关技术开发服务	—	—	—	胡某峰、欧阳某朝、孙某杰、杨某、陈某政、刘某清

续表

序号	招股说明书			一轮问询	二轮问询		
	核心技术名称	核心技术相关的专利及软件著作权	核心技术对应的产品/服务	已经授权的专利授权	核心技术对应的授权专利/非专利技术	专利发明人	参与技术研发的非专利发明人
12	虚拟桌面安全技术	专利权利： 2 项发明专利处于申请状态，已经取得授权的发明专利如下： ZL201610685228. 8 ZL201810500954. 7 软件著作权： 2018SR060870 2019SR0764190 2020SR0529732 等 17 项软件著作权	云桌面、超融合一体机、云终端及有关技术开发服务	ZL201610685228. 8 ZL201810500954. 7	ZL201610685228. 8	卢某、欧某某朝、孙某杰、徐某、杨某、陈某政	李某宇
					ZL201810500954. 7	卢某、欧阳某朝、徐某、陈某政、刘某清、杨某	

第八章　已撤回技术秘密侵权之诉的问询要点

第一节　发行人基本情况与首轮问询情况

一、发行人系国内半导体设备精密零部件领军企业

沈阳富创（发行人）是国内半导体设备精密零部件的领军企业，也是全球为数不多量产 7 纳米工艺制程半导体设备的精密零部件制造商。沈阳富创产品为半导体设备、泛半导体设备及其他领域的精密零部件，具体包括工艺零部件、结构零部件、模组产品和气体管路等。同行业可比公司为 Ferrotec、京鼎精密、超科林、靖江先锋和托伦斯等。

根据招股说明书披露，沈阳富创产品生产流程需多道加工工序协同完成，各工序所涉核心技术均为该道工序中不可或缺的组成部分。沈阳富创列举的具有代表性的核心技术有：精密机械制造技术、表面处理特种工艺技术和焊接技术；其核心技术共申请了 97 项专利，未披露其他对核心技术的知识产权保护方式。沈阳富创披露了 6 个与科研院校的合作研发项目，其中 1 个项目约定专利权归双方所有，专利的使用和实施需经双方同意，在同等条件下，沈阳富创可优先使用和实施；其余 5 个项目均约定专利权归沈阳富创所有。6 个合作项目在合同中均约定了相应的保密条款。

沈阳富创针对核心技术的保护措施披露如下：

首先，就核心非专利技术（Know-How），沈阳富创根据工艺流程和技术细节安排不同人员负责，以控制掌握完整技术人员的范围。同时，沈阳富创建立严格的保密制度，在与员工签订劳动合同时签订保密条款，防止因人员

流动而造成泄密。

其次，沈阳富创通过申请专利的方式，保护本公司在牵头国家“02 重大专项”等重大研发项目中取得的研发技术成果。

最后，沈阳富创通过股权激励使主要技术研发人员间接持有本公司的股份，充分调动技术研发人员积极性，吸引和留住优秀人才等。

二、发行人技术秘密涉诉基本情况

据招股说明书披露显示，报告期内发行人曾被诉技术秘密侵权，该案虽已撤诉，但不能排除起诉方撤诉后再诉、其他竞争对手或第三方提起新的诉讼，从而导致阻滞沈阳富创市场拓展的情况发生。

经查询了解到，超科林上海曾向上海知识产权法院起诉林某松和沈阳富创侵害其技术秘密。上海知识产权法院于2020 年3 月6 日立案。2021 年3 月1 日超科林上海向上海知识产权法院提出撤诉申请。2021 年3 月15 日上海知识产权法院作出准许撤诉裁定书。

超科林半导体公司 Ultra Clean Holdings Inc. 是一家于2002 年在美国注册成立的公司，主要业务为半导体设备企业提供关键气体和流体输送子系统、组件和部件以及超高纯度清洁和分析服务，产品主要为气体管路与气柜等；随后该公司在中国设立超科林上海，从事气体管路和气柜的研发和制造。

招股说明书披露显示，截至2021 年6 月30 日，林某松作为核心人员（非核心技术人员）参与了公司预算金额排名第3 的自研项目，即“高端管路制造工艺研发项目”。该项目总预算2299 万元，已完成20%，项目主要应用于钛合金及高温合金工艺技术的研发，项目目标是具备钛合金及高温合金材料零部件制造能力等。

三、行业技术专家支持与自主研发能力的关系

（一）发行人设立之初引进行业专家的原因及其对发行人核心技术的影响

沈阳富创设立之初，国内半导体行业尚处于起步阶段，其对行业的未来

发展方向以及体系标准尚不清晰。沈阳富创一方面引入具有国际半导体行业经验的专家，帮助本公司明确半导体行业以及半导体设备精密零部件领域的发展方向，加深本公司对行业及相关标准的理解，指导公司搭建基础生产管理体系及质量管理体系。另一方面，沈阳富创也引入精密机械加工和表面处理领域的专家人才，自建精密机械加工和表面处理产能。基于对行业的基础理解，通过自主研发及工艺摸索，沈阳富创初步能够提供应用于半导体设备的结构零部件，并搭建了服务半导体设备客户的基础管理体系。恰逢客户 A 全球供应商的战略布局，及其自身降低采购成本的商业需求，客户 A 在中国寻找可发展的供应商。沈阳富创通过行业专家引荐，积极争取与客户 A 的合作机会。国际半导体设备企业不仅对产品质量有严格的要求，对于产品的生产流程及质量管理体系也有较高的标准，沈阳富创对标客户 A 对供应商的管理标准，不断提升和完善自身的生产管理体系和质量体系，历时近 3 年时间，于 2011 年成为客户 A 的合格供应商。鉴于沈阳富创已经有较好的半导体设备精密零部件的基础能力，其于 2011 年 1 月作为项目责任单位承担了国家“02 重大专项”中首个半导体设备精密零部件项目，并于 2014 年 1 月继续承担国家“02 重大专项”中第二个半导体设备精密零部件项目，两个项目均通过验收。通过承接专项和自主研发，沈阳富创攻克了多项零部件精密制造的特种工艺，开始量产门槛更高的工艺零部件；后续通过进一步自研投入，公司拓展了气体管路和模组产品。在此过程中，沈阳富创也培养了一支在国内相关领域领先的本土研发团队。综上所述，沈阳富创创立初期引入行业专家主要是帮助本公司了解半导体行业、加强本公司对行业标准的认知及管理体系的搭建，也为了帮助本公司建立基础精密机械加工和表面处理产能，并协助公司拓展客户。沈阳富创的核心技术源于自主研发和承担国家“02 重大专项”的助力，具体核心技术并没有直接源于行业专家，亦不存在依赖行业专家的情况。

（二）发行人产品技术性能与国内外同类产品技术的比较情况

发行人主要可比公司为日本的 FerroTec、美国的超科林，以及我国的靖江先锋、托伦斯等。经查询可比公司全部公开披露文件和相关网站信息，均未查询到同类产品具体技术参数，这主要是因为发行人所涉及的半导体设备精密零部件均为客户定制化产品，一般与客户就产品 IP（包括具体性能指标）签有严格的保密协议，相应信息较难从公开渠道获取。沈阳富创是国内少有能够提供满足甚至超过国际主流客户标准的产品的厂商，技术水平具备竞争优势及一定先进性，相应产品主要同国内外各国家和地区的厂商竞争。

第二节 外协加工涉核心技术的实务要点

一、公司外协的主要工序环节、是否涉及生产关键工序或技术

沈阳富创外协主要包括特种工艺外协和机械制造外协两种情形：

（1）机械制造外协

发行人基于成本和交付周期考虑，将少量机械制造工序委托给外协厂商，作为自身机械制造产能的补充。沈阳富创机械制造外协主要涉及机械粗加工、线切割等，由于该类工序技术难度较低，所涉及使用的设备主要为线切割机床、三轴立式加工中心、三轴卧式加工中心等，不涉及沈阳富创核心生产加工环节。

（2）特种工艺外协

关于特种工艺外协，由于半导体设备精密零部件生产工艺繁杂，不同特种工艺均需资本和研发投入，单一公司很难掌握全部特种工艺，对于一部分本公司不具备能力或尚未成熟的特种工艺制程，沈阳富创会进行委外加工。发行人的特种工艺外协主要为碳化硼涂层、喷铝等，大部分为客户推荐或指定的特种工艺供应商，具有必要性。沈阳富创特种工艺外协主要为本公司不具备能力或尚未成熟的特种工艺制程，不涉及公司自身的核心生产加工环节。

二、涉技术秘密再次问询的分析与预判

根据沈阳富创披露的信息可知，鉴于沈阳富创涉技术秘密侵权案件以对方撤诉结案，并未开庭审理，故发行人存在的侵权风险不明确，应当将该案

涉及的员工工作履历、工作职责和技术作为重点问询的问题。

（1）关于曾涉诉的案件与沈阳富创核心技术的关系

请发行人披露超科林上海起诉发行人的诉讼请求与事实理由等具体内容，诉争内容是否涉及发行人的核心技术；请发行人披露涉诉技术来源的真实性与合法性。

（2）关于自然人被告与沈阳富创核心技术的关系

请发行人披露林某松的工作履历，并说明其在发行人的工作职责和参与项目情况。林某松参与的在研项目“高端管路制造工艺研发项目”与涉诉技术是否有关联，该项目是否申请了专利或形成了技术秘密等其他形式的知识产权成果；该项目专利申请技术方案或其他技术方案是否使用了超科林的技术秘密。

（3）关于再次提起诉讼与沈阳富创核心技术的关系

沈阳富创披露的募投项目“集成电路装备零部件全工艺智能制造生产基地”是否可能使用诉争技术；如超科林上海再次提起技术秘密侵权之诉，对沈阳富创在研项目和募投项目是否会造成重大不利影响等。

第九章　涉植物新品种与商业秘密被侵权纠纷问询要点

第一节　发行人基本情况及技术秘密涉及诉讼情况

一、发行人系全球领先农业科技创新企业

先正达（发行人）是全球领先的农业科技创新企业，主营业务涵盖植物保护、种子、作物营养产品的研发、生产与销售和现代农业服务等。先正达产品包括除草剂、杀菌剂、杀虫剂、基础肥、复合肥、特种肥、玉米种子、大豆种子、蔬菜种子和其他大田作物种子等。同行业可比公司为拜耳、科迪华、巴斯夫、隆平高科、登海种业、利尔化学和联化科技等。

根据招股说明书披露，除作物营养的养分高效利用技术（磷高效与螯合微素）与微生物肥料技术（复合菌剂、菌剂发酵）以外，先正达核心技术均通过自主研发获得，其中部分核心技术转化为最终产品需要第三方的许可。先正达列举了植物保护、种子、作物营养和现代农业服务四个方面 34 项核心技术和技术资产，其中 15 项技术/技术资产采用申请专利的方式进行保护，未披露对其他核心技术的知识产权保护方式。

招股说明书披露，目前先正达与世界各地的顶尖大学、研究机构和商业机构有超过 400 个研发合作项目。在 2022 年 3 月 31 日更新的《补充法律意见书（四)》中，发行人披露了 8 项主要合作研发的基本情况，其中 1 个项目不产生研发成果，故未约定专利权归属，其余 7 个项目约定专利权归先正达或者双方所有；1 个合作项目在合同中未约定保密条款，剩余 7 个项目均

约定了双方的保密义务。

先正达针对核心技术的保护措施披露如下：先正达重视对利用核心技术开发的产品和技术本身的保护，其知识产权保护战略侧重于通过专利、相关知识产权制度和保密信息等方式保护。先正达的部分核心技术以专利方式保护，所有核心技术都受到内部业务流程控制的保护。（1）专利保护：先正达奉行积极进取的战略，倾向于在经济上可行的情况下，通过专利和相关知识产权保护在化学和生物技术领域的发明创造。为了加强对保密技术资料的统一管理，防止技术泄漏，先正达已建立了知识产权管理体系和标准化的专利申请过程，保证其技术研发成果可以及时、有效地提交申请；目前，先正达已申请多项核心技术专利。先正达通过植物新品种权保护其新种子品种。植物新品种权是一种国际公认的知识产权形式，用于保护独特的植物品种。为了获得植物新品种权，要经过官方测试，以确定是否具备特异性、一致性和稳定性（DUS）。每一个新品种，都要进行系列 DUS 测试，并由独立专家对结果进行审议，以确定新品种满足植物新品种权的所有必要要求。（2）保密制度和竞业禁止制度：先正达建立了严格的保密制度，所有员工签署了有关保密、知识产权保护以及竞业禁止的协议，明确了相关的保密事项、保密期限、保密范围、违法泄露的责任以及竞业禁止义务等。

二、发行人技术秘密涉诉基本情况

据发行人 2022 年 3 月 31 日更新的《补充法律意见书（四）》显示：2021 年 7 月 12 日，公司认为葛某鹏、杜某才、厦门农龙种苗有限公司（以下简称农龙种苗）、厦门华泰五谷种苗有限公司（以下简称华泰种苗）、魏某忠和贺某锤六被告窃取了甜玉米杂交种“双色先蜜”和“米哥”（以下简称被侵权品种）的亲本种子，侵犯了先正达种苗（北京）有限公司（以下简称先正达种苗）和先正达（中国）投资有限公司（以下简称先正达投资）享有的被侵权品种在中国的商业和技术秘密所有者权利、申请和获得植物新品种保护的权利。先正达种苗和先正达投资共同向北京知识产权法院提起诉讼，要求六被告停止生产和销售杂交种“SBS902”“SBS903”（合称为侵权杂交种）的植物繁殖材料及与其实质相同的品种植物繁殖材料，并销毁所述植物繁殖材料；停止使用、销毁且不得向任何第三方提供亲本种子“AS56”、“ZS23”、“NL721”及“NL86”（合称为侵权亲本种子）的植物繁殖材料及与之实质相同的品种的植物繁殖材料；侵权杂交种的植物新品种权归先正达种苗所有，侵权亲本种子的植物新品种权申请权归先正达投资所有；赔偿损失 2000 万元人民币并承担诉讼费。截至该补充法律意见书出具之日，该案尚在审理中。

第二节　涉植物新品种与商业秘密被侵权纠纷的实务要点

一、核心技术秘密的多轮问询问题与答复

（一）核心技术涉第三方许可对生产经营的影响

就部分核心技术转化为最终产品需要第三方许可的原因及具体情形，对发行人生产经营的影响问题，分析如下：作物营养的养分高效利用技术（磷高效与螯合微素）与微生物肥料技术（复合菌剂、菌剂发酵）是通过与第三方合作研发取得的，发行人拥有相关技术使用权。在将核心技术转化为产品的过程中，除使用自主研发的核心技术之外，先正达还需要多种技术的集成，其中部分技术需要第三方的许可。如在基因编辑技术中，发行人需要通过许可协议访问 Broad 与 Berkeley 的专利库、使用基础技术的许可；如发行人需要使用第三方的基因的启动子或转化技术，并与自主研发的核心技术相结合，最终转化为产品等。但先正达核心技术转化为最终产品过程中获得第三方许可的可得性较高，且可从多个替代供应商处获得，因此对于先正达的运营没有重大影响。如果先正达发现第三方许可的风险较高，将启动备选方案或独立开发类似技术。综上所述，发行人部分核心技术转化为最终产品需要第三方许可，对发行人的生产经营没有重大影响。

（二）保持持续创新能力的相关机制安排

关于无法认定核心技术人员的原因、合理性以及保持持续创新能力的相

关机制安排，情况如下：根据招股说明书，截至2020年12月31日，发行人的研发人员为7267人，占全体员工总人数的16.44%。发行人的研发活动依赖完整的研发体系、技术积累和持续资金投入，不存在任何单一研发人员对发行人的研发能力存在重大影响的情况。请发行人说明无法认定核心技术人员的原因及合理性，以及发行人保持持续创新能力的相关机制安排。

回复情况如下：

（1）发行人研发能力来自投入、知识产权积累以及庞大研发团队，发行人的技术人员在各自岗位上为发行人的业务和技术发展作出各自的贡献，不存在任何单一技术人员对发行人存在重大影响的情况，故发行人无法认定核心技术人员具备合理性。

（2）先正达主要通过完善的创新研发管理体系、研发团队、持续高研发投入、具有竞争力的人才激励机制及与行业领先机构合作等机制来保持持续创新。

（三）项目负责人未被认定为核心技术人员的合理性

关于核心技术人员：根据首轮问询回复，（1）先正达植保业务研发体系由植保研究部门和植保开发部门组成，植保研究部门和植保开发部门分别由一名高级经理领导，并直接向业务总裁汇报；（2）先正达种子业务研发体系由种子研究部门和种子开发部门组成，种子业务研发由研究部门和开发部门进行管理。种子研究和种子开发分别由一名高级经理负责，直接向种子业务负责人报告。

请发行人进一步说明：结合先正达的研发特点、上述负责人在技术研发方面所起的作用，上述负责人未被认定为核心技术人员的原因及合理性。

回复情况如下：

从研发特点来看，发行人拥有庞大的产品种类，多样化的产品开发管线以及数以千计的不同专业背景的研发人员，发行人的研发能力来自投入、知识产权积累以及庞大研发团队，发行人的技术人员在各自岗位上为发行人的业务和技术发展作出各自的贡献，不存在任何单一技术人员对发行人存在重大影响的情况。从相关负责人的工作职责和作用来看，发行人植保、种子业务研究和开发部门的相关负责人主要负责部门内的日常管理工作和研发计划的统筹安排，具体包含：设定团队和个人领导的目标、管理绩效、设置总体预算和跟踪费用、在商定的预算内启动投资、根据里程碑监督研发过程中的进展、确保跨部门的互动和协作、向业务领导团队报告进展和成果等，他们不实质参与具体技术产品的研发工作，没有独自开发任何核心技术，亦不掌握任何核心研发技术或者知识产权。综上，上述负责人未被认定为核心技术人员具有合理性。

（四）重要技术和品种引进情况

请发行人说明：目前我国境内运用子公司重要技术进行生产的情况，先正达在我国境内开展技术研发的情况，重要技术引进和应用是否存在障碍。

回复情况如下：

作为农业领域的创新引擎，发行人拥有全球领先的化合物资源库、种质及生物资源库和农业大数据，其在各个业务领域拥有独特的专有技术和研发能力，不断开发新技术和新产品并在全球农业领域内开拓创新成果的应用。发行人在全球运营多处先进生产基地，严格遵守健康、安全和环保政策要求，高标准开展生产运营活动。作为中国农业领域的国家队，发行人在最具增长潜力的中国市场拥有独特的资源与优势，具备将核心技术运用于中国境内，从而更高效、高标准地进行产品生产的能力。发行人通过列举表格的形式展示了植保业务、种子业务、作物营养业务、现代农业服务等方面引进技术和品种的情况。先正达拥有行业领先的研发平台，在全球多地设有超过150个研发基地。在中国境内，先正达建有南通产品技术及工程中心、沈阳农药研发中心、北京种业研发中心、中化农业临沂研发中心和北京MAP应用技术研发中心等主要技术研发基地，并在武汉、杨凌等地布局高标准研发基地，建设国家玉米种业技术创新中心。未来，先正达计划通过募投项目的实施，在中国境内进行尖端农业科技研发，不断增强核心竞争力。在符合法律法规要求的前提下，以及履行相应的审批或者许可程序下，预计重要技术引进和应用不存在障碍。

二、涉技术秘密继续问询的分析与预判

（1）据发行人招股说明书披露，某些在研项目的参与研发人员数量只有几人，此种情况下项目人员如果离职，是否影响项目研发继续进行；如果在研项目涉先正达核心技术，是否存在因项目人员离职导致核心技术泄密的情况，请发行人说明对在研项目采取了哪些保密措施和预防保护措施。

（2）请发行人进一步披露“先正达种苗和先正达投资侵害商业秘密和植物新品种权属纠纷案”的背景，说明涉案人员是否为发行人的离职员工，是否与先正达签署过保密协议或竞业限制协议等，是否参与了“被侵权品种”的研发。该案是否对发行人的主营业务产生实质影响，先正达对尚未申请和获得植物新品种保护的公司商业秘密所采取的保密措施是否有效，先正达其他已研发尚未申请植物新品种的项目是否也存在与该案相同的商业秘密泄密风险，请发行人结合前述问题核查本公司对商业秘密采取的保密措施是否适当等。

第十章 购买特种设备做同类研发涉技术秘密的问询要点

第一节 发行人专业从事光纤和光纤环研发生产的基本情况

武汉长盈通（发行人）是专业从事光纤陀[①]螺核心器件光纤环及其综合解决方案研发、生产、销售和服务的国家级专精特新“小巨人”企业，致力于开拓以军用惯性导航领域为主的光纤环及其主要材料特种光纤的高新技术产业化应用。

武汉长盈通及子公司合计拥有95项专利，包括54项发明专利、38项实用新型和3项外观设计，已形成涵盖特种光纤、光纤环、光纤陀螺用胶黏剂和绕环装备等核心技术知识产权池，在核心产品技术领域具有竞争优势。

武汉长盈通建立了较为全面的核心技术体系，包括光纤环技术、光纤设计技术、预制棒制备技术、光纤拉丝技术、涂层材料技术、光纤陀螺系统技术、设备技术和检测技术等各个方面。武汉长盈通除披露已专利保护前述核心技术外，未披露技术秘密等其他知识产权保护方式。

武汉长盈通主要产品光纤环及其主要材料保偏光纤作为基础元器件主要配套于光纤惯性导航设备，应用于军机、装甲车和导弹等运动的武器装备中，下游客户为军工科研生产单位，最终用户为军方。一般采购流程是军方与总装单位签订采购合同，然后由总装单位将采购任务进一步分解，向各级配套

---

① 光纤陀螺是军用光纤惯性导航系统的核心部件，广泛应用于战术武器、战略导弹、军机、舰艇、装甲车、载具平台、航天器和火箭等装备的定位定向系统、姿态航向控制系统、罗经系统和制导导航控制系统等。

单位进行采购。发行人与董事（外部股东委派除外）、监事（外部股东委派除外）、高级管理人员及核心技术人员均签署了《保密协议》，对双方的权利义务进行了约定。

第二节　购买特种设备做同类研发涉技术秘密的实务要点

一、核心技术来源及合作研发情况

（一）核心技术来源

请发行人说明：（1）武汉长盈通最初与长飞光纤的合作背景，武汉长盈通选择长飞光纤作为合作对象的原因，结合军品定型的流程，说明在取得主要客户订单过程中，发行人、长飞光纤在各环节发挥的作用；（2）结合相关合作协议内容，说明武汉长盈通与长飞光纤的合作模式是否符合行业惯例，武汉长盈通对长飞光纤是否存在业务依赖，是否存在其他类似的合作模式；（3）长飞光纤是否具备光纤环器件相关技术及生产能力，其未拓展光纤环相关业务的原因；（4）发行人是否存在其他人员、技术、业务来源于长飞光纤的情况，发行人及其员工与长飞光纤历史上是否存在纠纷或潜在争议等。

回复情况如下：

（1）长飞光纤前期送样验证保偏光纤的相关客户给武汉长盈通，武汉长盈通与该等客户对接，跟踪客户应用需求、市场和产品验证情况并自行拓展其他客户。武汉长盈通从长飞光纤采购保偏光纤产品后，向需要绕环的光纤陀螺客户代理销售该等产品。同时，武汉长盈通使用长飞光纤的保偏光纤研制生产光纤环销售给光纤陀螺客户。在上述过程中，长飞光纤为公司的供应商，双方保持了长期、稳定的合作关系。

（2）发行人结合相关合作协议内容，通过从长飞光纤采购情况、武汉长盈通销售长飞光纤相关产品情况、武汉长盈通拥有独立开展业务的能力和较强的核心竞争力三个角度，说明了其不具有依赖性。

（3）长飞光纤于2006年研发出保偏光纤，但由于其具有外资背景，在开拓军工市场方面存在一定限制，且通信光纤光缆应用市场容量巨大，故长飞光纤主要精力集中于发展通信光纤光缆市场，一直未积极拓展光纤环业务。

（4）发行人以表格形式，列示了29名源于长飞光纤的员工在武汉长盈通及其各自子公司任职情况（入职时间、目前职务和主要工作职责）。其中，皮某斌、周某、郭某、陈某文为发行人董事、监事或高级管理人员，涂某为发行核心技术人员，其余主要为一般管理、销售、生产及技术人员。发行人部分员工曾在长飞光纤及其子公司工作，该等员工不存在任何违反与长飞光纤关于保密、竞业禁止等约定的情况；长飞光纤与发行人在合作过程中不存在任何违约情况或（潜在）纠纷或需要追究对方违约责任的情形。根据对发行人上述曾在长飞光纤及其子公司工作的员工进行的访谈，其亦不存在违反竞业禁止义务的情况，与长飞光纤及其子公司不存在纠纷。

（二）合作研发

招股说明书披露，发行人和北京大学、华中科技大学、中国科学院半导体研究所存在合作研发。请发行人说明：发行人在合作研发过程中的参与程度、承担的具体工作内容、参与的具体人员，列表说明公司核心技术是否涉及合作研发成果，与合作研发单位技术的差异与联系，是否存在核心技术源于合作研发单位的情况。

回复情况如下：

发行人以列表形式列示了其与北京大学、华中科技大学和半导体研究所合作研发项目的情况，列表展示了合作对方、项目名称、发行人参与情况（参与程度、承担的具体工作、参与人员）和研发成果。发行人以列表形式列示了合作研发单位在合作研发项目中承担的主要工作内容具体情况，列表展示了合作对方、项目名称和合作对方主要工作内容。发行人在前述合作项目中使用了光纤设计技术、预制棒加工技术、光纤拉丝技术、涂层材料技术和检测技术等核心技术，除北京大学合作项目尚在进行中外，发行人使用其核心技术完成项目任务获得的项目成果对应的知识产权均为发行人所有，不存在与合作研发单位共享的情况。

（三）专利权质押

招股说明书披露了多个在审专利。请发行人说明：（1）专利质押的具体情况，质押的专利是否涉及发行人核心技术，是否存在质押权人行权相关风险，以及其对发行人持续经营的影响；（2）披露的在审专利目前是否已取得授权，如否，请删除相关披露内容。

回复情况如下：

（1）根据发行人展示的专利名称、专利号、专利类型、权利人/出质人、质权人、担保借款金额、主债权/担保状态、质押状态和是否涉及核心技术的列表显示，发行人10项质押专利中有4项专利涉及光纤拉丝核心技术。根据发行人说明和《审计报告》，截至2021年6月30日，发行人总资产为49 102.73万元、净资产为36 814.17万元、资产负债率为25.03%、借款余额为5086.30万元，发行人偿还借款的能力较强，发生银行债务到期无法偿还的风险较小，发生质押权人行权的风险较小，不会对发行人持续经营造成重大不利影响。

（2）招股说明书中披露的在审专利已有21项获得授权，发行人以列表形式从专利名称、专利号、专利类型、专利权人和专利申请日几个方面进行了说明。经查验招股说明书，发行人已经删除截至查询日尚未获得授权的在审专利。

二、涉技术秘密再次问询的分析与预判

（一）发行人未披露以技术秘密形式对核心技术进行保护的原因

根据招股说明书披露显示，武汉长盈通对光纤环的绕制工艺、上胶工艺、固化工艺、骨架处理工艺、光纤环后处理工艺和粘环工艺等多项核心工艺进行技术改进攻关，包括研制出过渡型四极对称绕环法、改进十六极对称绕法、研发主动定量上胶设备和工艺和独创Y固化工艺等，但武汉长盈通在核心技术的知识产权保护措施中仅披露了专利成果，未披露技术秘密等知识产权，请说明原因；如存在技术秘密，请补充披露公司对技术秘密的

保护措施。

（二）董事长是核心专利发明人却未被列入核心技术人员的合理性

根据招股说明书披露显示，发行人没有将董事长皮某斌认定为其核心技术人员。1998 年至 2010 年，皮某斌曾在长飞光纤及其参股公司任职，先后从事 IT 网络、光纤到户工程系统设计及营销管理工作。皮某斌于 2010 年 5 月从长飞光纤离职后创立长盈通。通过专利查询系统，查询到发行人部分核心专利技术发明人为皮某斌［申请日为 2011 年 10 月 14 日的“超低双折射光纤的制造方法及旋转拉伸塔（ZL201110310615.0）”］，且有皮某斌从长飞光纤离职一年内申请的专利［申请日为 2010 年 7 月 13 日的“一种用于光纤陀螺的光纤环圈（ZL201010224305.2，PCT/CN2011/077012）”］。

因此，建议对以下问题进行问询：

第一，请发行人律师核查发明人研发核心专利技术方案的真实性及所做出的实质性贡献；

第二，请发行人说明没有将皮某斌列为核心技术人员的原因；

第三，请说明皮某斌作为发明人的专利技术方案，是否存在专利权属纠纷和技术秘密侵权纠纷的风险等。

（三）发行人是否通过购买光纤绕环机设备获取和使用技术秘密

武汉长盈通曾在 2010 年向长飞光纤购买了一台绕环机，自 2011 年开始自主研发分纤机和绕环机等绕环设备，并于 2011 年和 2012 年分别研制成功。截至第一轮问询回复日，发行人自主研发的绕环机已从第一代四级半自动绕环机迭代到第四代半自动多级绕环机、新升级四级绕环机，目前正在进行第五代全自动绕环机研发。前述绕环技术自 2011 年以来陆续获得多项专利授权。

据此，建议对以下问题进一步问询：

（1）2010 年长飞光纤对其出售的绕环机是否进行了改造，该机器是否载负了长飞光纤的技术秘密，双方当初签署的《特种产品供货合同》中是否约定了保密及不得进行反向工程的条款；

（2）发行人自主研发的绕环机是否基于从长飞光纤购买的绕环机基础上

研发，研发及迭代设备是否使用长飞光纤绕环机载负的技术秘密；

（3）如存在（2）的情况，请进一步说明武汉长盈通的绕环机设备是否对长飞光纤或其他第三方技术秘密存在侵权风险等。

（四）公司“863”合作研发成果知识产权归属问题

据发行人披露，长飞光纤与武汉长盈通之间存在合作关系，有29名员工从长飞光纤离职后加入武汉长盈通，但发行人并没有就其与长飞光纤之间合作研发项目及知识产权归属进行详细披露。

因此，建议对以下问题进行问询：

（1）请发行人说明其与长飞光纤在“863”项目的研发成果及涉知识产权归属问题的约定；

（2）双方在合作研发中是否存在共有研发成果或共有知识产权，是否存在潜在纠纷；

（3）双方是否存在除“863”项目外的其他合作研发项目或合作研发成果；

（4）如存在（2）或（3）的情况，双方对科技成果的转化是如何约定的；

（5）如上事实对发行人的核心技术来源是否产生影响等。

第十一章　涉技术交叉许可协议的问询要点

第一节　发行人基本情况和涉核心技术秘密首轮问询情况

一、发行人系Ⅲ－Ⅴ族化合物半导体材料行业

通美晶体（发行人）主要从事磷化铟衬底、砷化镓衬底、锗衬底、PBN材料及其他高纯材料的研发、生产和销售。通美晶体的磷化铟衬底、砷化镓衬底、锗衬底产品可用于生产射频器件、光模块、LED（Mini LED 及 Micro LED）、激光器、探测器、传感器和太空太阳能电池等器件。通美晶体的主要竞争对手为 Sumitomo、日本 JX、Freiberger 和 Umicore 等。通美晶体拥有多晶合成技术、单晶生长炉制造技术、密封包装技术、热解氮化硼化学气相沉积技术和化学气相沉积反应炉制造技术等 12 项核心技术，并以专利和技术秘密的形式保护；通美晶体以技术诀窍（Know-How）方式保护众多工艺及配方类专有技术。凭借可靠的产品品质和良好的市场声誉，通美晶体已成为全球Ⅲ－Ⅳ族化合物半导体材料行业最具竞争力的企业之一。报告期内，通美晶体未开展合作研发项目。

通美晶体针对核心技术的保护措施披露如下：（1）专利保护：通美晶体建立了知识产权管理制度，对专利申请流程进行了规范，保证本公司的技术研发成果可以及时、高效地申请知识产权保护。截至 2021 年 9 月 30 日，公司拥有共计 51 项发明专利，其中境内发明专利 42 项，境外发明专利 9 项。（2）保密与竞业禁止制度：通美晶体建立了严格的保密制度，核心员工在劳

动合同中对涉及的保密事项、保密期限、保密范围和泄密责任等进行了明确的约定，并且规定员工在离职后一定时间内不得就职于同行业公司。（3）股权激励和期权激励：通美晶体主要的技术研发人员均间接持有公司的股票。通美晶体对部分技术研发人员授予了股票期权等。

二、核心技术秘密首轮问询问题与答复

（一）关于公司核心技术来源

根据申报材料，报告期内 AXT，INC.（以下简称 AXT）派驻研发人员协助发行人研发，自 2021 年 3 月起，上述研发人员已转化为通美晶体员工。请通美晶体说明：（1）通美晶体核心技术来源是否合法合规，是否存在争议或潜在纠纷；（2）报告期内，是否存在通美晶体与 AXT 在管理人员、核心技术团队方面交叉任职或兼职、代垫薪酬的情形。

回复情况如下：

（1）1998 年，AXT 在北京投资设立了通美晶体的前身，北京通美晶体技术有限公司（以下简称通美有限），逐步将其生产和研发转移并将化合物半导体衬底相关技术投入通美有限。通美晶体在该等技术的基础上，持续进行 20 余年的技术开发和创新，并在多晶合成、单晶生长、材料提纯等工艺和各种装置等方面做了升级迭代、开拓创新，以满足下游需求和技术发展趋势。2021 年 3 月以前，AXT 派驻研发人员协助发行人研发，上述人员主要从事境外客户沟通及境外产品研发、测试等研发工作，自 2021 年 3 月起，上述研发人员已转化为通美晶体员工。发行人主要研发核心工作均由自身完成，在此基础上，通美晶体申请了一系列专利或形成技术秘密，形成了通美晶体的核心技术、专利和产品，故通美晶体当前的核心技术来源为自主研发产生。综上，通美晶体核心技术为自主研发产生，核心技术来源合法合规，不存在争议或潜在纠纷。

（2）报告期内，通美晶体与 AXT 在管理人员和核心技术团队方面不存在交叉任职或兼职。报告期内，AXT 为通美晶体总经理刘某森垫付薪酬分别为 243. 54 万元、383. 50 万元和 73. 61 万元，属于代垫薪酬情形。根据 AXT 的

说明，AXT不要求通美晶体再支付该部分款项，通美晶体已进行了相应的会计处理。2021年3月后，上述事项未再发生，除上述事项外，不存在其他代垫薪酬情形。为积极推进通美晶体研发工作，AXT派驻研发人员协助通美晶体研发，报告期内通美晶体向上述人员支付津贴费用分别为107.05万元、104.99万元以及41.56万元。通美晶体原为AXT的全资子公司，开展境外业务需要长期保持与境外先进客户的密切沟通，因此AXT派驻境外人员协助公司研发，相关研发人员均在AXT任职，未在通美晶体任职，不存在交叉任职和兼职的情形；通美晶体按照相关人员的服务时间支付了相关津贴，不属于代垫薪酬情形。自2021年3月起，上述研发人员已转化为通美晶体员工。通美晶体拥有独立的人事管理制度，通美晶体董事、监事和高级管理人员均严格按照《公司法》《公司章程》的有关规定产生和任职。通美晶体管理人员、核心技术团队均专职在通美晶体工作并领取报酬，未在控股股东及其控制的其他企业担任除董事、监事以外的其他职务，也不存在与通美晶体业务相同或相近的其他企业任职的情形。

（二）关于通美晶体与对手方的专利交叉许可

根据申报材料，AXT与主要竞争对手签署了交叉许可协议，将各自在2029年12月31日之前申请的专利互相授予许可给对方及其控制的实体使用。AXT需支付许可使用费（由发行人实际承担），而对手方免于支付许可使用费。交叉许可协议主要是为避免因专利重叠造成的侵权和诉讼风险，发行人现有产品未应用对手方许可的专利。

请发行人说明：通美晶体现有产品未应用对手方许可的专利，但通美晶体需向对手方支付使用费，而对手方无须支付的原因及合理性。

回复情况如下：

2020年4月16日，AXT与M公司签署《交叉许可和互不起诉协议》，约定M公司和AXT将其在2029年12月31日之前（含该日）申请的专利互相授予许可给对方及其控制的实体使用；在专利许可期限内，M公司和AXT及其控制的实体不会因前述许可造成的直接或间接专利侵权在全球范围内故意起诉对方，以及对方的直接或间接客户。根据该协议，M公司免于支付许可使用费，AXT需向M公司支付许可使用费，该等约定的背景原因及合理性如下：考虑到M公司成立时间及专利布局较早，其行业地位较高，一方面M公司向AXT授权许可的专利数量远超于AXT向M公司授权许可的专利数量；另一方面，其在早期已形成较为完善且全面的半导体衬底材料领域的专利网布局，具有一定的先发优势。此外，通美晶体根据核心技术的不同类型，除在境内外申请知识产权之外，将大量配方及工艺类技术诀窍（Know-How）加以严格保密，避免因专利的公开而泄露技术秘密。为避免双方专利侵权和诉讼情形的发生，达到双方互不起诉的目的，双方签署《交叉许可和互不起诉协议》并约定M公司免于支付许可使用费，AXT需向M公司支付许可使用费。综上，该等情形系AXT与M公司经过多轮商业谈判，在综合考虑历史纠纷、行业地位、专利数量、专利网布局时期及业务前景后达成的一致意见，有助于AXT和通美晶体避免专利侵权和诉讼风险，符合行业惯例，具有商业合理性。

第二节　涉技术交叉许可协议的实务要点

根据发行人披露显示，通美晶体对部分认定为国际先进的核心技术以技术秘密的形式进行保护，除了需要请发行人说明对核心技术秘密具体的保密措施外，针对本项目专利与技术许可涉及技术秘密问题，做如下分析。

一、发行人现有产品未应用对手方许可的专利问题

申报材料称，通美晶体是《交叉许可和互不起诉协议》的主要受益人；交叉许可协议主要是为避免因专利重叠造成的侵权和诉讼风险，发行人现有产品未应用对手方许可的专利；若M公司终止授权或协议到期后未能续约，且发行人不能及时自行开发替代技术，通美晶体将可能因为缺乏必要授权而面临专利侵权的风险，会给生产经营带来不利影响；称通美晶体未能严格执行技术保密措施，不排除核心技术泄露或被盗用的风险等。据此可知：（1）上述所称“会给生产经营带来不利影响”是指新产品而不是现有产品。（2）上述

所称“不排除核心技术泄露或被盗用的风险”，这里的核心技术秘密显然不是M公司的，应是通美晶体或AXT所有的，或者共有的。

二、控股公司将其技术秘密申请专利被授权的问题

2020年4月16日，AXT与M公司签订的《交叉许可和互不起诉协议》约定，M公司和AXT将其在2029年12月31日之前（含该日）申请的专利互相授予许可给对方及其控制的实体使用，许可范围涉及制造、使用、进口和销售砷化镓和磷化铟晶体和衬底产品。据此可知，从再次询问之日至2029年12月31日，AXT研发的技术成果，可以技术秘密形式保护也可以申请专利，其权属归AXT，如被授予专利权也包括在上述交叉许可的范围之内，M公司有权无偿使用。

三、公司将控股公司技术秘密申请专利产生的系列问题

2021年11月4日，AXT与通美晶体签署约定：AXT将其拥有的所有已授权专利和申请中专利、知识产权［指技术商业秘密、订约权和许可权以及其他现有的和（或）以后出现的技术产权，还包括其更新和扩展的部分］授予许可给发行人及其控股子公司自2021年1月1日起永久使用。

据此可知，通美晶体对AXT的技术秘密只有使用权，很显然通美晶体不得将所获AXT授权使用的包括或改进技术秘密方案申请专利。这不仅与技术进出口有关，也与技术秘密侵权有关，还与交叉授权的范围有关，涉及M公司的直接利益，可能被起诉。

四、因研发人员在控股股东与发行人任职身份转化所产生的影响问题

2021年3月前，AXT派驻研发人员协助发行人研发，主要从事境外客户沟通及境外产品研发、测试等研发工作，自2021年3月起，上述研发人员已转化为通美晶体员工。发行人主要研发核心工作均由自身完成，通美晶体在此基础上，申请了一系列技术专利或形成技术秘密，形成了通美晶体的核心技术、专利和产品，通美晶体当前的核心技术来源为自主研发产生。

据此可知，基于研发人员上述身份转化的原因，技术研发的连续性非常突出，除非采取了极为严格的特殊措施，否则不论是2021年3月之前还是之后所研发产生的技术成果，判断其归属都是极其困难的。仅从上述研发人员转化为通美晶体员工为由，得出当前核心技术来源合法、合规，不存在争议或潜在纠纷的结论，其可信度是较低的。

五、制度安排可能存在的问题与排除重大风险的问询

通美晶体对于AXT所授权的技术秘密有权使用并无所有权，AXT如申请专利获授权，则M公司有权免费使用该专利；若AXT不申请专利以技术秘密许可通美晶体使用，对此能够做出合理解释；如果通美晶体将该技术秘密以通美晶体名义申请专利，如前所述之理由，这是违法的；研发人员身份转化的客观原因加上AXT与通美晶体“合谋”实施上述行为具有高度隐蔽性的原因等；综上，需要排除合理的重大怀疑以保护投资人的利益，应当做如下核查：

（1）有无对2021年3月之后1年内上述研发人员与在AXT职务有关的技术成果归属的约定或制度安排；

（2）通美晶体采取了哪些措施确保所申请的专利不会侵犯AXT授权其使用（而非转让）的技术秘密；

（3）如有（1）和（2）相关的约定、措施和制度安排，应核查其真实性和执行情况；

（4）有无其他合理有效的措施避免上述重大风险发生的安排与承诺等。

第十二章　多次 IPO 申报涉研发人员离职的问询要点

第一节　发行人系智能电网终端设备芯片企业的基本情况

钜泉光电（发行人）的主营业务是智能电网终端设备芯片的研发、设计和销售，为客户提供丰富的芯片产品及配套服务。钜泉光电主要产品包括电能计量芯片、智能电表 MCU 芯片和载波通信芯片等。

截至 2021 年 6 月 30 日，钜泉光电已获授权 69 项专利（其中发明专利 58 项、实用新型专利 11 项）、32 项集成电路布图设计专有权和 11 项软件著作权。招股说明书中列示了 35 项核心技术。电能计量芯片运用的核心技术主要包括高精度 ADC、高精度基准电压、高精度端子测温技术和实现电能相关数值计量的算法；智能电表 MCU 芯片运用的核心技术主要包括高精度 RTC 技术、无外接电容的内嵌 PLL 等技术和各类低功耗设计；载波通信芯片设计中运用的核心技术主要包括基于国网 HPLC 标准和 G3-PLC 国际标准的电力线载波通信算法，优秀的接收机架构、先进的模拟及混合信号设计技术、数据链路层组网算法，以及低功耗芯片设计技术、满足国内复杂电力线环境需要的低功耗、高可靠性设计、组网抄表技术以及电力线载波和无线相融合的双模通信技术等。其中，高精度的可变增益放大器、更高精度的 Sigma Delta ADC、高阶 Sigma-Delta 调制技术和一种基于双载波 MPSK 的通信技术是以技术秘密形式保护，其余 31 项技术均以专利保护。钜泉光电的下游需求方主要是电能表生产厂商或载波通信模块厂商，在销售过程中钜泉光电主要通过经销商经销的方式实现销售。钜泉光电芯片产品的终端表厂客户包括宁波三星医疗电气股份有限公司、华立仪表集团股份有限公司、江苏林洋能源股份有限公司、深圳市科陆电子科技股份有限公司、烟台东方威思顿电气有限公司、成都长城开发科技有限公司和浙江正泰仪器仪表有限责任公司等。上述终端客户均为国内主流的电能表生产厂商。

钜泉光电与所有核心技术人员均签订了《资讯安全协议》和《保密协议》，同时在劳动合同中也涉及保守商业秘密和职务成果归属的相关内容，对任职期间的竞业禁止事项、保密内容、执行方式等和双方的权利义务进行了明确的约定；在激励方面，钜泉光电根据研发项目的贡献程度对核心技术人员给予股权、物质奖励等相关激励。

第二节　多次 IPO 申报涉研发人员离职的实务要点

一、核心技术秘密首轮问询与答复

（一）主要产品的技术先进性

请发行人说明：主要产品构成中自研/外购的具体情况，核心技术的体现，发行人主要产品是否需搭配使用等。

回复情况如下：

钜泉光电以表格的形式展示了储备的核心技术及其在产品中的应用情况，包括核心技术名称、技术先进性及表征、核心技术的应用情况和研发和生产过程中被授权使用 IP 的情况等内容。发行人和同行业公司一样，在产品设计过程中获取通用的处理器、存储器 IP，而芯片相关核心技术与知识产权均来源于自主研发。发行人在研发单相 SoC 和 MCU 等芯片产品的过程中需要获取的 IP 授权包括 ARM 的 32 位处理器以及 ISSI（芯成半导体）的非挥发存储器等。发行人产品经授权使用的专有技术列表展示如表 4 所示。

表 4　授权相关情况 1

序号	授权方	授权内容	授权期限	主要计费方式
1	ARM	CortexM0/M3/M4 嵌入式处理器内核	长期	固定费用和提成费用
2	芯成半导体	128k/256k/512k 非挥发存储器	长期	固定费用

发行人主要产品中计量芯片和 MCU 芯片均运用于下游智能电表产品的不同模块以实现不同功能，由下游表厂客户独立判断并决定选用。功率放大器（PA）芯片可以搭配载波通信芯片在通信模块中使用，发行人的 HPLC 和 G3-PLC芯片存在和 PA 芯片搭配使用以实现通信功能的情况，但不存在强制搭配销售的关系。

（二）IP 核授权和无形资产

请发行人说明：（1）ARM 和芯成半导体等 IP 核授权的主要合同约定，说明授权费的会计核算情况，与相关产品销售的匹配关系；（2）技术使用权的构成和形成原因，其与发行人销售产品和核心技术的对应关系，摊销期限的确定依据以及是否存在减值风险；（3）技术授权相关披露内容存在差异的原因等。

回复情况如下：

（1）发行人向 ARM 及芯成半导体购买 IP 核授权的合同约定如下，表格列示了授权方、授权内容、授权期限和授权费用的相关约定（见表 5）。

表 5　授权相关情况 2

序号	授权方	授权内容	授权期限	授权费用的相关约定
1	ARM	Cortex-M0/M3/M4 嵌入式处理器内核	长期	对于固定费用，钜泉光电需在采购 IP 核授权合同生效后一次性支付；对于提成费用，钜泉光电根据使用 IP 核授权研发设计出的芯片产品的销售数量及其对应的计提比例进行计算，并支付或计提相应的费用；提成费用按照季度进行结算。通常，钜泉光电芯片产品达到不同的累计销量时，适用更低的计提比例

续表

序号	授权方	授权内容	授权期限	授权费用的相关约定
2	芯成半导体	128k/256k/512k 非挥发存储器	长期	均为固定费用，钜泉光电需在 IP 核授权合同生效后一次性支付

（2）发行人说明了技术使用权的构成和形成原因，与产品销售和核心技术的对应关系：发行人无形资产账面的技术使用权全部源于外购，主要系外购的 IP 核授权，不存在自主研发形成的技术使用权和资本化的开发支出。IP 核是芯片设计中可重复使用的具有成熟设计的功能模块，相关使用公司在芯片设计过程中一般会按需向第三方芯片设计 IP 核供应商采购部分通用技术功能模块的 IP 核授权，该情形属于芯片设计行业的通用模式。钜泉光电列示了截至 2021 年 12 月 31 日公司账面技术使用权的构成情况、形成原因、与发行人产品的对应关系，以及摊销年限的具体情况。

发行人在产品设计中运用的自主研发核心技术决定了芯片的关键性能和功能，是本公司能否取得产品技术优势的核心部分。而前述 IP 核均系集成电路行业通用的技术授权，并非发行人核心技术的组成部分，而是由对应领域的专业厂商研发并在全球范围内授权，钜泉光电无须重复开发。通过前述授权，晶圆厂可以在制造过程中直接嵌入实现特定功能的模块，最终形成钜泉光电自主研发的芯片产品的组成部分，与钜泉光电研发的其他模块相互配合，一同实现芯片的功能。同行业企业均采用了相同的模式，因此，在产品设计中运用部分通用技术授权具有行业普遍性。

（3）技术授权相关披露内容存在差异的原因：发行人将本公司经授权使用的主要专有技术做了汇总披露，表格列示了授权方、授权内容、授权期限、主要计费方式和与前次披露不一致的原因（见表 6）。

表 6　授权相关情况 3

序号	授权方	授权内容	授权期限	主要计费方式	与前次披露不一致的原因
1	ARM	Cortex-M0/M3/M4 嵌入式处理器内核	长期	固定费用和提成费用	本次结合多项内核授权汇总披露

续表

序号	授权方	授权内容	授权期限	主要计费方式	与前次披露不一致的原因
2	芯成半导体	128k/256k/512k非挥发存储器	长期	固定费用	本次结合不同容量大小汇总披露

发行人本次申报关于技术授权的披露内容之所以与前次存在差异，主要是因为随着本次申报报告期内发行人的产品和技术持续迭代、升级，各类授权技术的重要性和应用情况发生了变化。本次申报招股说明书中经授权技术的披露，遵循重要性原则，披露内容准确、完整。

（三）核心技术人员离职对技术研发的影响

申报文件显示，前次主板申报时认定的核心技术人员萧某华、庄某昇、佘某均陆续离职，发行人 3 个员工持股平台上多为离职员工。请发行人说明上述核心技术人员的离职原因及其在发行人技术研发中发挥的作用，他们的离职是否对发行人技术研发构成重大不利影响。

回复情况如下：

报告期内发行人核心技术人员庄某昇、萧某华和佘某的离职不会对发行人的技术研发产生重大不利影响。发行人前次申报主板时认定的核心技术人员中，庄某昇于 2019 年 5 月离职，萧某华于 2019 年 6 月离职，佘某于 2020 年 6 月自技术研发岗位调任市场销售岗位，后于 2021 年 11 月离职。庄某昇离职前未担任过研发部门的职位，也未参与过发行人核心技术的研发工作，更未申请过发明专利，仅在市场销售环节给予一定的技术支持。庄某昇离职后，原市场部分化为市场部和销售部两个总经理直属部门，庄某昇原下属周某民和蒋某杰分别接替其担任市场部总监和销售部总监。庄某昇从钜泉光电离职后返回中国台湾地区照顾家人，至今未入职其他单位从事与发行人业务相关的研发工作。曾经参与并负责公司部分研发工作的萧某华、佘某在报告期内的离职事项不会对钜泉光电的核心技术、技术研发和经营管理产生不利影响，亦不会影响钜泉光电的持续经营能力，主要原因如下：

第一，萧某华、佘某作为发明人的相关专利均为发行人的研发团队在发行人研发总监的领导下通过多人协作共同完成，萧某华、佘某作为上述发明专利的发明人之一，在职期间所申请的专利也均为职务发明，其本人与发行人之间不存在任何争议。

第二，发行人在计量、MCU 和载波领域积累的核心技术均为原创性技术，并且研发机构运行多年，有较完整的研发体系，有多层次的技术人员，不会影响发行人未来的生产经营和持续经营能力。

第三，发行人重视技术人员的培养，拥有多层次的研发团队，形成了较强的协作研发能力。萧某华、佘某离职前的具体工作由发行人其他核心技术人员接替，能够保证相关研发项目有序进行开发，不受萧某华、佘某离职的影响。当前发行人的主要研发人员［核心技术人员 Xuming Zhang（张某明）、马某、张某雄、潘某和王某等人］长期在发行人任职，人员稳定，具有丰富的项目研发经验，研发团队足以完成后续的产品和技术研发工作。

第四，萧某华、佘某在离职后，均未从事与发行人相竞争的业务，不存在其目前任职单位与发行人从事相同或相似的业务或构成产业上下游关系的情形，也不存在违反保密义务的情况，亦不存在纠纷或潜在争议。

（四）向关联方/合作方提供技术支持/开发服务

根据申报文件：（1）北京前景无忧电子科技有限公司（以下简称前景无忧）原为发行人曾参股 16.25% 的企业，发行人于 2019 年 10 月对外转让全部股份。发行人的董事长杨某聪于 2020 年 6 月，辞去前景无忧的监事，前次 IPO 不予核准的理由为未能充分披露与前景无忧的关联交易情况。（2）发行人为前景无忧提供 HPLC 芯片方案支持，前景无忧以芯片原厂身份取得相关认证和开展投标，发行人在中标后继续为其提供芯片量产服务。（3）发行人与前景无忧先后签署了多份协议书，存在一些特殊交易条款，如 2021～2023 年度的经销销售业绩承诺，发行人有权分配其现有库存、验收方式以其用户验收合格为准，部分芯片销售价格、电科院芯片 ID 专利费用承担按照 1∶1 的比例分摊降价成本，促成发行人对第三方转让前景无忧股权等。（4）发行人退出前景无忧后，积极拓展了其他业务合作伙伴，如为西安晖润和智芯微提供技术服务，协助西安晖润通过国网和南网的检测等。

请发行人补充披露：前景无忧采购相关产品的主要用途和下一步加工

工序。

请发行人说明：发行人与前景无忧、西安晖润、智芯微关于技术支持/开发服务协议的主要内容，是否存在技术方案、支持/销售对象、合作时间等方面的限制，发行人提供给不同客户的技术方案差异，是否存在侵权或违约风险，是否存在纠纷或潜在纠纷。

回复情况如下：

发行人补充披露了前景无忧采购相关产品后的主要用途和下一步加工工序。并对前述问题说明如下：

（1）前景无忧对发行人在销售对象、合作时间等方面的限制。钜泉光电自2016年12月起与前景无忧在国内两网公司用电信息采集领域建立专属合作关系，之后协助前景无忧以自有品牌芯片通过国家电网宽带载波芯片互联互通测试认证，并提供后续量产服务和量产芯片产品。2018年起，国家电网宽带载波市场运作机制的变化使得双方合作下的市场占有率远低于预期。2019年8月，双方重新签署了《合作协议》并将专属合作变更为战略合作关系。由于合作关系从专属合作变更为战略合作，前景无忧与发行人对彼此的限制有所减少。发行人详细比对了双方于2016年签署的《授权委托协议》以及于2019年签署的《合作协议》《合作协议之补充协议》，分析宽带载波芯片合作项下限制性条款的变化及对约定的遵守情况后得出结论，发行人不存在违反《合作协议》及其补充协议中关于限定合作伙伴、销售渠道、每年最低提货量和合作期限有关约定的行为。

（2）发行人与西安晖润的合作不存在违反与前景无忧签署的相关协议的情形。首先，发行人与西安晖润建立合作关系的时间晚于发行人与前景无忧的专属合作期间，且西安晖润不属于战略合作期间的限制销售对象。其次，发行人向西安晖润交付的集成电路布图设计具有独创性。发行人为西安晖润提供设计的芯片方案与前景无忧的芯片存在差异，已分别于2021年和2020年取得了国网计量中心有限公司和南方电网科学研究院有限责任公司实验检测中心出具的《检测报告》并通过相关检测。最后，根据中国裁判文书网、人民法院公告网、审判流程信息公开网、执行信息网的公开检索结果以及西安晖润业务负责人的确认，西安晖润不存在与前述集成电路布图设计有关的已决或未决诉讼、仲裁。

(3) 发行人与智芯微的合作不存在违反与前景无忧签署的相关协议的情形。第一,智芯微同样不属于前景无忧与发行人约定的限制销售对象。报告期内发行人与智芯微之间的业务往来为发行人向其销售芯片及其他配套产品并接受其委托为其自主研发的 HPLC 芯片的部分模块、部分测试程序提供开发服务。第二,芯片及其他配套产品的销售不存在向智芯微提供技术支持/开发服务的情形。发行人与智芯微之间的委托开发项目已于 2021 年 6 月验收完毕,发行人向智芯微交付了研发项目下特定模块所需的文档、数据、测试板、测试模块和实物等,并由智芯微整体把控并最终负责芯片的设计工作。因而,发行人与智芯微之间的合作模式及服务内容与前景无忧存在较大差异。第三,根据双方在技术支持协议中对知识产权保障条款的约定,发行人在为智芯微所提供定制化、差异化技术支持过程中所使用的专有技术、知识产权系其自主研发和自有知识产权,不存在侵犯第三方合法权益的情形。第四,根据中国裁判文书网、人民法院公告网、审判流程信息公开网、执行信息网的公开检索结果,以及对智芯微相关业务负责人员的访谈,智芯微不存在因拥有/使用发行人向其交付的技术成果而产生已决/未决诉讼、仲裁的情形。

二、核心技术先进性及对外提供技术支持二轮问询与答复

(一) 技术的先进性

请发行人说明:(1) 发行人与竞争对手同类产品最高技术水平的比较情况,其产品是否能持续保持市场竞争力;(2) 结合主要产品国产化率较高的背景及产品研发周期等,充分论证发行人产品的技术门槛及技术先进性体现。

回复情况如下:

发行人主要芯片产品类别中,电表 MCU 芯片(已采用 512K 容量的最高配置进行比较)、HPLC 芯片(已采用经国网计量中心认证的最新型号进行比较,发行人最新量产的 55nm 版本在性能上与 HT8632 不存在较大差异)和 OFDM 芯片(使用符合 G3-PLC 标准的最新产品进行比较)将发行人的最新产品与竞争对手的最新产品进行比较,已经系最高技术水平的比较。而在

BPSK 芯片方面，虽然发行人产品在抗干扰技术等方面具备一定的优势，但由于 BPSK 调制解调技术在主要国内市场已经被 OFDM 和 HPLC 芯片迭代的缘故，各方很少再有相关产品的研发投入，因此不具备最高技术水平的比较基础。发行人将其产品与竞争对手最高技术水平比较的产品类别为计量芯片大类下的物联表单、三相计量芯以及 512k 大容量单相 SoC 芯片，表格列示了产品型号、钜泉光电 HT7727、锐能微 RN2025 和与竞品比对情况。在物联表计量芯方面，发行人与上海贝岭在产品设计方向上不存在较大差异，发行人的初版芯片在产品规格和主要性能指标方面均能够优于上海贝岭的初版产品或与之相当；在当前出口市场最高规格的 512K 大容量单相 SoC 芯片产品的比较上，发行人相比竞争对手也并不逊色。综上，发行人具备技术领先优势，凭借新产品的研发布局能够持续保持市场竞争力。

发行人主要产品所处市场国产化率较高，并不代表产品技术相对落后，也并非由于技术门槛低或者技术先进水平不足；发行产品的研发周期长、迭代周期短，随着行业标准的不断演进，市场对于产品持续研发的要求较高，同时迭代研发又需要基于以往的技术积累和经验储备；发行人研发的芯片产品主要为电力专用芯片，技术特点体现在“专业性”而非“泛用性”上；发行人的产品设计具有复杂性特点。

因此，发行人产品具有较高的技术门槛，结合发行人在国内市场的竞争地位，产品专用性、复杂性的特点、较长的研发周期、较快的迭代速度以及持续研发过程中积累的技术和经验，发行人的技术领先性也能够得到展现。

（二）向关联方/合作方提供技术支持/开发服务的再次问询

根据首轮问询回复，发行人未完整回复首轮问询函的相关内容，如发行人与西安晖润、智芯微的合作情况。请发行人补充完善上述首轮问询问题的回复内容。

回复情况如下：

发行人以表格列示了与前景无忧、智芯微和西安晖润的销售范围/合作内容、技术要求、销售对象/转委托限制、知识产权归属和合作时间。另外，发行人对涉及与前景无忧和西安晖润合作过程中形成的知识产权的具体内容申请了豁免披露。

（1）发行人从前景无忧在《合作协议》项下对销售对象、技术要求、销售价格和合作期限的限制方面分别进行了说明，协议约定双方在合作中形成的技术开发成果由前景无忧作为唯一权利人向国家知识产权局申请登记并取得该等集成电路布图设计的专有权。发行人与前景无忧均认可该等集成电路布图设计的权利归属且不存在任何异议。截至回复出具之日，发行人为前景无忧提供设计的芯片方案已于2020年9月取得国网计量中心有限公司出具的《检验报告》并通过相关检测。

（2）发行人对智芯微在《技术开发（委托）合同》中对不得转委托、知识产权归属和项目完成时限的限制进行了说明。未经智芯微书面同意，发行人不得将合作项目项下的部分或全部技术开发工作转委托给第三人承担；合作项目项下的研究开发成果归智芯微所有，包括研究开发成果专利申请权、转让权和奖励申请权等；发行人与智芯微共享的权利包括研究开发成果的使用权及发表权。

（3）发行人对西安晖润在《宽带载波芯片合作协议》中对销售对象、技术要求和合作期限的限制进行了说明。双方基于协议约定形成的技术成果由西安晖润作为唯一权利人向国家知识产权局申请登记并取得该等集成电路布图设计的专有权，双方均认可该等集成电路布图设计的权利归属且不存在任何异议。

发行人提供给不同客户的技术方案存在差异，不存在侵权或违约风险。发行人与前景无忧、西安晖润之间的合作为芯片方案设计与支持，而发行人与智芯微之间的合作属于委托开发，与前景无忧、西安晖润之间的合作方式及技术要求均不相同。发行人系以自有知识产权及专有技术分别与前景无忧、智芯微及西安晖润开展合作并提供不同的产品和技术方案，不存在侵犯他人知识产权的情形。此外，通过中国裁判文书网、人民法院公告网、审判流程信息公开网、中国执行信息网等网站的检索，截至回复出具之日，发行人不存在与前景无忧、智芯微和西安晖润产生已决/未决诉讼、仲裁的情形。

三、涉技术秘密问询的分析与值得关注的问题

根据披露信息，发行人分别于2011年和2016年进行过2次IPO申报。发行人于2016年6月在主板进行IPO申报（第2次IPO申报），2017年11月发审会未获批准。其中第2次申报的问询问题中，与核心技术相关的问题主要为发行人与主要竞争对手锐能微相比的竞争优势及持续盈利能力、发行人与关联方前景无忧的交易情况（包括技术开发及交易）和发行人主要采取外协加工的生产方式对本公司核心竞争力的影响等。前次主板申报时认定的核心技术人员萧某华、庄某昇、佘某均于本次IPO报告期内陆续离职，发行人三个员工持股平台上多为离职员工（46名研发人员离职）。其中庄某昇离职前未担任过研发部门的职位，也未参与过发行人核心技术的研发工作，未申请过发明专利，仅在市场销售环节给予一定的技术支持。萧某华和佘某在离职前均参与过核心技术的研发，离职后任职单位或创业公司均与发行人业务不存在竞争关系。

为此，结合前次主板申报问询问题和本次科创板披露信息，从钜泉光电核心技术秘密与核心技术人员合规管理的视角出发，提出如下需要继续问询或关注的问题。

1. 核心技术人员认定的合理性

庄某昇一直未参与过钜泉光电核心技术的研发，请说明前次主板申报时将其认定为核心技术人员的原因，以及本次申报中认定核心技术人员的规则及其合理性；应核实本次申报中的核心技术人员是否有只是高层管理人员而实际上并未参与核心技术研发的情况，钜泉光电是否存在未参与核心专利的研发但将其列为专利发明人的情况；如存在上述情况之一，请说明钜泉光电核心专利的发明人对该专利技术方案做出的具体实质性贡献，钜泉光电对专利发明人奖励报酬制度设计合理性与执行情况等。

2. 核心技术（研发）人员技术秘密泄密离职风险管理

报告期内两名核心技术人员离职，多名研发人员离职，请发行人说明上述人员在职期间及离职时是否签署过相应文件明确其不得泄露公司技术秘密；钜泉光电是否要求离职人员将其接触的技术秘密载体文件交还本公司或销毁，

是否留存交接清单；钜泉光电是否排查过离职人员将本公司技术秘密发至个人邮箱或脱离本公司控制，或披露给新的公司使用的情形；除前述举措外，钜泉光电针对研发人员离职还采取了哪些风险管理措施，以降低因技术秘密泄露而给公司持续经营造成的不利影响。

3. 发行人交付/受托开发的技术成果是否包含核心技术秘密

根据发行人披露信息，钜泉光电的主营业务是智能电网终端设备芯片的研发、设计和销售，为客户提供丰富的芯片产品及配套服务，主要产品包括电能计量芯片、智能电表 MCU 芯片和载波通信芯片等。招股说明书中列示了 35 项核心技术，其中高精度的可变增益放大器、更高精度的 Sigma Delta ADC、高阶 Sigma-Delta 调制技术和一种基于双载波 MPSK 的通信技术是以技术秘密形式保护的。发行人与前程无忧和西安晖润两家技术合作方（发行人向合作方提供宽带载波芯片并以合作方自有品牌进行芯片销售）均约定技术成果由合作方作为唯一权利人向国家知识产权局申请登记并取得该等集成电路布图设计的专有权。发行人与委托开发方智芯微合作项目（智芯微委托发行人研究开发高速电力线载波通信芯片研发项目—电力线载波通信模拟技术研究及优化项目，由 HPLC 模拟前端电路优化设计服务及 HPLC 芯片性能测试系统开发服务两部分技术开发构成）的研究开发成果归智芯微所有，包括研究开发成果专利申请权、转让权和奖励申请权等；发行人与智芯微共享的权利包括研究开发成果的使用权及发表权。

请发行人说明与前述三家合作方合作形成的技术成果是否包含钜泉光电在载波通信芯片设计中运用的核心技术，交付成果是否包含钜泉光电核心技术秘密；如果发行人提供给合作方的成果或载体中包含钜泉光电的核心技术秘密，发行人是否与合作方约定了保密措施并切实履行；发行人将包含本公司核心技术秘密的成果约定为合作方享有知识产权，是否会对发行人的持续经营产生不利影响等。

第十三章　涉兼职核心技术人员风险管理的问询要点

第一节　发行人系三元前驱体生产商的基本情况

浙江帕瓦新能源（发行人）主要从事锂离子电池三元正极材料前驱体的研发、生产和销售，是国内先进的三元前驱体生产商。

浙江帕瓦新能源主要产品为锂离子电池 NCM 三元正极材料前驱体，该产品主要用于镍钴锰三元正极材料的制造，作为锂离子电池关键原料用于锂离子电池的生产，应用于新能源汽车动力电池、消费电子和电动工具等领域。

根据招股说明书披露，浙江帕瓦新能源拥有大量具有自主知识产权的科研成果与非专利技术。截至 2022 年 4 月 22 日，发行人拥有 60 项专利，其中 30 项发明和 30 项实用新型专利；形成了 8 项核心技术，包括用于单晶型产品的核心技术（窄分布单晶三元前驱体合成技术和一次颗粒排列方式可控技术等）和用于多晶型产品的核心技术（高活性花瓣状三元前驱体制备技术等）。

浙江帕瓦新能源的核心技术人员有四位，其中张某担任浙江帕瓦新能源总经理，在中南大学任研究员、博士生导师一职。浙江帕瓦新能源制定保密和信息安全措施，与核心技术岗位任职的员工签订含有保密条款的合同和竞业限制协议等。

第二节　涉兼职核心技术人员风险管理的实务要点

一、核心技术来源及核心技术人员离职的影响

（一）核心技术来源与合作研发

请发行人说明：（1）浙江帕瓦新能源成立后，与中南大学的合作模式、合作过程、双方参与人员、合作成果及其归属；浙江帕瓦新能源核心技术源于自主研发还是中南大学及其依据。（2）浙江帕瓦新能源核心技术的开发过程及对应时间，主要参与人员，对应的细分产品类型，对应知识产权及其申请和授权时间。（3）发行人原始取得的专利主要集中于2020年、2021年的原因；发行人继受取得5项发明专利的背景、专利发明人、原权利人、转让过程及合规性、费用及支付情况，在发行人产品中的使用情况、与发行人核心技术的关系等。

回复情况如下：

（1）浙江帕瓦新能源成立后，为提升其在基础研发领域的科研实力，实现基础科学和产业落地的互补，浙江帕瓦新能源同中南大学开展了合作。中南大学主要负责三元前驱体的基础研究工作，浙江帕瓦新能源主要负责三元前驱体小试、中试阶段的研发及产业化落地工作。浙江帕瓦新能源列表展示了自2014年至2021年的四项合作研发项目，披露了合作期限、专利权归属、技术秘密归属、后续成果归属、专利成果和主要参与人员等信息。锂离子电池三元正极材料前驱体Ni0. 8Co0. 15Al0. 05（OH）2的合成与性能研究项目，约定专利申请权和技术秘密由浙江帕瓦新能源与中南大学共有，合作期内未产生专利成果。单晶高镍低钴多元正极材料前驱体结构设计及应用基础研究项目，约定专利申请权由浙江帕瓦新能源与中南大学共有，技术秘密由浙江帕瓦新能源享有，合作期限至2023年2月，暂无专利成果。锰结核制备锂电

池三元正极材料前驱体 $Ni_{0.6}Co_{0.2}Mn_{0.2}(OH)_2$ 的性能研究项目，约定专利申请权、技术秘密由浙江帕瓦新能源享有；该项目合作期限为 2019 年 2 月至 2020 年 1 月，已获授“一种以锰结核制备镍钴锰三元正极材料前驱体的方法”专利（专利号：ZL201910040438.5），登记于浙江帕瓦新能源名下。该专利已应用在窄分布单晶三元前驱体合成技术，构成浙江帕瓦新能源核心技术之一并成功应用于浙江帕瓦新能源产品上。锂离子电池正极材料 $LiFe_xMn_{(1-x)}PO_4$ 开发及应用基础研究项目约定专利申请权、技术秘密由浙江帕瓦新能源享有，合作期限至 2022 年 12 月，暂无专利成果。上述 4 个合作项目均约定对基于研究开发成果的后续改进生产技术成果由浙江帕瓦新能源享有。

发行人在 2022 年 3 月 2 日和 4 月 11 日提交的第一轮和第二轮审核问询函回复稿中列举了其与中南大学的 4 项合作研发项目，在 2022 年 4 月 25 日更新的招股说明书（上会稿）中只列举了 3 项，不再披露“锂离子电池三元正极材料前驱体 $Ni_{0.8}Co_{0.15}Al_{0.05}(OH)_2$ 的合成与性能研究”项目。原因可能是该合作项目（2014 年 7 月至 2015 年 6 月）不在报告期内，对应的 NCA 合成技术在当时技术条件下无法产业化未形成专利成果，与浙江帕瓦新能源目前的核心技术无关，因此未再列举。

（2）发行人列举表格展示了本公司核心技术的开发过程、对应时间、主要参与人员、对应细分产品类型和对应专利情况。参与项目最多的为张某、程某、邓某、左某和徐某和等人。浙江帕瓦新能源核心技术均为本公司自主研发形成，其中窄分布单晶三元前驱体合成技术是浙江帕瓦新能源在与中南大学合作研发取得的发明专利（以下简称合作研发基础专利）基础上，针对下游客户对产品特性的需求，进行大量的二次开发和规模化生产验证工作后形成的核心技术，该技术可以满足客户要求并实现规模化生产。该核心技术涉及多项发明专利和非专利技术，合作研发基础专利（“一种以锰结核制备镍钴锰三元正极材料前驱体的方法”，专利号：ZL201910040438.5）为形成前述核心技术的专利之一。

（3）发行人原始取得的专利授权时间主要集中于 2020 年和 2021 年，其原因包括：第一，张某 2018 年 7 月起在浙江帕瓦新能源担任总经理和研究院院长职务，张某的履职加强了浙江帕瓦新能源的技术研发实力；第二，2019

年后，浙江帕瓦新能源主要核心生产技术逐渐成熟，进而通过申请专利形式对相关研发成果进行保护；第三，2020年后，浙江帕瓦新能源研发投入显著增加并通过申请发明专利的形式对研发成果进行保护。浙江帕瓦新能源基于自身业务发展的需要，经与中南大学友好协商，签订《技术转让（专利权）合同》，支付人民币100万元获取专利权人登记为中南大学的5项发明专利，专利转让款项已支付。2020年4月，上述专利的专利权人变更登记为浙江帕瓦新能源。转让双方在《技术转让（专利权）合同》中约定：专利权交付后，中南大学不得继续实施该专利，双方对专利权涉及的发明创造进行的后续改进成果归各自所有，并约定了技术秘密的保密范围和期限。发行人列表展示了5项发明专利的名称、发明人及在发行人产品及核心技术中的使用情况。表格显示5项专利中有2项专利在产品研发中有一定应用，5项专利均未应用于核心技术。

（二）核心技术人员的认定及离职影响

根据申报材料：2019年浙江帕瓦新能源核心技术人员为张某、程某、徐某和、邓某和左某；2021年4月2日，左某因个人原因辞职，浙江帕瓦新能源核心技术人员为张某、程某、徐某和与邓某；发行人4名核心技术人员中，张某是中南大学的博导，徐某和与程某均是中南大学的在读博士，发行人部分发明专利的申请时间早于上述核心技术人员就职时间。

请发行人说明：（1）左某教育背景及履职经历，参与发行人的核心技术、专利技术开发情况和主要贡献情况；其离职原因及离职去向，是否签署竞业禁止和保密约定。（2）左某在发行人技术研发中的重要性；其相关工作职责及内容已平稳交接、浙江帕瓦新能源生产经营未受重大不利影响的依据。（3）结合发行人核心技术形成时间，专利形成时间，程某、徐某和、邓某等人参与开发过程及对应时间等，说明认定3人为核心技术人员的合理性。（4）浙江帕瓦新能源研发人员的认定标准、范围及岗位职责等。

回复情况如下：

（1）左某为中南大学冶金工程专业学士，2012年4月至2014年6月就职于光宝电子（东莞）有限公司，担任工程师；2014年7月至2017年6月，就职于纬创资通中山有限公司，担任品质保证部主任；2017 年 6 月至 2021 年 4 月，担任浙江帕瓦新能源研究院院长助理。左某在职期间，主要承担浙江帕瓦新能源产品研发过程小试和中试阶段的工艺质量控制的相关工作。左某对浙江帕瓦新能源研发工作的贡献主要体现在对研发过程中工艺质量的把控。研发过程中的工艺质量控制有助于发现研发过程中产品的设计缺陷、工艺缺陷和质量缺陷，有助于提高研发效率，并为后续产品生产工艺放大提供指导。左某因个人原因辞职，离职后就职于长远锂科，左某在浙江帕瓦新能源就职期间与本公司签订了竞业限制协议和保密协议。

（2）在职期间，左某担任浙江帕瓦新能源研究院院长助理，主管浙江帕瓦新能源产品研发过程小试和中试阶段的工艺质量控制的相关工作，在浙江帕瓦新能源研发工艺质量控制领域起到了较为重要的作用。左某工作已交接给研究院负责质量控制及工程的员工。接任左某工作的员工为浙江帕瓦新能源内部培养产生，熟悉质量控制及工程相关工作，左某工作职责及内容已平稳交接。左某离职后，浙江帕瓦新能源专利数量持续增加、收入利润显著增长、客户结构不断改善，浙江帕瓦新能源生产经营未受重大不利影响。

（3）程某、徐某和、邓某分别于 2015 年 12 月、2016 年 11 月和 2018 年 4 月入职浙江帕瓦新能源，在浙江帕瓦新能源任职时间较长，为浙江帕瓦新能源内部培养产生的技术人员。程某、徐某和和邓某在三元前驱体研发和生产领域具有较为丰富的经验，在浙江帕瓦新能源核心技术及专利的形成过程中发挥了重要的作用。浙江帕瓦新能源列表展示了核心技术形成情况，包括形成过程、形成时间和程某等三人的参与情况，程某、徐某和、邓某入职时间早于核心技术形成时间和主要专利申请时间。结合程某、徐某和、邓某入职时间，核心技术形成时间和主要专利申请时间，在研发过程中的作用，浙江帕瓦新能源认定其为核心技术人员具有合理性。

（4）浙江帕瓦新能源的研发工作可区分为基础研发、小试研发、中试研发、分析检测和工艺品控。浙江帕瓦新能源将从事上述研发工作的全职员工认定为研发人员，并设立技术研发部、分析检测部和工艺品控部进行管理。浙江帕瓦新能源列表展示了认定的研发人员所属部门及职能情况。

二、高校兼职人员对核心技术的贡献二轮问询与答复

根据首轮问询回复：（1）2020 年 4 月，浙江帕瓦新能源从中南大学继受专利 5 项为保护性专利，未直接应用于产品和核心技术；（2）浙江帕瓦新能源同中南大学构建了合作研发关系，中南大学主要负责三元前驱体的基础研究工作，浙江帕瓦新能源主要负责三元前驱体小试、中试阶段的研发及产业化落地工作；（3）浙江帕瓦新能源聘用中南大学欧某、明某、张某峰为其兼职顾问，为浙江帕瓦新能源研发项目基础理论及技术前沿方向等方面提供咨询指导，不参与具体产品开发工作；（4）张某于 2018 年 6 月 7 日及 2021 年 9 月 3 日分别与中南大学签署的《中南大学教职工离岗创业协议书》，离岗创业期限为 3 年。

请发行人说明：（1）浙江帕瓦新能源与中南大学合作项目中，双方具体职责及实施地点，双方人员在合作项目中的贡献内容；合作项目对应技术与浙江帕瓦新能源核心技术的关系；中南大学欧某等人作为兼职顾问提供的咨询指导的内容与成果。（2）浙江帕瓦新能源继受专利、与高校等科研机构进行合作研发、聘任兼职顾问等方式进行研发是否符合行业惯例，其目前是否具备独立研发能力，核心技术是否属于自主研发。（3）继受取得 5 项专利的开发时间、内容及应用场景，未直接应用于浙江帕瓦新能源产品和核心技术的依据；浙江帕瓦新能源继受取得前述专利的原因。（4）张某离岗创业协议书到期之后的规划安排，对于其任职及发行人研发生产的影响。

回复情况如下：

（1）发行人列表展示了浙江帕瓦新能源与中南大学合作项目中，双方具体职责、实施地点、双方人员在合作项目中的贡献内容、合作项目对应技术、浙江帕瓦新能源核心技术的关系的具体情况、中南大学欧某等人作为兼职顾问提供的咨询指导内容及成果。

（2）第一，发行人列表展示了同行业内可比上市公司普遍采用继受专利、与高校等科研机构进行合作研发、聘任兼职顾问等方式进行研发的情况，并得出浙江帕瓦新能源继受专利与高校等科研机构合作研发、聘任兼职顾问等方式进行研发，符合行业惯例的结论。第二，浙江帕瓦新能源建立了基础

研发、小试研发、中试研发的独立研发体系。浙江帕瓦新能源内部研发团队对三元前驱体基础材料具有深刻理解，具备独立的基础研究能力，继受专利、与高校等科研机构进行合作研发、聘任兼职顾问为浙江帕瓦新能源在基础研发领域的有效补充。浙江帕瓦新能源的研发活动以产品的产业化应用为目的，独立将研发成果应用于产品的大规模生产过程，相关产品已向下游客户进行大规模销售。合作研发项目中，中南大学仅提供基础理论研究等辅助性工作。第三，浙江帕瓦新能源目前拥有 8 项核心技术，其中 7 项为自主研发形成，仅 1 项核心技术“窄分布单晶三元前驱体合成技术”使用了合作研发形成的专利“一种以锰结核制备镍钴锰三元正极材料前驱体的方法”，且该专利在该项核心技术形成过程中仅起到辅助性作用。

（3）第一，发行人列表展示了浙江帕瓦新能源继受取得 5 项专利的开发时间、内容及应用场景。第二，继受取得的 5 项专利中，“一种锂离子电池用镍钴锰三元正极材料及其制备方法”“钒硫化物包覆的锂离子电池三元正极材料及其制备方法”“竖式环保型管式烧结炉”3 项发明专利主要涉及三元正极材料生产技术。三元正极材料生产以火法烧结技术为核心，三元正极材料前驱体生产以液相共沉淀技术为核心，二者在生产设备和工艺流程等方面均存在显著差别。因此，上述 3 项发明专利无法直接应用于浙江帕瓦新能源产品和核心技术。“核壳结构镍钴锰三元正极材料前驱体及其制备方法”和“核壳结构梯度镍钴锰三元正极材料前驱体及其制备方法”2 项发明专利相关技术经浙江帕瓦新能源验证，其生产成本高、重复性差，无法直接应用于浙江帕瓦新能源产品和核心技术。第三，浙江帕瓦新能源从中南大学继受取得“一种锂离子电池用镍钴锰三元正极材料及其制备方法”“钒硫化物包覆的锂离子电池三元正极材料及其制备方法”“竖式环保型管式烧结炉”3 项发明专利的主要原因为浙江帕瓦新能源研发需对三元前驱体进行烧结以检测性能，烧结环节涉及上述 3 项发明专利对应的技术；为避免侵权风险，浙江帕瓦新能源继受取得上述 3 项发明专利。浙江帕瓦新能源从中南大学继受取得“核壳结构镍钴锰三元正极材料前驱体及其制备方法”和“核壳结构梯度镍钴锰三元正极材料前驱体及其制备方法”2 项发明专利的主要原因为浙江帕瓦新能源规划进行核壳结构三元前驱体产品的研发，为加快研发进度及避免侵权风险，其继受取得上述 2 项发明专利。

(4) 针对离岗创业协议书到期之后的规划安排，张某承诺：若浙江帕瓦新能源顺利上市，且现有离岗创业协议书到期之后，张某未能签署继续离岗创业的协议，则将从中南大学办理离职手续并全职在浙江帕瓦新能源工作。综上，张某对于离岗创业协议书到期之后已做出相关规划安排，对于在发行人的任职及发行人研发生产不会造成重大不利影响。

三、涉技术秘密问询的分析与值得关注的问题

（一）合作研发的真实性

根据浙江帕瓦新能源披露信息，“一种以锰结核制备镍钴锰三元正极材料前驱体的方法”对应的合作研发项目的合作期限为 2019 年 2 月至 2020 年 1 月，专利申请权归浙江帕瓦新能源享有。经查询，该专利在 2019 年 1 月 16 日已由中南大学提交专利申请。专利公开后，2020 年 6 月 2 日中南大学将专利申请权转让给发行人。2020 年 8 月 18 日浙江帕瓦新能源被授予专利权。由此可知在该合作研发项目尚未开始前，“合作研发专利成果”即已完成并提交专利申请，为此发行人需说明其是否参与了该专利成果的研发，合作研发协议签署时是否已知中南大学已完成该专利研发并提交专利申请，如是，请说明不签署专利申请权转让协议而签署合作研发协议的原因。

在核对该合作研发真实性的同时，也是排除以合作研发项目之名行非法利益输出之嫌的基本要求。

（二）核心技术人员入职风险管理

据招股说明书披露，浙江帕瓦新能源核心技术人员（董事/总经理/研究院院长）张某从 2018 年 7 月至今历任中南大学冶金与环境学院党委书记、中南大学冶金与环境学院研究员和博士生导师；浙江帕瓦新能源核心技术人员程某（中南大学博士）入职前曾任湖南海纳新材料有限公司技术和生产部副部长、厦门首能科技股份有限公司资深工程师；浙江帕瓦新能源核心技术人员徐某和（曾在中南大学就读博士）入职前曾任江西江特锂电池材料有限公司（现更名为江西汉尧富锂科技有限公司）生产部长、湖南杉杉新能源材料

有限公司技术部部长助理。浙江帕瓦新能源 2014 年 7 月成立时，彭某丽（系张某之妻）代张某持有 300 万元注册资本对应的股权。

基于以上信息，有必要就以下问题进一步问询发行人：浙江帕瓦新能源在录用核心技术人员时是否调查过拟录用人员原就职单位是否与浙江帕瓦新能源存在竞争关系，拟录用人员入职浙江帕瓦新能源是否可能违反其与原单位签署的协议条款，浙江帕瓦新能源是否向拟录用人员明示不得将原单位技术秘密用于浙江帕瓦新能源的研发生产，浙江帕瓦新能源是否有相关制度及监督机制定期核查新入职员工是否存在将原单位技术秘密用于浙江帕瓦新能源研发工作的情况等。

（三）核心技术人员离职风险管理

根据浙江帕瓦新能源披露信息，已离职核心技术人员左某在职期间主要承担公司产品研发过程小试和中试阶段的工艺质量控制的相关工作，与浙江帕瓦新能源签订了《竞业限制协议》《保密协议》，左某自 2021 年 4 月离职后入职了长远锂科。

经查询，长远锂科也是一家锂电池正极材料研发公司，与发行人属于同行业公司，请发行人说明左某入职该公司是否违反了与发行人签订的《竞业限制协议》，其入职同行公司是否可能造成浙江帕瓦新能源的核心技术泄密，浙江帕瓦新能源采取了哪些措施使本公司可能因核心技术泄密造成的不利影响降到最低。

（四）合作研发项目的合作方对核心技术秘密的保密措施

根据浙江帕瓦新能源披露信息，浙江帕瓦新能源的窄分布单晶三元前驱体合成技术是其在与中南大学合作研发取得的发明专利基础上二次开发而成。浙江帕瓦新能源与中南大学的合作项目已涉及浙江帕瓦新能源核心技术。请发行人进一步说明，中南大学与浙江帕瓦新能源在合作研发过程中是否接触浙江帕瓦新能源的技术秘密，如接触，中南大学是否采取了必要的保护措施防止技术秘密泄露，中南大学是否与其他主体开展过相同或类似合作研发项目，是否存在就相关技术知识产权与其他主体共有或共用的情况等。

第十四章　分拆上市涉核心技术秘密的问询要点

第一节　发行人基本情况与核心技术秘密的问询情况

一、发行人系智能家居服务商和物联网云平台提供商

杭州萤石网络股份有限公司（以下简称杭州萤石网络）（发行人）致力于成为可信赖智能家居服务商和物联网云平台提供商，面向智能家居场景下的消费用户，提供以视觉交互为主的智能生活解决方案；面向行业客户，提供用于管理物联网设备的开放式云平台服务。另外，还面向消费用户开发不同场景产品：居家安全场景下的智能家居摄像机、红外探测仪、门磁传感器、火灾探测器、声光报警器等视觉类和感知类产品；入户安全场景下的智能门铃、智能猫眼和智能门锁等以视觉为特色的产品；情感看护场景下的儿童陪护机器人、儿童手表、智能宠物喂食器和智能手环等多元化智能硬件；舒适环境场景下的扫地机器人、空气检测仪、窗帘机、智能新风、智能净水以及多类型的控制面板；联动交互场景下的中控网关、全屋无线覆盖方案、智慧屏、场景面板等；节能环保场景下的智能开关、智能插座等。针对行业客户，杭州萤石网络通过开放云平台服务帮助客户完成智能化转型，或协助客户开发面向复杂场景的解决方案。公司的主要竞争对手为小米及其生态链企业、360、凯迪仕和 Ring（亚马逊下属企业）等。

杭州萤石网络核心技术均以物联网云平台为核心、以视觉交互形式为特色开展研发，在物联网云平台的强大中台能力基础之上，配合智能家居产品

硬件技术创新，形成为消费者用户和行业客户服务的完整技术能力。杭州萤石网络主要包括三大类技术，分别为云平台构建技术、视音频 AI 算法技术和产品智能化技术。这些技术源于自主研发，主要以专利形式保护。报告期内，杭州萤石网络不存在与第三方进行合作研发的情况。杭州萤石网络与核心技术人员均签订了《保密协议》，对商业秘密保护、相关知识产权归属和竞业禁止等事项及违约责任进行了约定等。

二、涉分拆上市核心技术秘密首轮问询与答复

（一）关于分拆上市

请发行人说明：发行人成立时及成立后，与海康威视之间关于主要资产、人员、技术和业务的拆分过程、时间和方式等。

回复情况如下：

杭州萤石网络有限公司（以下简称萤石有限，系发行人前身）设立前系海康威视的互联网业务中心，其于 2015 年 3 月设立，具体拆分情况如下（本章仅体现与核心技术相关的内容）：

第一，主要资产拆分：发行人于杭州市桐庐县和重庆市大渡口区建立了两个生产基地，均配备了生产所需的各类机器设备。截至本回复出具之日，发行人生产所使用的机器设备产权均归属杭州萤石网络所有，不存在向控股股东或其他关联方租赁机器设备用于生产的情况。截至 2021 年年底，具备独立的生产经营场所，与控股股东均建立了物理隔离，不存在生产经营场所混同的情况。发行人通过列表的形式披露了其租赁的生产、办公场所物理隔离情况，主要措施为租赁场所与其他非发行人员工使用的场所有明显的区域隔离与工位划分；已设置门禁系统，凭发行人员工卡或人脸识别进入，非发行人员工不具有进入权限。2015 年萤石有限设立后即从海康威视受让了软件著作权、域名、专利、商标和非专利技术等无形资产。

第二，人员的拆分：（1）萤石有限设立后，根据员工个人意愿，分批次将与互联网业务中心业务相关人员劳动合同签署主体由海康威视及其下属企业变更为萤石有限及其下属子公司；（2）2019 年年末，萤石有限调整为自主

生产模式，部分生产线员工的劳动合同签署主体也由海康威视及其下属企业变更为萤石有限及其下属子公司；截至回复之日，发行人与海康威视不存在人员混同的情形。

第三，技术的拆分：发行人核心技术人员于2013年、2014年加入互联网业务中心，其中5名核心技术人员从上海盛大网络、杭州淘淘搜科技等企业辞职后加入，3名核心技术人员系从海康威视硬件、算法岗位转入。发行人核心技术人员在互联网业务中心独立进行研发工作，完成了与智能家居及云平台相关的知识产权及云平台相关、显著区别于海康威视其他业务的专利和非专利技术。海康威视于2015年起分批次将原互联网业务中心独立研发、运营的无形资产（包括软件著作权、域名、专利、商标及相关申请权）转让给萤石有限。原互联网业务中心研发、技术人员劳动关系变更为萤石有限后，独立开展与主营业务相关的研发工作并以萤石有限及其子公司名义独立申请知识产权。除董事长、总经理蒋某青2019年10月之前曾经兼任海康威视高级管理人员（分管发行人）之外，报告期内与控股股东不存在交叉任职情况。

第四，业务的拆分：发行人分别从研发、生产、销售和采购等各方面做了答复，截至回复之日，海康威视与发行人已完成业务的拆分，具备独立性，具有完整的业务体系和直接面向市场独立持续经营的能力。

（二）关于资产独立性

请发行人说明：分析使用同一套生产、财务、办公、人事管理、办公系统的情况下，是否可以切实保障发行人生产、财务、人员及业务的独立性，相关账号隔离和数据隔离等措施有效性。

回复情况如下：

发行人使用的系统包括前端应用和中后端业务系统。发行人前端应用为其自主开发、独立外购或与海康威视联合研发后由发行人独立使用。该等核心业务系统主要用于发行人云平台业务、经营管理、销售及售后业务的管理，在使用上独立于海康威视。发行人列表展示了自有的云平台系统、经营管理系统、销售业务系统和售后业务系统的情况，说明了上述系统涉及发行人业务开展中的核心业务环节和商业信息，均为发行人自有，独立于海康威视。

为保持相关系统使用的一贯性，进一步完善业务流程电子化、精细化，提升管理效率，截至回复之日，发行人仍存在经海康威视授权使用其部分业务、办公等中后端业务系统的情况。海康威视作为技术提供方，继续负责相关系统的运行及维护，并向杭州萤石网络收取费用。上述授权系统承担了发行人生产管理、研发管理和人事管理等环节的部分具体职能，起到辅助支持作用。与发行人面对客户的销售业务系统、售后业务系统、经营管理系统和云平台系统相比，授权系统仅是其内部使用的系统，使用的范围及广度有限，不属于发行人的核心业务系统。

为确保发行人生产、财务、人员和业务的独立性，海康威视承诺并与其采取了账户隔离、数据隔离、协议安排、内控制度和留痕管理等具体措施。具体体现为：发行人独立聘任员工，以保证账户隔离和数据隔离措施的有效性；发行人制定了完善的内部控制制度并严格执行，系统中设置的决策和审批流程与其内控制度相对应；发行人建立了独立的职能部门，并设置中台研发部负责 IT 系统有关的工作；发行人定期对系统留痕信息进行查验，验证隔离措施实施效果；由第三方审计机构进行了 IT 审计等。截至回复之日，发行人通过授权系统独立对生产、研发等事项进行管理并完成内部流程的审批。授权系统的使用，未导致控股股东影响或干涉发行人的研发、生产、内部管理过程和决策的结果发生。所采取的措施能够保证发行人生产、财务、人员及业务的独立性，相关账号隔离、数据隔离等措施有效，发行人使用授权系统不会对其的独立性构成重大不利影响，亦不会构成本次发行的实质性障碍。

（三）关于萤石软件

请发行人说明：（1）萤石软件在发行人体系中的定位及职能；（2）发行人核心技术人员全部在萤石软件任职，而非在发行人母公司任职的原因，多数核心技术人员在 2018 年 1 月任职单位由萤石有限变更为萤石软件的原因。

回复情况如下：

（1）萤石软件成立于 2017 年 10 月，主要负责“萤石”品牌智能家居产品软硬件的研发及云平台建设与运维，在发行人体系内的定位系研发中心及云平台的建设、运维中心，同时面向发行人体系内外销售计算机软件产品和云平台的建设运维服务，不涉及对外采购及生产职能。（2）萤石网络系发行人体系内的运营管理总部，主要负责发行人的综合运营管理，并承担主要的采购、销售等职能；考虑到各主体定位、职能及专业化，发行人绝大多数研发人员在萤石软件任职，因此发行人全体核心技术人员也均在该单位任职。2015 年 3 月，为推进创新业务的专业化运营，海康威视出资设立萤石有限。

三、核心技术秘密第二轮涉资产独立性问询与答复

请发行人说明：（1）解决使用海康威视授权系统的具体方案及可行性；（2）在前述解决方案完成前，保障发行人可以长期稳定使用授权系统的具体安排；发行人采取的保证系统独立性的措施及有效性等。

回复情况如下：

（1）为了进一步提高发行人的独立性，发行人已与具有相关资质的软件供应商和系统顾问进行了接洽，并综合公司各部门和外部服务商的意见，计划自建 IT 系统。因系统开发流程较长，涉及开发方案设计、软硬件采购、系统蓝图规划、系统开发和测试、硬件环境部署、系统上线部署与实施测试、数据迁移等工作。为尽可能减少对生产经营的影响，系统自建后还需要一段过渡期同时使用海康威视授权系统和自建系统，发行人计划通过自主开发和采购的方式于 2023 年年底之前完成 MES 系统自建和上线、2024 年年底之前完成 SRM 系统自建和上线、2025 年年底之前完成 iRDMS 系统自建和上线、2026 年年底之前完成 ERP 系统自建和上线、2027 年 6 月底之前完成 BPC 系统自建和上线，5 年内实现生产、研发和财务系统自建，替代目前海康威视授权使用的生产管理系统、研发管理系统和财务系统，相关方案具有可行性。

（2）发行人已于 2021 年 6 月 28 日与海康威视就系统授权与使用事宜签订了《系统授权使用协议》，约定授权系统使用的有效期至 2024 年 12 月 31 日，并对该协议签署前海康威视授权发行人使用授权系统的行为进行了追认。为确保发行人长期稳定使用授权系统，该协议还明确约定协议有效期限届满后，发行人根据自身生产经营活动需要，要求继续使用授权系统的，海康威视同意与其续签协议，以确保发行人能够按照现有条件长期使用授权系统。

此外，海康威视承诺在其控股杭州萤石网络期间，除与发行人协商一致外，不会亦无权提前终止对发行人的系统授权。发行人通过独立聘任员工，以保证账户隔离和数据隔离措施的有效性，制定完善的内部控制制度并严格执行，系统中设置的决策和审批流程与其内控制度相对应，建立了独立的职能部门，并设置中台研发部负责 IT 系统有关的工作，定期对系统留痕信息进行查验，验证隔离措施实施效果，由第三方审计机构进行了 IT 审计等措施保证系统独立的有效性。

第二节　涉分拆上市核心技术秘密的实务要点

上市审核机构着重就杭州萤石网络从已上市公司海康威视分拆后资产独立性提出了问询。结合本项目和以往经验，就分拆上市中涉核心技术秘密应关注的问题给出如下建议，供参考。

（1）分拆前后发行人（包括子公司）和控股股东对公司核心技术秘密是否采取了无缝衔接的适当保密措施，为分拆非专利技术发生流转对核心技术秘密的保密性是否产生影响。

（2）杭州萤石网络核心技术人员的任职，发生了从控股股东职能部门到发行人，再到发行人子公司的变化，各主体在处理离职和入职时，是否对其在任期间的职务发明归属做了妥善安排，以避免权属纠纷和技术秘密侵权风险。

（3）发行人核心业务需要的全部非专利技术是否有详细的分拆清单和对应的载体，有无签署《资产转让协议》但未实际接收到技术秘密具体载体的情况。

（4）分拆后发行人仍租用控股股东的办公场所和使用其生产管理系统、研发项目管理系统和办公系统等，请发行人说明分拆后技术秘密的载体形式与存储位置，是否存在因使用海康威视办公场所及办公系统而导致技术秘密泄露的风险等。

第十五章　核心技术专利涉继受取得的问询要点

第一节　发行人主营业务为功率半导体芯片的基本情况

安徽安芯电子科技股份有限公司（以下简称安徽安芯电子）（发行人）主营业务为功率半导体芯片、功率器件和半导体关键材料膜状扩散源的设计制造与销售。其中功率半导体芯片是器件功能的核心，也是安徽安芯电子的核心业务。安徽安芯电子主营业务覆盖芯片设计、晶圆制造、封装测试等半导体产业链各核心环节，产品广泛应用于消费类电子、汽车电子、工业机电、安防、网络通信等领域。安徽安芯电子拥有功率半导体芯片（光阻法 GPP 芯片设计制造技术等）、封装测试和膜状扩散源三部分核心技术。

安徽安芯电子披露了保护核心技术的对应专利。安徽安芯电子产品主要分为功率半导体芯片、功率器件、膜状扩散源三大类，其功率半导体芯片产品、功率器件、半导体材料膜状扩散源的境内主要客户为一线半导体封测和晶圆制造公司。安徽安芯电子还拥有一批境外客户。通过上述半导体厂商客户，安徽安芯电子功率半导体芯片产品稳定应用到各终端领域主流品牌，包括：Apple、Delta、Samsung、LG、Philips、GE Lighting、Osram、Eldor、Diehl、Huawei、OPPO、VIVO、Lenovo、大疆、格力、美的和惠而浦等。

安徽安芯电子任职的董事、监事、高级管理人员和核心技术人员均与公司签订了《劳动合同》《保密协议书》，其对商业秘密、知识产权和竞业禁止等方面的义务作出了严格规定。

第二节　核心技术专利涉继受取得的实务要点

一、核心技术来源与专利权属纠纷首轮问询与答复

（一）科创属性

申报文件显示：（1）安徽安芯电子产品以功率二极管芯片、功率二极管、整流桥、大功率器件等功率半导体芯片和功率器件为主，上述产品在部分关键性能指标上稍优于/优于/等同于国内/国际同类产品。（2）安徽安芯电子主营业务涉及芯片设计、晶圆制造、封装测试、部分关键原材料研发制造等核心环节，在产业链结构方面呈现 IDM 模式，但核心业务为功率半导体芯片的设计制造和销售；安徽安芯电子采用的光阻法 GPP 工艺为先进的功率半导体芯片工艺制程，对芯片等全部产品具备独立和完整的设计、制造能力。（3）安徽安芯电子所有芯片产品全部由自身完成芯片设计和晶圆制造；在芯片销售环节，安徽安芯电子产出的芯片中仅有约 10% 用于自身封装测试业务，其余约 90% 直接销售给外部一线专业封装测试制造公司。

请发行人说明：（1）结合行业主流工艺、可比公司情况，认定光阻法 GPP 工艺为先进工艺的依据是否准确、客观，以及安徽安芯电子具备独立和完整设计、制造能力的具体表现；（2）在安徽安芯电子为 IDM 模式的情况下，不直接向终端客户而向封测厂客户销售芯片的原因及合理性，与可比公司的经营模式是否一致，是否符合行业惯例；（3）结合发行人与国内外竞争对手在功率二极管芯片、功率二极管、整流桥、大功率器件等功率半导体芯片、功率器件的产品布局、产品技术特点、技术水平、销售规模等，说明上述行业的市场竞争格局、发行人的市场地位、产品是否属于国家重点支持和发展的方向及依据；（4）结合发行人功率半导体芯片和器件的应用领域及收入构成、终端客户、技术路径等，说明安徽安芯电子各细分产品在功率半导体芯片及器件中的技术门槛、技术难度及技术成熟度情况，是否具备技术先

进性，符合科创板定位。请保荐机构对上述事项进行核查，并就发行人是否符合2021年《上海证券交易所科创板企业发行上市申报及推荐暂行规定》的附件1-1中《关于发行人科创属性符合科创版定位要求的专项说明》中规定的“公司是否符合科创板支持方向及其依据”“公司的技术先进性及其表征”，进行核查并发表明确核查意见。完善关于科创板定位专项意见的相关内容，并督促发行人完善关于科创板定位的专项说明相关内容。

回复情况如下：

（1）第一，发行人说明了公司光阻法GPP工艺相较于电泳法、刀刮法等业内其他主流工艺，在工艺流程、具体技术难度等方面具有客观技术先进性。第二，发行人对公司主要产品技术水平与行业主流技术水平、最高技术水平情况进行了比较说明。表格中产品行业技术水平信息源于全球电子元器件数据手册库，表格列示了指标、公司技术水平、行业主流水平、行业最高水平和未来技术演进，分别从反向峰值电压、反向漏电流、反向恢复时间、峰值功率、额定电压、结温Tj、芯片工艺等方面体现了各类产品的主要技术水平，并非某个具体产品的完整电参数指标对比。第三，发行人说明了其产品与行业内主要同行业对标产品在关键性能指标等方面的比较。表格列示了安徽安芯电子部分代表性功率半导体芯片等产品的关键性能指标、本公司产品、国内同类产品、国际同类产品、与同类产品对比情况和性能指标说明等。

（2）第一，在安徽安芯电子为IDM模式的情况下，不直接向终端客户而向封测厂客户销售芯片的原因及合理性；第二，安徽安芯电子的经营模式与可比公司一致，符合行业惯例。发行人选取的可比公司均具备IDM经营模式，表格列示了可比公司和年度报告披露的相关信息。

（3）第一，发行人以表格形式列示了可比公司和产品布局，产品布局项下包括功率二极管芯片、功率二极管、整流桥、大功率器件和其他；第二，发行人说明了主要竞争对手基本情况及其同类产品技术特点，从境内企业和境外企业两个角度进行说明；第三，发行人说明了本公司光阻法对应各类主营产品的核心技术性能和可靠性品质已达到或部分优于国内外同行业领先水平；第四，发行人对市场竞争格局进行了说明；第五，发行人以表格形式列示了可比公司、国内/国外、产品、产品分类、金额和占比情况；第六，发行人说明了其市场地位突出，对其主要产品收入构成和与国内可比公司对比市场地位突出情况进行了进一步说明；第七，安徽安芯电子对本公司产品属于国家重点支持和发展的方向及依据进行了说明，发行人以表格形式说明了本公司产品与国家政策的直接对应关系具体情况，并在其中列示了发文年度、文件名称、相关主要内容、颁发部门和与发行人产品对应关系。

（4）安徽安芯电子产品应用领域广泛，发行人以表格形式披露了各细分产品在功率半导体芯片及器件中的技术路径、技术门槛、技术难度及技术成熟度情况。安徽安芯电子功率半导体芯片及器件的各类细分产品均持续采用光阻法 GPP 工艺技术，具有客观、清晰的技术难度和技术准入门槛；安徽安芯电子核心技术在行业主流工艺中具备技术先进性，并得以成熟应用，各类产品均已实现产业化大批量生产；安徽安芯电子各细分产品广泛用于消费类电子、工业控制、汽车电子、新能源及智能电网等终端领域，符合科创板定位。

（二）核心技术来源与继受专利

申报材料及公开信息显示：（1）发行人 11 项发明专利中，4 项为继受取得，其余 7 项原始取得的发明专利中，有 4 项取得时间集中在 2020 年下半年。（2）汪某恩于 2009 年加入扬杰科技下属公司杰利半导体并曾持股 12%，其还作为发明人之一为扬杰科技、杰利半导体申报多项专利。汪某恩于 2013 年 6 月底离开杰利半导体，发行人于 2014 年 7 月之前陆续提出申请 4 项专利。该等专利的相关核心技术汪某恩在入职原单位之前已熟练掌握，不存在依赖原单位物质技术条件的情形，虽然申请专利的时间在汪某恩离开原单位 1 年以内，实际并不属于职务发明。（3）安徽安芯电子多位董事、监事、高级管理人员等曾在上海海湾电子科技有限公司、海湾电子（山东）有限公司处任职等。

请发行人说明：（1）结合汪某恩在原任职单位的职责及专利申请情况、加入发行人后申请专利的技术研发路径，说明认定上述专利不属于职务发明的依据是否充分。（2）2020 年下半年集中申请专利并获授的原因及合理性；继受取得专利的背景、在核心技术及产品中的应用、专利权属是否存在纠纷或潜在纠纷、核心技术均系“自主研发”的表述是否准确；安徽安芯电子核心技术的形成过程及来源是否合法合规等。

回复情况如下：

（1）第一，发行人说明了本公司大股东/法定代表人汪某恩在历任单位的任职情况。第一任公司天津长威科技有限公司（以下简称天津长威）出具的《情况说明》显示，1999 年 8 月至 2003 年 4 月，汪某恩团队成功将刀刮法 GPP 芯片工艺提升改进成光阻法 GPP 芯片工艺，达到行业先进水平，且汪某恩熟练掌握半导体晶圆清洗、扩散、光刻、蚀刻、镀镍等多种半导体芯片制造技术。通过对第二任公司上海海湾原总经理的访谈显示，汪某恩带领团队完成了上海海湾光阻法 GPP 工艺芯片生产线的设立，实现了上海海湾光阻法 GPP 芯片从无到有的突破。2009 年 5 月至 2013 年 6 月，汪某恩先后在杰利半导体担任副总经理、总经理和董事等职务，主要负责生产及经营管理工作。

第二，发行人说明了汪某恩在原任职单位的专利申请情况。经登录国家知识产权局专利检索系统查询，汪某恩在原任职单位天津长威、上海海湾任职期间，天津长威、上海海湾未申请过专利；发行人以表格列举了汪某恩在杰利半导体任职期间作为发明人申请的 17 项专利情况。

第三，发行人更正了招股说明书中关于专利披露的错误，ZL201420250925.7（实用新型）的专利发明人不包含汪某恩，汪某恩在离开原单位一年内共申请了 4 项专利，除已披露的 3 项［ZL201310530282.1（发明）、ZL201320689124.6（实用新型）、ZL201420135525.1（实用新型）］外，另一项专利应为 201410110968.X（发明）（驳回）。发行人列表说明了汪某恩加入发行人后申请的 4 项专利的技术研发路径。

第四，汪某恩在入职历任单位之前已熟练掌握上述专利的相关核心技术，并陆续应用于其任职的天津长威、上海海湾及杰利半导体；有 2 项专利［ZL201310530282.1（发明）、ZL201320689124.6（实用新型）］系其基于自身的研发经验积累以及对行业技术发展趋势的理解和预判，进行前瞻性技术探索所取得的成果，是对市场上传统的方形 GPP 芯片进行的技术突破，属于原创性技术发明，不存在利用他人的技术成果与物质条件的问题；另 2 项专利［201410110968. X（发明）（驳回）、ZL201420135525. 1（实用新型）］系通过改变部分工序中清洗用纯水的排放方式，从而降低部分产品纯水消耗量，是对发行人自有装置的改良，系利用发行人物质技术条件取得。故发行人认定上述专利不属于职务发明的依据充分［详细分析请见本部分（三）中回复］。

（2）第一，报告期内，因业务规模增大、产品类型增多、研发投入加大，发行人形成了一系列新技术、新成果；自 2018 年 1 月 1 日至 2021 年 11 月 30 日，发行人累计申请专利 84 项，累计获得授权专利 63 项，2020 年下半年申请并获授的 4 项发明专利是发行人计划中的申请工作。在该 4 项发明专利申请过程中，发行人严格按照《关于严格专利保护的若干意见》《关于开展知识产权快速协同保护工作的通知》等规定，合理利用“快速审查、快速确权”政策，缩减了专利申请时间，从而在申请一年内获得授权。因此，发行人的专利申请及获授情况具备合理性。

第二，发行人发明专利中有 4 项为继受取得，其中，磷硼纸的加工方法及设备（专利号 ZL200510045330. 3）系发行人为发展半导体关键材料膜状扩散源业务收购山东芯源时从其股东处购买，目前应用于膜状扩散源产品中；偶极子天线中的具备 SIO_2 保护层的 SPiN 二极管的制备方法（专利号 ZL201611184766. 5）、双极晶体管的制作方法（专利号 ZL201711396250. 1）、PMOS 晶体管结构及其形成方法（专利号 ZL201810017869. 5）等 3 项专利系发行人为发展 MOS 业务的专利储备，目前尚未应用到核心技术及产品中。发行人在购买膜状扩散源的发明专利时，该业务技术团队全部加入发行人，且技术团队以该技术为基础不断进行新产品、新技术研发，因此，该专利可实质视同“自主研发”。其他 3 项专利与现有产品的核心技术无关，发行人亦未将该 3 项专利技术认定为核心技术。经核查上述继受取得专利的转让合同及支付凭证，发行人的合同义务均已履行完毕，相关专利均已完成权利人变更。经检索国家知识产权局官网、中国执行信息公开网、中国裁判文书网等相关网站，上述专利权属不存在纠纷。

第三，发行人掌握的功率半导体芯片核心技术、封装测试核心技术以及膜状扩散源核心技术，均为发行人自主研发而来，来源合法合规。发行人、安徽芯旭半导体有限公司（以下简称芯旭半导体）与杰利半导体之间存在两起专利权属纠纷，杰利半导体向人民法院请求确认发行人 ZL201310530282. 1 号及芯旭半导体 ZL201410822269. 8 号专利权权属归其所有。如下文所述，保荐机构和发行人律师认为，上述两项专利与汪某恩在杰利半导体任职期间承担的本职工作并不相关，不属于杰利半导体的职务发明，专利权归属于发行人，相关专利权属清晰。根据海湾电子出具的《情况说明》及对上海海湾原总经理的访谈并经检索国家知识产权局官网、中国执行信息公开网、中国裁判文书网等相关网站，以及通过 12368 诉讼服务热线致电发行人所在地对专利纠纷案件有管辖权的人民法院查询，除上述两项专利存在涉诉情形外，发行人不存在其他专利涉诉情形等。

（三）核心技术来源与专利权属纠纷

请发行人说明汪某恩与原任职单位是否存在纠纷或潜在纠纷，说明涉诉专利是否属于职务发明。

回复情况如下：

1. 案件情况及进展

合肥市中级人民法院于 2022 年 1 月 28 日向发行人（案件被告）、芯旭半导体（案件被告）及实际控制人汪某恩（案件第三人）送达了（2022）皖 01 民初 85 号、86 号案件的相关文书。

发行人列表说明案件基本情况如表 7 所示。

表 7　案件基本情况

序号	案由	案号	原告	被告	第三人	诉讼请求
1	侵害发明专利权纠纷	（2022）皖 01 民初 85 号	扬州杰利半导体有限公司	安徽安芯电子	汪某恩	1. 确认第 201310530282. 1 号“一种汽车整流芯片及其整流基材的制备方法”发明专利权归原告扬州杰利半导体有限公司所有；2. 本案诉讼费用由被告承担

续表

序号	案由	案号	原告	被告	第三人	诉讼请求
2	侵害发明专利权纠纷	（2022）皖01民初86号	扬州杰利半导体有限公司	芯旭半导体	汪某恩	1. 确认第201410822269.8号“整流二极管、芯片及其制作方法”发明专利权归原告扬州杰利半导体有限公司所有；2. 本案诉讼费用由被告承担

杰利半导体主张汪某恩系2014年1月自杰利半导体离职，请求法院确认发行人ZL201310530282.1号（以下简称涉案专利1）、芯旭半导体ZL201410822269.8号（以下简称涉案专利2）专利的专利权归杰利半导体所有。合肥市中级人民法院于2022年3月16日和2022年3月25日开庭审理了上述两起案件，目前尚未判决。

2. 保荐机构及发行人认为涉诉2项专利均不属于杰利半导体的职务发明，相关专利权利归属于发行人

（1）关于汪某恩离职时间的问题：杰利半导体自2013年7月向汪某恩停薪、停缴社保的行为以及扬杰科技在其上市申报材料中所披露的内容，均表明双方的劳动关系已于2013年6月底终止。此后汪某恩两次提交《离职申请》《辞职函》，系辞去其在杰利半导体的高管职务，与解除劳动关系无关。根据最高院（2014）民提字第90号《民事判决书》的裁判要旨：当事人在单位实质任职结束后，因单位变更登记、修改章程等新旧交替的程序需要而参与的行为，并不能说明当事人仍在单位任职；汪某恩上述辞去总经理及董事职务系为程序需要实施的行为，其实质已在2013年6月离职。（2）关于涉案专利与汪某恩在杰利半导体处本职工作或分配任务是否“有关”的问题。汪某恩虽曾为杰利半导体部分专利的发明人，但经过比对，两项涉案专利的技术方案与汪某恩在杰利半导体处的工作内容并不相关，不存在汪某恩能够接触、控制、获取的与涉案专利有关的技术信息的情况。（3）涉案专利不属于杰利半导体的职务发明，专利权属于发行人。涉案专利1虽系汪某恩离职1年内申请，但与其在杰利半导体的本职工作或分配任务无关；涉案专利2

系汪某恩离职 1 年后申请，且与其在杰利半导体的本职工作或分配任务无关等。

3. 专利权属涉诉纠纷对本次发行的影响

发行人共拥有三大类共 19 项核心技术，上述 2 项专利对应的“整车用点火器高压芯片设计制造技术”仅为芯片生产相关核心技术之一。涉案专利 1（ZL201310530282.1）因受限于行业内针对圆形芯片的切割工艺尚不成熟，故发行人尚未使用该项专利技术形成产品和收入。涉案专利 2（ZL201410822269.8）在发行人核心技术体系、产品或服务中具有一定的重要性，但该项专利仅对应发行人 19 项核心技术之一，且仅应用于部分产品生产的个别工序，发行人亦可采用其他替代方案达到该专利的预期目的。2019 年至 2021 年，发行人运用该专利生产的产品销售收入占主营业务收入比例约为 0.89%，占比较小。

截至目前，发行人已有 6 项发明专利（含涉案专利 2）应用于主营业务并形成收入，即使涉案专利 2 出现不利于发行人的判决结果，发行人形成主营业务收入的发明专利仍有 5 项，其仍然符合科创属性要求。此外，发行人另有 1 项已运用至主营业务并形成收入的发明专利处于授权下证阶段，6 项已运用至主营业务并形成收入的发明专利处于在审阶段。

综上，保荐机构认为，即使上述两起案件出现不利于发行人的判决结果，也不会对发行人的生产经营造成重大不利影响，不会构成本次发行的实质性障碍。

4. 潜在专利纠纷情况

除上述纠纷外，截至本回复意见出具之日，发行人及汪某恩与其原任职单位杰利半导体之间，不存在其他与知识产权相关的纠纷，但不排除杰利半导体对 ZL201320689124.6（实用新型）、ZL201420135525.1（实用新型）等其他汪某恩为发明人的专利提起诉讼，故存在与杰利半导体产生潜在知识产权纠纷的可能。

二、涉技术秘密再次问询的分析与预判

（一）核心技术中是否有核心技术秘密及其保密措施

（1）安徽安芯电子的核心技术中是否有以商业秘密作为保护形式的知识产权；

（2）如果有（1）的情况，发行人律师是否对自主研发的真实性做过核查并出具报告；

（3）如果有（1）的情况，安徽安芯电子对核心技术秘密采取了哪些具体的保密措施，该保密措施是否适当、有效。

（二）继受专利、专利纠纷对科创属性产生的影响

根据发行人披露，其共有6项发明专利应用于主营业务形成收入，其中1项发明专利被诉专利权属纠纷，1项发明专利为继受取得（见表8）。发行人在购买膜状扩散源产品的发明专利时，该业务技术团队全部加入发行人，且技术团队以该技术为基础不断进行新产品、新技术研发，因此，该专利可实质视同“自主研发”。

为此，请发行人说明：

（1）安徽安芯电子在购买前述专利时是否进行过专利稳定性分析以判断该专利是否有被无效的可能；

（2）如果前述继受专利被无效或其他核心专利之一被无效，涉诉核心专利败诉，安徽安芯电子是否仍符合科创属性要求；

（3）除已披露的专利潜在纠纷，安徽安芯电子是否存在将原单位技术秘密申请专利或其他技术秘密侵权行为而可能引发技术秘密民事或刑事纠纷；

（4）如果（2）或（3）成立，已披露的专利权属纠纷或潜在纠纷是否会对本次发行造成实质性障碍等。

（三）核心技术人员入职历任单位前掌握核心技术的审查

问询回复显示：（1）汪某恩在入职历任单位之前已熟练掌握上述专利［201410110968. X（发明）（驳回）、涉案专利1、ZL201320689124. 6（实用新型）、ZL201420135525. 1（实用新型）］的相关核心技术，并陆续应用于其

任职的天津长威、上海海湾及杰利半导体。有2项专利［涉案专利1、ZL201320689124.6（实用新型）］系其基于自身的研发经验积累以及对行业技术发展趋势的理解和预判，进行前瞻性技术探索所取得的成果，是对市场上传统的方形GPP芯片进行的技术突破，属于原创性技术发明，不存在利用他人的技术成果与物质条件的问题。(2) 以汪某恩实质已在于2013年6月离职，涉案专利与其在杰利半导体处本职工作或分配任务不相关等回复不属于原单位的职务发明。

很显然对于判断涉案专利权属而言，这是两种完全不同的抗辩事由，其在同一案件中提出是否真的有利，虽无意评判，但是上述（1）所披露的事实应引起高度的关注，因为汪某恩在入职历任单位之前已熟练掌握上述专利［201410110968.X（发明）（驳回）、涉案专利1、ZL201320689124.6（实用新型）、ZL201420135525.1（实用新型）］的相关核心技术，即表明其在1999年入职天津长威之前已经完成。为此发行人应提供证明这一事实的真实性。这是必要的，对于发行人来讲也是可以证明的。

核心技术对应发明专利如表8所示。

表8　核心技术对应发明专利一览

序号	核心专利名称	专利号	权利人	取得方式	申请日	是否主营业务形成收入	是否继受取得	是否涉诉	对应核心技术	备注
1	磷硼纸的加工方法及设备	ZL200510045330.3	安徽安芯电子	继受取得	2005年12月9日	√	√		功率二极管芯片领域半导体级膜状扩散源设计制造技术；晶体管、可控硅领域半导体级膜状扩散源设计制造技术；半	

续表

序号	核心专利名称	专利号	权利人	取得方式	申请日	是否主营业务形成收入	是否继受取得	是否涉诉	对应核心技术	备注
									导体级膜状中性隔离吸收源设计制造技术；太阳能光伏专用膜状扩散源设计制造技术	
2	整流二极管、芯片及其制作方法	ZL201410822269.8（涉案专利2）	芯旭半导体	原始取得	2014年12月25日	√		√	整车用点火器高压芯片设计制造技术	（2022）皖01民初86号；发行人全资子公司
3	一种半导体二极管框架快速装配工艺及其辅助工具	ZL201610264330.0	安美半导体	原始取得	2016年4月25日	√			车规级高可靠性功率器件封装测试技术	发行人控股子公司，发行人持股97.28%
4	一种铜粒双面预焊装置及焊接方法	ZL202010608217.6	安美半导体	原始取得	2020年6月30日	√			大功率轴向双向TVS器件封装测试技术；轴向产品多层叠焊技术	同上

续表

序号	核心专利名称	专利号	权利人	取得方式	申请日	是否主营业务形成收入	是否继受取得	是否涉诉	对应核心技术	备注
5	一种大功率轴向双向二极管的生产工艺	ZL202010610779.4	安美半导体	原始取得	2020年6月30日	√			大功率轴向双向TVS器件封装测试技术	同上
6	一种解决硅片扩散边缘损伤的方法	ZL202010913135.2	山东芯源	原始取得	2020年9月3日	√			光阻法GPP芯片设计制造技术；低压低漏流TVS芯片设计制造技术	发行人全资子公司

第十六章　涉招股说明书披露未结案件技术秘密点

第一节　发行人基本情况与技术秘密纠纷案情简介

一、发行人主营危险废物资源化利用和无害化处置

上海丛麟环保科技股份有限公司（以下简称上海丛麟环保）（发行人）主营业务为危险废物资源化利用和无害化处置。上海丛麟环保可资源化生产超过20类产品，如甲醇、酒精、异丙醇、二氯乙烷、二氯甲烷、3-二甲胺基丙胺、N-甲基吡咯烷酮、N，N-二甲基甲酰胺、丙酮、甲乙酮、二甲苯等溶剂产品，铜、银等金属产品，氢氧化铜等金属盐产品，200L闭口/开口钢桶，200L/1000L塑料桶，废钢铁等产品，润滑油基础油产品，硫酸铵和磷酸氢二钠等无机盐产品。上海丛麟环保在资源化利用和无害化处置方面有五项核心技术，技术来源均为自主研发；还拥有8项发明专利和72项实用新型专利，发明专利中有5项是继受取得，实用新型专利中有21项是继受取得。

招股说明书披露上海丛麟环保依托项目合作，已与同济大学、山东大学、东华大学和上海技术应用大学等多家高校建立了紧密的合作关系。发行人有下列4项合作研发项目，均约定了知识产权归属及保密措施。

在与同济大学的重金属治理技术及其方案与优选合作项目中约定：同济大学拥有商业重金属捕集剂结构的技术秘密，为上海天汉环境资源有限公司（以下简称上海天汉，发行人全资子公司）的重金属废水和危险废物处理提供重金属捕集剂的使用方法助力商业化，同济大学对上海天汉的具体应用严

格保密。

在与山东大学的固体废物焚烧及资源化、大气污染物控制合作项目中约定：（1）双方合作研究开发成果（包括专利）所有权归双方共有；（2）双方共同申报平台，各级各类计划、人才项目，科技成果奖和国家专利，具体排序根据实际情况由双方商定；（3）未经双方达成共识，任何一方不得将研发、设计、技术和资料提供给第三方，不得将共有知识产权转让第三方。

在与东华大学的工业废水氧化处理工艺合作项目中约定：（1）专利申请权归双方共有；（2）技术秘密的使用权、转让权未经双方同意，甲乙任何一方不得泄露或单独转让。

在与上海应用技术大学的乙腈产品回收生产工艺合作项目中约定：（1）专利由双方共同申请；（2）上海天汉对技术秘密具有独家使用权，未经合作对方的书面允许，其中任何一方不得将技术内容向第三方透露，或与第三方合作等。

二、发行人技术秘密纠纷案情

据发行人2022年1月23日第二轮问询答复披露：2021年9月10日，发行人收到《民事起诉状》。南京广全环保技术服务有限公司（以下简称南京广全）以发行人、山东环沃环保科技有限公司（以下简称山东环沃）侵害其技术秘密为由，向上海知识产权法院提起诉讼。南京广全诉称其享有“阻盐剂”产品的配方及相关知识产权。2020年6月山东环沃同南京广全签订了多份《购销合同书》及《产品及技术保密协议》，约定山东环沃购买南京广全的“阻盐剂”产品，同时约定对南京广全披露的技术秘密等保密信息承担保密义务。

南京广全认为，山东环沃违反保密义务，将“阻盐剂”的技术秘密提供给了上海丛麟环保，上海丛麟环保于2021年6月29日发布的《首次公开发行股票关在科创板上市招股说明书（申报稿）》中所述的“疏散剂”与南京广全公司“阻盐剂”产品相同，其关于“阻盐剂”的技术秘密受到了侵害，故提起本案诉讼。南京广全请求判令上海丛麟环保、山东环沃停止侵害南京广全“阻盐剂”产品技术秘密、删去《招股说明书》中有关“疏散剂”的相关描述、赔偿原告经济损失1000万元并承担本案全部诉讼费用。

另据发行人保荐机构2022年3月4日更新的《招股说明书（注册稿）》显示：本案已经于2022年1月12日进行了第一次庭审，庭审中南京广全首次向法庭明确了其所主张技术秘密的秘密点，具体如下：

（1）利用“阻盐剂”制剂处理危废焚烧处置系统中产生的高盐废水，即在危废焚烧处理系统中，将“阻盐剂”制剂与高盐废水进行混合，在急冷塔做喷淋用水，高盐废水在急冷塔中蒸发的过程中，“阻盐剂”有效抑制高盐废水中的盐分在急冷塔内结块，使其成为粉末状，便于从急冷塔底部排出。

（2）“阻盐剂”制剂加药方式、加药点，包括进急冷水箱之前的补充水管线上加入，将“阻盐剂”一次性加入盐水暂存池等。

（3）使用“阻盐剂”制剂后，危废焚烧处置系统可以实现废水零排放。

针对上述秘密点第3项，代理律师向法庭陈述，其实际属于一种技术方案的技术效果的介绍，并不属于《反不正当竞争法》第9条所规定的商业秘密的秘密点。鉴于庭审中，南京广全首次明确其主张的秘密点，因此法庭给予发行人及代理律师30日的举证期。针对上述秘密点第1项、第2项，代理律师于2022年2月7日向上海知识产权法院提交证据，证明南京广全主张的第1项、第2项秘密点内容，在南京广全与发行人首次合作前即已被公开，并不具备秘密性，不能构成商业秘密的证据。

第二节　涉招股说明书披露未结案件技术秘密点的实务要点

一、核心专利较少且主要为继受取得的首轮问询与答复

招股说明书披露：（1）发行人核心技术包括废有机溶剂资源化利用工艺技术、废包装容器再生回收工艺及关键技术装备、含铜废液深度净化循环再生工艺关键技术等。（2）发行人共有九大工艺，分别为有机溶剂类、矿物油类、酸碱类、含重金属废物类、包装容器类、乳化液类、综合废物类、焚烧

类、填埋类。公司共有九大业务线，各个业务分别设有独立的生产车间，独立进行生产。(3) 发行人主要采购材料或服务，包括处理产线维修配件、处理辅材、能源供应等。其中处理辅材为危废处理过程中所需用到的辅助化学材料，处理产线维修配件为危废处理生产线中的设备及五金配件。(4) 发行人与主营业务相关发明专利共有8项，其中5项为继受取得等。

请发行人说明：上海丛麟环保发明专利较少且主要为继受取得的原因及合理性，发明专利数量与同行业公司的比较情况，目前在申请中的发明专利的情况，是否具有相应的研发能力。

回复情况如下：

(1) 截至报告期末，发行人及子公司共拥有8项发明专利，其中3项系原始取得，3项继承自关联方上海洁申，以技术加人员的形式取得，2项从第三方处受让取得。上海丛麟环保已取得的8项发明专利具体情况如表9所示。

表9　已取得的8项发明专利具体情况

序号	专利名称	专利权人	申请号/专利号	申请日	授权日	取得方式	出让方
1	一种防止异味散发的废固垃圾处理用压实装置	上海丛麟环保、山东环沃	CN201911058046.8	2019年11月1日	2020年6月2日	继受取得	张某
2	油桶翻新预处理流水线的运行方法	上海丛麟环保	CN201811445585.2	2018年11月29日	2021年4月6日	继受取得	天津瑞驰船舶机械有限公司
3	一种微蚀刻废液阴阳离子全回收利用方法	上海天汉	CN201910030462.0	2019年1月14日	2021年1月6日	原始取得	—

续表

序号	专利名称	专利权人	申请号/专利号	申请日	授权日	取得方式	出让方
4	一种基于危废焚烧结焦的在线化学除焦剂及除焦工艺	上海天汉	CN201711461341. 9	2017 年 12 月 28 日	2020 年 12 月 29 日	原始取得	—
5	一种含氨甲醇废液精制方法	上海天汉	CN201610964262. 9	2016 年 10 月 28 日	2019 年 7 月 26 日	原始取得	—
6	一种废弃钢瓶处理系统	上海天汉	CN201410269801. 8	2014 年 6 月 17 日	2017 年 1 月 11 日	继受取得	上海洁申
7	一种废弃钢瓶处理方法	上海天汉	CN201410269978. 8	2014 年 6 月 17 日	2016 年 5 月 18 日	继受取得	上海洁申
8	一种焚烧系统中烟囱的防腐方法	上海天汉	CN200510110590. 4	2005 年 11 月 22 日	2010 年 6 月 2 日	继受取得	上海洁申

发行人列表展示了与同行业上市公司发明专利比较情况，并说明危废行业公司拥有的已授权发明专利普遍较少，主要原因包括：一是危废处理行业起步较晚，2016 年后才进入快速发展阶段，而发明专利的审核周期较长，一般 3 年左右，因此部分同行业公司申请及获授权的发明专利数量较少；二是危废处理行业的主要模式为在厂区内提供危废处置服务，保密性较好，这不同于对外销售产品或设备的企业，外部竞争对手很难接触到公司的核心技术，将核心技术公开以申请专利反而可能造成技术秘密泄露，且难以查证。因此上海丛麟环保主要以商业秘密的方式对自身技术进行保护，以公开申请专利的方式作为补充。

（2）上海丛麟环保及子公司上海天汉自成立以来持续注重技术研发，针对危废处理工艺中的痛点进行专题研究，不断提升技术水平，逐步形成上海丛麟环保的核心技术。但由于上海丛麟环保技术管理团队早期未重视专利申请工作，且发明专利的审核周期较长，因此，截至报告期末，上海丛麟环保原始取得的发明专利共计 3 项。上海丛麟环保近年已重视专利技术的申请，截至报告期末，上海丛麟环保在申请中的发明专利共计 26 项。但因发明专利审核周期较长，目前已取得的发明专利数量较少，未能充分体现上海丛麟环保的研发投入和研发成果。发行人列表展示了 3 项本公司及其控股子公司拥有的原始取得授权专利、专利的形成过程及与核心技术的关系具体情况。

（3）第一，上海洁申系由上海丛麟环保实控人朱某德实际控制的公司。2010 年前后，由于所在区域的产业布局调整，上海洁申无法继续开展危险废物处理业务，上海丛麟环保实控人朱某德参与筹划设立上海天汉并将上海洁申所持有的主要技术、人员陆续置入上海丛麟环保。表 9 列举的从上海洁申处取得的 3 项发明专利均系上海洁申原始取得，分别于 2012 年 3 月和 2015 年 8 月以增资和无偿转让的形式置入上海丛麟环保（及子公司）。上述专利的发明人中，朱某德、黄某光、华某锋、陈某国均进入上海丛麟环保（及子公司）工作，且截至报告期末仍在上海丛麟环保任职，上海丛麟环保保留了专利发明人的主要团队成员。上述人员从事上海丛麟环保实际运营或技术研发工作，与上海丛麟环保的日常经营完成了有机融合。因此，上海丛麟环保自上海洁申处受让取得发明专利具备合理性。第二，2020 年 9 月，上海丛麟环保向非关联法人天津瑞驰船舶机械有限公司购买尚在申请中的发明专利“油桶翻新预处理流水线的运行方法”。与一般技术的单一抛丸相比，该项发明专利实现了多个油桶的散热与断续抛丸流水线操作，进一步提高了包装容器类工艺和综合废物类工艺（包装容器处理环节）的自动化水平，完善了“废包装容器再生回收工艺及关键技术装备”核心技术的成熟度，与上海丛麟环保的原有核心技术实现了有机融合。第三，2020 年 4 月，上海丛麟环保自非关联自然人张某继受取得“一种防止异味散发的废固垃圾处理用压实装置”发明专利。该项发明专利提升了焚烧工艺的固体废物压实效率，支持了危废进料的高水平运行，为上海丛麟环保焚烧炉的工况稳定打下基础，同时减少了异味造成的环境影响，完善了“回转窑危废焚烧结焦防控及在线清灰清渣技术”核心技术。

（4）上海丛麟环保始终注重研发工作，且具有全面、可持续的研发能力，目前高度重视通过申请专利保护知识产权和工艺技术。截至报告期末，上海丛麟环保在申请中的发明专利共有26项，涵盖危险废物焚烧、有机溶剂类、矿物油类和酸碱类等多个无害化处置和资源化利用工艺。上海丛麟环保不断强化已有核心技术的同时，持续开发多项关键技术，2018年至2020年申请的发明专利数量分别为7项、8项和9项，研发成果稳中有升。

（5）上海丛麟环保历来高度重视技术研发工作，不断通过自主创新提升本公司核心竞争力，持续完善研发体系和研发团队的建设，在危险废物处理行业取得了一系列研究：第一，上海丛麟环保技术中心根据现有危废行业的发展情况主要设置了七大研发模块，还设置了技术管理模块、实验分析模块。技术管理模块主要负责知识产权管理、科研项目管理、研发资质平台管理、高层次人才管理、技术专家管理等；同时负责产品研发与项目公司的技术衔接，提升项目公司对新材料新工艺的技术适应性，缩短产品应用调试周期。实验分析模块配置了研发模块所需要的各类高精密分析仪器，保障研发过程数据的准确性。第二，研发团队方面，自设立以来，上海丛麟环保不断完善“内部培养+外部引进”的人才培养机制，建设了一支建立由“横跨学科全才”和“深度研究专才”组成的人才团队，符合上海丛麟环保发展方向，满足行业发展要求。截至2020年12月31日，上海丛麟环保员工总数为759人，其中研发人员95人，占上海丛麟环保总人数的12.52%，团队成员分布合理，专业背景涵盖水处理、化工、热工以及安全等专业，行业经验丰富。第三，研发流程方面，上海丛麟环保建立了《科研项目管理办法》，从项目立项、项目计划、项目需求分析、项目研发、项目落地等各个过程建立了完善的研发推进流程，明确了各个阶段应形成的阶段成果，如《市场调研报告》《可行性研究报告》《立项申请报告》《项目评估报告》等，保障研发项目的高效推进，持续提升上海丛麟环保的研发能力。第四，研发成果方面，通过不间断的研发投入和持续自主创新，上海丛麟环保形成了含铜废液深度净化循环再生工艺关键技术、回转窑危废焚烧结焦防控及在线清灰清渣技术等5项核心技术。截至报告期末，上海丛麟环保通过自主研发共获取3项发明专利和51项实用新型专利。

综上所述，上海丛麟环保具备相应研发能力。

二、核心技术秘密未结诉讼对上市的影响二轮问询与答复

（一）涉诉未结技术秘密案件不侵权的情形

截至本回复意见出具之日，该案件尚处于诉前调解阶段，发行人认为不存在侵害南京广全技术秘密的情形包括：

（1）发行人核心技术中所述的“疏散剂”系由发行人自主组建技术团队研发取得的技术产品成果。

（2）南京广全未向山东环沃披露其“阻盐剂”的基本成分、相关应用技术和工艺参数等涉及知识产权的技术秘密，山东环沃亦不掌握南京广全的技术秘密，无法将相关技术秘密提供给发行人及其他关联公司。

（3）根据发行人委托的第三方检测机构通标标准技术服务（上海）有限公司所出具的检测报告、南京广全提供的《急冷塔阻盐剂使用方案》中关于“阻盐剂”产品的简要介绍等材料，发行人核心技术中所述的“疏散剂”和南京广全“阻盐剂”系两种不同的产品。发行人未将南京广全“阻盐剂”相关技术描述为发行人的核心技术，未侵害他人技术秘密。

（4）起诉状中所列举的“湿法脱酸＋高盐废水回喷急冷塔”系危险废物焚烧烟气处理环节的一种工艺，而非技术方案，举报人存在混淆概念的情形。发行人所申请的专利，系发行人为实施该工艺所自主研发的新的技术方案。

（二）知识产权律师出具的《案件分析报告》

（1）南京广全目前提供的证据未能证明其主张的“阻盐剂”配方技术信息符合商业秘密的法定条件。南京广全作为原告，以其商业秘密被侵权提起诉讼，首先应当对其商业秘密符合法定条件负举证责任。南京广全在本案中提供的《购销合同书》及附件《产品及技术保密协议》，仅仅是南京广全同山东环沃的合作的法律文件，该法律文件中并不包含具体的“阻盐剂”产品配方的技术信息；南京广全提供的ST651高温“阻盐剂”产品说明书中提及的内容为产品说明及用途、加药及使用要求、一般属性、包装规格、储存和运输等一般商品公开标识信息，该产品说明书也不包含具体的“阻盐剂”产

品配方的技术信息；南京广全提供的《急冷塔阻盐剂使用方案》中提及的内容为产品介绍、投加剂量、加药点和加药设备、实施方案等试剂添加的通用技术方案，该文件中并未包含具体的“阻盐剂”产品配方的技术信息；南京广全提供的《客户服务报告》中的内容为产品的使用情况、售后问题及处理建议等，该报告也不包含具体的“阻盐剂”产品配方的技术信息；南京广全提供的《首次公开发行股票并在科创板上市招股说明书（申报稿）（2021年6月29日发布）》及企业信用信息公示报告（山东环沃环保、上海丛麟环保）更加不涉及南京广全所谓的“阻盐剂”产品配方的技术信息。综上，南京广全虽然在诉状中概括地主张其对“阻盐剂”产品配方的技术信息及其相关应用技术、工艺参数、加药设备等拥有知识产权，但其目前提供的证据未能说明“阻盐剂”产品配方的技术信息的具体内容，也未明确该技术信息作为技术秘密的载体。

（2）南京广全没有提交证据证明上海丛麟环保使用的技术与南京广全主张的涉案技术构成相同或者实质相同。本案中，南京广全还应当举证证明上海丛麟环保的“疏散剂”配方技术信息同其“阻盐剂”配方技术信息相同或者实质相同。目前南京广全提交的证据中没有提供其“阻盐剂”配方的技术信息，也没有关于南京广全“阻盐剂”配方的技术信息同上海丛麟环保疏散剂配方的技术信息的比对材料，因此目前南京广全提交的证据不能证明上海丛麟环保使用的疏散剂配方技术信息与其主张的涉案“阻盐剂”配方技术信息构成相同或者实质相同。

另外，如前所述，根据通标标准技术服务（上海）有限公司出具的检测报告，说明上海丛麟环保的“疏散剂”同南京广全的“阻盐剂”存在如下差异（见表10）。

表10　“阻盐剂”与“疏散剂”的差异

对比项目	南京广全的“阻盐剂”	上海丛麟环保的“疏散剂”
pH	10左右	13左右
产品组成类型	含有多种类型的无机盐和有机盐	多种类型的有机物，不含无机盐
产品外观	黄色液体（山东环沃人员描述）	无色清澈液体（色度20）

（三）诉讼案件结果不利对本次发行人上市的影响

（1）对发行人业务影响较小。经访谈发行人实际控制人、核心技术人员邢某南确认，“疏散剂”产品系发行人为解决“焚烧脱酸废水回喷急冷塔”运行遇到的挂壁、堵塞等问题，结合自身技术特点和危险废物处置种类，自主研发形成的辅材产品。同时，截至本专项核查报告出具之日，发行人研发的“疏散剂”产品仅供发行人子公司使用，未向第三方进行销售。因此，该事项对上海丛麟环保的生产经营无重大影响。

（2）对发行人财务影响较小。

（3）对发行人核心技术影响较小。发行人核心技术包含“危废焚烧烟气低成本协同处理工艺技术”，“疏散剂”产品系该核心技术所使用的辅助材料之一，市场上存在其他类似功能产品可达到相似效果。发行人通过外购类似产品，虽成本有所增加，但仍可实现“危废焚烧烟气低成本协同处理工艺技术”，举报事项对发行人核心技术影响较小。同时，发行人在《招股说明书》中披露的形成主营业务收入的 8 项发明专利均不存在纠纷或潜在争议，“疏散剂”相关专利“一种用于焚烧系统急冷塔回用含盐废水的疏散剂”尚处于申请中。

（四）涉技术秘密继续问询的分析与预判

（1）请发行人进一步披露“疏散剂”的研发历程，研发阶段是否有使用山东环沃设备或资料的情形，以及是否有山东环沃研发人员参与的情形，以排除合理怀疑有效控制投资人风险。

（2）发行人在 2022 年 3 月 4 日更新的《招股说明书（注册稿）》中，列举了技术秘密诉讼案件中南京广全向法庭明确的其所主张技术秘密的秘密点。请发行人说明这一信息披露是否违反技术秘密民事案件中的保密义务或保密承诺，该公开披露涉案技术秘密是否会导致更大的侵权责任和其他法律责任等。

第十七章　核心技术涉非专利出资的问询要点

第一节　发行人专注于光伏发电新能源领域的基本情况

昱能科技股份有限公司（以下简称昱能科技）（发行人）专注于光伏发电新能源领域，主要从事分布式光伏发电系统中组件级电力电子设备的研发、生产及销售，主要产品包括微型逆变器、智控关断器、能量通信及监控分析系统等。

截至2021年6月30日，昱能科技及下属子公司共拥有114项专利（包括61项发明专利、35项实用新型专利和18项外观设计专利）和14项软件著作权，昱能科技的无形资产包括非专利技术。昱能科技列示了17项核心技术，包括多体微型逆变器技术、微型逆变器效率提升控制技术、三相平衡输出并网微型逆变器控制技术、大电流微型逆变器控制技术、智能三相桥拓扑微型逆变器并网技术、微型逆变器对地保护控制技术、并联反激电路的准谐振软开关控制技术、微型逆变器并网无功调节技术、全桥逆变电路保护控制及远程监控与断点升级技术、高可靠性数据采集技术、组件级监控无线组网技术、组件级监控光伏电站的边缘计算及云端协同处理技术、组件级光伏电站的大数据处理技术、高集成光伏组件关断器控制芯片设计技术、高功率双体光伏组件关断器控制技术和关断器大系统应用技术等。

昱能科技与核心技术人员签订了《劳动合同》《保密协议》，对其在保密义务、知识产权及离职后的竞业情况作出了严格的约定，以确保核心技术人员在昱能科技任职期间及离职以后保守商业秘密，在昱能科技服务期间做出的任何发明创造、计算机程序、著作或任何其他形式的知识产权均属于本公司所有。

第二节　核心技术涉非专利出资的实务要点

一、非专利技术出资对公司核心技术来源的影响

（一）智控关断器相关专利诉讼案件

招股说明显示：（1）Tigo（金泰克公司）曾就智控关断器相关专利向发行人提起2起专利诉讼，目前双方已和解。和解协议中约定，在涉诉专利有效期内，发行人在美国销售的智控关断器产品，将按单台智控关断器可连接的太阳能电池组件数量乘以单位使用费的形式向Tigo支付专利许可费。（2）发行人控股子公司华州昱能存在1起交叉起诉案件，原因系VUE就加利福尼亚州默塞德县约塞米蒂大道的疗养院太阳能系统建设项目，以华州昱能等10家公司作为交叉诉讼被告方，请求法院判定10家公司承担一定比例的赔偿责任。

请发行人说明：（1）结合和解协议约定以及昱能科技产品的定价、销售和运用情况，分析专利许可使用费对昱能科技相关产品竞争力的影响，昱能科技其他产品或专利是否存在潜在的类似风险；（2）交叉起诉案件进展情况及预计结案时间，VUE提起诉讼的理由和依据以及诉请昱能科技承担的赔偿责任情况，昱能科技认为无须承担赔偿责任的依据和理由，若承担赔偿责任，对昱能科技生产经营、现金流的影响情况。

回复情况如下：

（1）发行人从专利许可费对本公司智控关断器产品的定价影响、专利许可费对本公司智控关断器产品的销售影响、专利许可费对本公司智控关断器产品的技术运用影响几个角度进行了说明。和解协议约定的专利许可费事项在昱能科技产品的定价、销售和技术运用情况等方面，对昱能科技智控关断

器产品竞争力不构成重大不利影响。昱能科技其他产品和专利不存在潜在类似风险，昱能科技智控关断器产品与 Tigo 存在知识产权纠纷属于特例。一是该产品是基于美国市场特定的 RSD 标准协议进行开发的。为遵循该标准，昱能科技采用了“专利许可费涉及技术”，但昱能科技具备其他可替代方案的开发应用能力。二是在 Sunspec 联盟起草 RSD 标准协议期间，Tigo 已向 Sunspec 联盟提出标准协议中存在采用其多项专利的情形，但 Sunspec 联盟对此存在异议。三是智控关断器产品为昱能科技新推出的产品，于 2019 年年底量产后的短时间内即受到 Tigo 的警示及起诉。

报告期内，昱能科技其他产品微型逆变器和能量通信器不存在上述情况，具体如下（见表 11）。

表 11 微型逆变器与能量通信器相关情况

产品类型	初代产品量产时间	所用核心技术的专利所有权人	使用的标准协议名称	标准协议性质	协议使用技术是否存在争议
微型逆变器	2011 年	昱能科技	无	—	—
能量通信器	2011 年	昱能科技	Modbus 协议	通用	否
			IEEE 2030. 5 通信协议	通用	否

此外，截至报告期末，昱能科技及其子公司、分支机构除已披露的诉讼事项外，不存在其他尚未了结的诉讼、仲裁案件。昱能科技其他产品或专利未发生知识产权相关纠纷、争议事项。

（2）目前该案件程序正在进行中，尚无明确的结案时间。2021 年 10 月 21 日，华州昱能代理律师提交了申请撤销作为 20CV-00222 案件交叉诉讼被告的文件。2021 年 12 月 3 日，加利福尼亚州默塞德县法院就该案的管辖权问题举行听证。其中，VUE 公司认为华州昱能在加州开展业务盈利的实际行为已足够证明华州昱能应当由加州法院管辖。鉴于华州昱能仍认为现有事实情况不足以作为建立属人管理权的证据，法院将于 2022 年 2 月 4 日就司法管辖权问题再次举行听证。VUE 提起诉讼的理由和依据以及诉请昱能科技承担的赔偿责任情况在前述交叉诉讼中，VUE 公司的请求及赔偿责任主张主要有公平赔偿、合理分摊损失、比较过失和赔偿其他损失等。

华州昱能以该案加州法院对非居民交叉被告没有管辖权为由提起动议，请求法院批准这项动议并判定撤销传票和该起交叉诉讼。昱能科技认为无须承担赔偿责任的原因是加州法院对华州昱能无属人管辖权。若 VUE 公司能够提出充分证据证明在 Anberry 项目中应用的华州昱能的微型逆变器产品存在质量问题，昱能科技可能承担的赔偿金额对昱能科技现金流和经营业绩亦不构成实质性影响。

（二）非专利出资

招股说明书显示：（1）发行人前身浙江昱能科技有限公司（以下简称昱能有限）系由凌某敏、罗某浩、天通股份等于 2010 年 3 月共同出资设立。凌某敏、罗某浩以非专利技术出资；（2）2007 年至 2009 年，凌某敏、罗某浩分别任美国光伏低倍聚光组件公司 The Solaria Corporation（以下简称 Solaria）资深副总裁、技术总监；（3）发行人无形资产账面价值分别为 171.19 万元、39.17 万元、806.31 万元和 767.67 万元，主要为非专利技术。

请发行人说明：（1）上述非专利技术的具体来源及用于出资时的权属状况，是否为职务发明，是否符合无形资产出资的相关要求；（2）上述非专利技术是否实际投入昱能科技并用于主营业务，当前该知识产权的存续状况，在昱能科技核心技术、业务发展中的作用，和昱能科技现有核心技术之间的关系；（3）昱能科技核心技术的来源情况，是否合法合规，昱能科技核心技术人员、技术团队主要成员是否存在违反与原任职单位间的竞业禁止或保密协议约定的情形；（4）非专利技术具体构成及形成过程，报告期末减值计提是否充分。

回复情况如下：

（1）首先，发行人说明了上述非专利技术的具体来源及用于出资时的权属状况。第一，昱能有限设立时，凌某敏、罗某浩用于出资的非专利技术具体为微型逆变器系统技术，系凌某敏、罗某浩二人共同所有，是昱能科技微型逆变器、能量通信及监控分析系统产品设计和开发的技术基础。凌某敏、罗某浩先后于 1995 年、2001 年加入国际知名的芯片企业 Xilinx，Inc.（以下简称 Xilinx），从事研发及制造管理工作，积累了丰富的半导体芯片行业经验。2007 年，二人先后加入 Solaria，负责光伏聚光组件研发、生产和系统应用工作，积累了丰富的光伏发电系统相关经验。在前述工作中，二人经常遇到光伏系统组件串联阵列中组件发电失配造成的短板效应问题，该问题是光伏行业面临的痛点之一。凌某敏与罗某浩认为组件级电力电子设备领域中的微型逆变器能够有效解决前述光伏行业痛点，具有良好的市场前景。当时市场中微型逆变器设备主要采用 ASIC 芯片，但凌某敏、罗某浩二人基于在 FPGA 芯片龙头企业 Xilinx 的多年技术积累，推断 FPGA 逻辑块的独立运作和任务并行处理的优势更符合微型逆变器系统的需要，且未来进行升级迭代的可拓展性更强，二人有信心对微型逆变器系统进行技术创新和难点攻关，故决定回国自主创业。自 Solaria 辞职后，凌某敏、罗某浩基于 FPGA 芯片架构在硬件电路拓扑、软件控制算法和监控分析系统等方面展开相关研究，并形成了微型逆变器系统创新性的技术方案。基于对硬件电路拓扑、软件控制算法和监控分析系统的不断深化改进，凌某敏、罗某浩研发形成了微型逆变器系统技术这一非专利技术。第二，用于出资时的权属情况：微型逆变器系统技术用于出资时的权属人为凌某敏及罗某浩。该非专利技术系凌某敏、罗某浩二人以电力电子专业知识为基础，结合多年光伏发电领域的深耕经验，经过共同探索积累，合作形成的微型逆变器系统技术，故二人共同享有该非专利技术的所有权。2009 年 12 月 15 日，昱能有限全体股东签订《浙江昱能光伏科技集成有限公司合资经营合同》，确认该项非专利技术作价 1285 万元投入昱能有限，其中凌某敏以该非专利技术出资 668 万元，罗某浩以该非专利技术出资 617 万元。2010 年 4 月 20 日，凌某敏、罗某浩与昱能有限签订《技术转让合同》，约定将凌某敏、罗某浩所拥有的前述微型逆变器系统技术作为转让标的，转让给昱能有限，此举完成了该非专利技术的所有权转移。

其次，发行人说明了前述微型逆变器系统技术不属于凌某敏和罗某浩在 Solaria 的职务发明。第一，该非专利技术与原工作单位主要技术差异较大，且与原工作单位的工作内容无相关性。凌某敏与罗某浩在原工作单位 Solaria 的任职情况具体如表 12 所示。

表 12　凌某敏、罗某浩在 Solaria 的任职情况

姓名	原工作单位	原单位任职期间	原单位职务	原单位主要工作内容
凌某敏	Solaria	2007 年 7 月 ~ 2009 年 7 月	资深副总裁	主要负责产品研发团队的管理工作，通过光学—电子学—制造工艺经验等把处于原理概念、样品阶段的低倍聚光光伏发电技术进行产品化及产业化
罗某浩	Solaria	2007 年 10 月 ~ 2009 年 8 月	技术总监	主要负责低倍聚光光伏组件的生产工艺开发和优化；组件性能优化和生产导入；组件可靠性设计、测试和优化；材料的可靠性评估和优化；组件安全规范、可靠性和系统标准认证

Solaria 是一家专注低倍聚光太阳能组件技术的公司，其核心技术集中于光伏面板相关领域，包括光学聚光技术实现与应用、太阳能电池片切割技术以及低倍聚光组件热层压技术等。凌某敏、罗某浩所形成的微型逆变器系统技术为直流电能转换为交流电并与公共电网并网的技术，与 Solaria 的核心技术存在明显差异。前述微型逆变器系统技术系凌某敏、罗某浩从 Solaria 辞职后研发形成，与二人在 Solaria 的工作内容没有相关性。二人在该非专利技术的研发过程中不存在使用 Solaria 的资金、设备、原材料、不对外公开的技术资料等物质条件的情形。第二，根据 Solaria 的创始人及董事 Suvi Sharma 于 2021 年 1 月 12 日出具的确认函，凌某敏与罗某浩共同形成的微型逆变器系统技术及其他相关的电力电子技术与其二人在 Solaria 的任职无直接关系，Solaria 对其二人的发明不存在任何争议，与其二人在 Solaria 任职和工作的事项无相关纠纷。

最后，凌某敏、罗某浩以非专利技术出资的事项履行了当时适用的《公司法》以及其他相关法律、法规规定的程序，符合无形资产出资的相关要求。

（2）第一，昱能科技发展初期，在微型逆变器系统技术的基础上，昱能科技将微型逆变器作为本公司组件级电力电子设备的核心产品，成功开发并

量产初代微型逆变器，成为行业内最早实现微型逆变器量产出货的境内厂商之一。该非专利技术实际投入昱能科技并用于主营业务，系形成昱能科技现有主营业务的技术基础。第二，2020 年 3 月，该非专利技术已全部摊销完毕，账面价值为 0 元。第三，微型逆变器系统技术是昱能科技微型逆变器、能量通信及监控分析系统设计和开发的技术基础，在昱能科技现有核心技术和业务发展中起到了重要作用。

（3）第一，昱能科技的核心技术均为自主研发获得。截至首轮审核问询函回复签署日，经过多年的积累，昱能科技已形成了 17 项具有自主知识产权的组件级电力电子设备的核心技术。昱能科技研发团队提供了专业人才支持，研发投入提供了资金保障，研发体系支撑昱能科技进行多维度研发，昱能科技具备自主研发形成核心技术的能力。昱能科技核心技术是依靠专业的研发团队，持续的研发投入，完善的研发体系，通过多年不断积累，自主研发形成的。第二，昱能科技的核心技术均来源于技术人员在本公司进行的技术研发和积累，不存在源于原工作单位的职务发明或其他权属存在争议的情况。昱能科技及其董事、监事、高级管理人员及核心技术人员不存在与核心技术相关的诉讼或纠纷。第三，昱能科技核心技术人员、技术团队主要成员包括凌某敏、罗某浩、周某明、吴某良和祁某杰。上述人员在入职昱能科技前在原工作单位的任职情况、工作内容等情况业已以表格形式说明，表格列示了其姓名、入职昱能科技时间、原工作单位、原单位任职时间、原单位职务、原单位主要工作内容和是否违反竞业禁止或保密协议。经昱能科技核心技术人员、技术团队主要成员凌某敏、罗某浩、周某明、吴某良和祁某杰确认，不存在违反与原任职单位间的保密协议或竞业禁止约定的情形。截至首轮审核问询函回复签署日，前述人员与原任职单位之间不存在竞业禁止或保密协议相关的纠纷或潜在纠纷。昱能科技及其核心技术人员、技术团队主要成员不存在关于竞业禁止或保密协议相关的诉讼或仲裁事项。

（4）第一，非专利技术系凌某敏和罗某浩在昱能科技设立时投入的微型逆变器系统技术，该技术理念是公司开发微型逆变器系列产品的设计方案和基础。根据嘉兴中磊资产评估有限公司出具嘉中磊评报字（2009）第 228 号《凌某敏、罗某浩拟对外投资事宜涉及的微型逆变器系统技术项目单项资产评估报告书》，前述非专利技术的评估价值为 1386 万元，经昱能科技全体股东确认该项非专利技术作价 1285 万元投入昱能有限。第二，根据《企业会计准则》，昱能科技在资产负债表日对使用寿命有限的无形资产，当其有迹象表明发生减值时，估计其可收回金额；对无减值迹象的无形资产未进行减值测试。至报告期期末，昱能科技对无形资产进行分析，认为未出现明显的减值迹象，未发生减值。昱能科技对无形资产的减值迹象确定标准及检查情况以表格形式说明，表格列示了减值迹象判断标准和资产负债表日是否存在减值迹象。

（三）技术转让

申报材料显示：（1）英达威芯主要从事电力电子设备专用芯片的设计。2019 年，英达威芯成功研发智控关断器控制芯片并销售给发行人。（2）报告期初，发行人曾向英达威芯转让“光伏组件级 MLPE 优化器及关断器系统专利权及专有技术”（以下简称无形资产组）。（3）2017 年，罗某浩与士兰控股、士兰微共同设立英达威芯。2019 年 12 月至 2021 年 3 月，发行人与罗某浩共同投资英达威芯。鉴于英达威芯与发行人的业务关系以及发行人未来的发展战略，发行人逐步收购了英达威芯的全部股权，2020 年 4 月，英达威芯成为发行人的控股子公司，纳入合并范围。（4）根据保荐工作报告，英达威芯在上市公司士兰微和发行人体系中的资产占比低。

招股说明书显示：（1）发行人无形资产账面价值分别为 171. 19 万元、39. 17 万元、806. 31 万元和 767. 67 万元，主要为非专利技术；（2）发行人 2018 年度实现无形资产处置收益 500 万元。

请发行人说明：（1）昱能科技向英达威芯转让无形资产组的背景和原因，该专利技术与智控关断器控制芯片之间的关系；（2）结合英达威芯研发的智控关断器控制芯片在昱能科技产品、业务中的实际运用情况，在上市公司体系内对应的业务、股权等情况，进一步说明其对发行人和上市公司的重要性程度，发行人取得上市公司资产的过程是否合法合规；（3）2018 年处置无形资产的具体情况，包括但不限于无形资产基本情况、与昱能科技核心技术的关系、交易对手方及定价方式和公允性。

回复情况如下：

（1）第一，2017年年底昱能科技在关断器和优化器产品的控制算法、拓扑电路和整机产品设计方面取得了一定的技术成果，形成了包含5项专利和4项专有技术的“光组”，相关专利和专有技术以表格形式说明，表格列示了专利号、专利/专有技术名称、申请日期、专利类型和转让时点法律状态。第二，英达威芯的主营业务为光伏发电相关领域芯片产品的开发、设计及销售，士兰控股、士兰微及罗某浩投资设立英达威芯具有合理的商业背景。转让无形资产组的背景和原因基于前述各方的考虑，英达威芯设立时的业务定位即为光伏发电相关领域芯片产品的开发、设计及销售，计划逐步开发具备关断、优化、通信、监控和逆变等功能的芯片。为更好地开展业务，昱能科技将前述无形资产组转让给英达威芯，具有合理的商业背景：一是前述无形资产组与英达威芯的业务规划相一致；二是英达威芯的芯片开发需要以前述技术为基础；三是昱能科技加速前述无形资产组功能集成化芯片开发的需要。昱能科技积累形成了前述分散于不同功能模块的电路拓扑以及控制算法等相关技术，但集成度较低，故希望借助士兰微在芯片制程方面的优势，缩短该无形资产组功能集成化芯片开发周期。发行人以表格形式列示了无形资产组与智控关断器控制芯片之间的关系，表格列示了专利号、专利/专有技术名称和与智控关断器控制芯片之间的对应关系。

（2）第一，英达威芯研发的智控关断器控制芯片在昱能科技实现智控关断器产品的成功开发以及在应用组串式逆变器的分布式光伏发电系统市场中的业务拓展发挥了重要作用。相对而言，智控关断器控制芯片对士兰微业务及股权的重要性程度较低。第二，2020年4月，发行人与士兰控股、士兰微签署协议，受让其持有的英达威芯股权。本次转让后，英达威芯成为发行人控股子公司。发行人取得上市公司士兰微所持英达威芯16%股权的程序合法合规。发行人取得上市公司资产符合法律法规、交易双方公司章程及其他有关规定，符合证监会和证券交易所有关上市公司监管和信息披露要求，对于相关资产权属不存在相关诉讼、争议或潜在纠纷，过程合法合规。

（3）第一，无形资产基本情况以及交易对手方。2017年12月，士兰控股、士兰微及罗某浩合资成立英达威芯，主要规划专注于光伏有关领域芯片产品的开发、设计及销售，包括关断器专用芯片、优化器专用芯片等。2018年，英达威芯向昱能科技转让无形资产组，包含专利权5项、专有技术（申请中的专利4项及设计方案），具体内容以表格形式列示，表格列示了专利号、专利/专有技术名称、申请日期、专利类型和转让时点法律状态。

第二，与昱能科技核心技术的关系。昱能科技的智控关断器产品运用了英达威芯研发的全球首款智控关断器ASC专用芯片，集成了复杂的控制逻辑及控制算法，精简了系统设计，减少了元器件使用数量，实现了智控关断器的高集成度、高可靠性及高性能。前述无形资产组均直接或间接应用于智控关断器ASC专用芯片的研发，昱能科技以表格列示了专利号、专利/专有技术名称和与智控关断器控制芯片之间的对应关系。昱能科技核心技术中的“高集成光伏组件关断器控制芯片设计技术”系基于前述无形资产组开发形成。

第三，本次转让无形资产组的定价依据为万隆（上海）资产评估有限公司出具的《浙江昱能科技有限公司拟转让无形资产组涉及的光伏组件级MLPE1优化器及关断器系统专利权及专有技术资产评估报告》（万隆评报字［2018］第1008号），经评估，本次转让的资产组评估价值为509.35万元。经双方协商，最终交易价格为500万元，定价具有公允性。

二、涉技术秘密问询的分析与值得关注的问题

（一）非专利技术出资

据发行人披露，发行人前身昱能有限系由凌某敏、罗某浩、天通股份等于2010年3月共同出资设立，凌某敏、罗某浩以微型逆变器系统非专利技术出资。2010年4月20日，凌某敏、罗某浩与昱能有限签订《技术转让合同》，约定将凌某敏、罗某浩所拥有的前述微型逆变器系统技术作为转让标的，向昱能有限进行转让，完成了该非专利技术的所有权转移。该非专利技术发展成为昱能科技后续的多体微型逆变器技术、微型逆变器效率提升控制技术、三相平衡输出并网微型逆变器控制技术、大电流微型逆变器控制技术、

智能三相桥拓扑微型逆变器并网技术、微型逆变器对地保护控制技术、微型逆变器并网无功调节技术等核心技术。微型逆变器系统技术是昱能科技微型逆变器、能量通信及监控分析系统设计和开发的技术基础，在昱能科技现有核心技术和业务发展中起到了重要作用。

请发行人说明：

（1）非专利出资的微型逆变器系统技术在出资前是否以技术秘密形式保护，如是，凌某敏和罗某浩是否采取了适当的保密措施；

（2）对该项非专利技术的权属是否做了实质审查，即该非专利技术对应的载体是否真实合法；

（3）微型逆变器系统技术出资后直至形成昱能科技若干核心技术的全过程中，昱能科技对该技术除了申请专利保护，是否有以技术秘密形式保护的知识产权，采取了哪些具体的保密措施；

（4）请说明非专利技术出资时估值的合理性，出资伊始，凌某敏、罗某浩是否与天通股份约定了该项非专利技术所要达到的技术效果，以及目前该技术是否达到预期要求；

（5）请说明微型逆变器系统技术所有权转移时交付的载体是什么，是否有载体清单并实际交付等。

（二）向体外关联公司转让核心专利

据发行人披露，2018 年昱能科技向英达威芯转让无形资产组，希望借助英达威芯当时股东士兰微在芯片制程方面的优势，缩短该无形资产组功能集成化芯片开发周期。2019 年英达威芯成功研发智控关断器控制芯片并销售给发行人。2019 年 12 月 ~ 2021 年 3 月，发行人与罗某浩共同投资英达威芯，2020 年 4 月，英达威芯成为发行人的控股子公司，纳入其合并范围。昱能科技核心技术中的“高集成光伏组件关断器控制芯片设计技术”系基于 2018 年英达威芯向昱能科技转让无形资产组开发形成。

请发行人说明：

（1）昱能科技为了缩短该无形资产组功能集成化芯片开发周期，向当时的体外关联公司英达威芯转让核心专利而不是许可专利实施的原因；

（2）在转让该无形资产组当时，是否考虑过如果英达威芯研发不成功、昱能科技无法成功购买英达威芯成功研发的芯片或者昱能科技无法成功收购英达威芯，对昱能科技造成的影响及预案；

（3）2018 年无形资产组的出售价格和 2019 年购买英达威芯智控关断器控制芯片的价格，罗某浩当初对英达威芯的实缴出资价格与将股权转让给发行人的价格，技术与股权的溢价倍数是否合理等。

中篇

技术秘密刑事保护

《刑事司法解释（三）》于2020年9月14日生效。技术秘密刑事保护进入了新的阶段。

笔者于2020年11月在宁波为浙江省公、检、法系统做商业秘密联合培训，于2021年4月在沈阳市为沈阳检察机关、2021年7月在南京森林警察学院为公安部食品药品犯罪侦查局做专题培训，主讲内容为《技术秘密刑事控告前的证据准备与诉讼中的配合工作》。本篇以此培训内容为基础，结合10年来在商业秘密刑事保护领域的工作体会，就技术秘密刑事保护特别是在立案侦查、提请批捕和审查起诉阶段的若干专题，深入分析探讨以期商定解决方案，为当前环境下加强技术秘密刑事保护尽一份微薄之力。

第十八章　技术秘密点的数量与修改

第一节　确定秘密点的因素与注意事项

一、确定秘密点时要考虑的因素

技术秘密刑事保护以受害单位所主张的秘密点不为公众所知悉为基础，这既与所指控的具体侵权行为及行为的法定类型有关，也与侵权行为所产生的损害后果有关。就侵犯商业秘密罪而言，关系到刑事立案、采取刑事强制措施与否和定罪量刑等一系列问题。

以嫌疑人（单位）所涉侵权行为与受害单位技术秘密具有直接关联性为基础，选择确定将哪些技术方案纳入技术秘密（点）保护范围。具体到每个案件，按照什么规则来确定，对实际操作有很高的要求。

建议要充分地考虑如下几个方面：第一，所选择的秘密（点）必须符合“真实性”的要求，这是前提也是最基本的要求；第二，主张秘密点多少直接影响撰写说明、准备相应载体文件的工作量和鉴定费用；第三，与侵权行为无直接关联的秘密点起不到作用且可能泄密导致更大的损失；第四，对于已涉嫌被侵权应该被选择在内而没有主张的秘密点，无法进一步查证犯罪事实；第五，所选择的秘密点能够满足许可评估的要求并为评估方法的合理性提供必要的支持等。综上，很显然选择确定的秘密点并不是越多越好，当然也不是越少越好。

二、确定秘密点数量时的注意事项

在《技术秘密刑事控告前的证据准备与诉讼中的配合工作》培训时提

出，应当结合被侵权产品（技术）涉及的各功能模块，合理分布确定数量的观点。现结合实务做简要说明，供业界参考。

（一）预判侵权行为的类型并针对可能的侵权行为结合被侵权产品确定技术秘密点

技术秘密刑事保护中被侵权的技术秘密有两种类型比较典型：一是新研发完成的先进技术尚未商业化甚至还没有投入应用，以其技术方案为基础或者将其修改后申请专利并被公开；二是商业化非常成功的技术秘密，这比较好理解，商业化越是成功，价值越高，侵权产生的获利越具有诱惑力。第一种类型在选择确定秘密点时相对比较简单，重点讨论第二种类型。这种类型技术秘密的侵权行为，无论是非法获取还是非法使用，或者是非法获取并非法使用，都是有明确的被侵权产品的，即受害单位使用涉案被侵权技术秘密生产或服务的产品。

在实务操作中，首先要与受害单位的技术专家商定并预判涉案侵权行为的类型或已经发生或者即将发生的具体侵权行为是什么。这就是所谓的针对侵权行为意之所指。所谓结合被侵权产品，是指受害单位在生产被侵权产品时会使用到哪些技术秘密。

（二）尽可能覆盖被侵权产品各功能模块，分别选择不同的技术秘密类型，合理分布确定数量

受害单位很熟悉自己的产品，但是对被侵权产品所使用的技术秘密具体包括哪些，是不是也会达到这样的熟悉程度，却不一定。事实上，当侵权行为发生时或者决定要发起技术秘密刑事控告时，受害单位并不清楚所使用的技术秘密的具体方案包括哪些，具体是什么。这并不奇怪，甚至是常态。这与实际业态有关，因为企业并不是将其技术秘密（点）都撰写总结好附上载体文件做好技术档案后再去生产经营，而是因为发生了侵权行为需要启动技术秘密刑事控告才根据实务中的需要，被迫完成这样的工作。在具体某个技术秘密（点）的撰写和证据准备过程中，受害单位的技术专家也有不同意见，也发生争执，需要在尊重事实的基础上达成共识并落实到文件上。结合被侵权产品确定所使用到的技术秘密是达成共识的重要基础，但是不能仅限

于制造被侵权产品本身，还应当包括生产（设计）被侵权产品所使用到的技术秘密。

结合被侵权产品确定在设计、制造和维护过程中所涉及的技术秘密后，务必请技术专家确认是不是已经覆盖了各功能模块。然后，将所涉及的各功能模块的技术秘密的类型进行分类，比如软件代码类、生产工艺类、设备结构类等。被侵权产品各大功能模块所涉及的技术秘密类型尽可能体现其代表性。具体到每一个技术秘密点时，既可以各大功能如扫描识别系统、检测分析系统为一组分别确定秘密点，也可以某一类技术秘密类型如特制设备结构类、软件源代码类为一组确定秘密点。

综上所述，在确定技术（点）的数量时，需要做到：（1）针对具体的侵权行为和类型；（2）结合被侵权产品的设计与制造；（3）涵盖各大主要功能；（4）保证技术秘密的类型具有代表性；（5）充分考虑对维权成本与工作效率的影响；（6）兼顾合理许可费价值评估和损失认定等。

第二节　技术秘密保护范围的修改

一、立案前与立案后的非公知性鉴定

（一）立案前的非公知性鉴定

在向公安机关提出技术秘密刑事控告前，需要遵照“明确”、“具体”且“真实”的原则完成涉案技术秘密（点）保密范围的撰写工作并组织相应的载体和说明文件，形成“非公知性”或“不为公众所知悉”的鉴定材料，委托鉴定机构针对所主张的每个技术秘密点进行鉴定，出具是否属于不为公众所知悉的《鉴定意见》，为刑事立案做好充分的准备。这里所讲的“明确”是指保护的范围要明确，“具体”是指保护范围的技术特征要具体，“真实”是指秘密点要有载体能够证明是真实的。这虽然不是侵犯商业秘密罪立案的前提条件，但是对公安机关审查该控告是否须立案却很重要。

（二）立案后公安机关委托鉴定

在公安机关审查立案期间和立案后侦查终结前，可能会出现多种原因致使受害单位或办案单位再次或多次委托鉴定机构就技术秘密（点）保护范围的非公知性进行鉴定的情况，比如：(1) 控告主体发生变化，权利范围需要调整；(2) 发现新的犯罪线索或犯罪证据；(3) 因载体“三性”有问题需要更换；(4) 需要确定不同的查新时间点；(5) 突发性的披露事件发生；(6) 嫌疑人（单位）的质疑与反驳等。

立案前鉴定机构就不为公众所知悉所做的《鉴定意见》，是针对受害单位的秘密（点）保护范围主张所做出的判断。该主张在对立案侦查的有效推动和对查明犯罪事实的贡献等方面，信息严重不对称，并基于上述原因，受害单位修改技术秘密（点）保护范围确有必要。

二、办案单位应有条件地允许修改

受害单位无论基于何种原因修改主张的技术秘密（点）保护范围，都必将产生一系列的“麻烦”问题需要应对和处理。无论是出于受害单位自身的原因，如明显判断错误、证据未核查准确、未告知必要事实等，还是出于侦查客观需要，如发现新的侵权事实或者侵权类型可能侵犯受害单位不同技术秘密点等情况，在符合必要条件的情况下建议办案单位接受对技术秘密（点）保护范围的修改。

现结合所了解的情况，提出如下几点注意事项供实务中参考：(1) 受害单位做好修改原因的说明工作并提供相应证据；(2) 办案单位做好修改秘密点事宜的问询、告知，秘密点说明文件与载体文件的接收工作；(3) 区分新鉴定、补充鉴定与重新鉴定，并分别启动委托事项，出具委托文件；(4) 做好鉴定意见中修改秘密点《说明文件》《载体文件》的附卷工作；(5) 依法向受害单位和嫌疑人（单位）告知《鉴定意见》的结论；(6) 及时研究针对修改秘密点后《鉴定意见》结论的质疑与反馈，根据需要告知鉴定机构是否做书面回复等。

第十九章　有效防范再次泄密措施

第一节　受害单位及时提出申请防范再次泄密

一、受害单位提出申请的依据与内容

技术秘密刑事保护需要技术专家的全方位深入配合、法律专家的丰富经验与证据组织能力，需要企业在经费和业务等方面大力支持，需要占用至少三年或更长时期司法资源，除此之外还有可能付出再次泄密的代价。

这里所称的再次泄密是针对秘密点文件与财务（商务）保密数据而言的，主要包括知悉人员范围被不当扩大，所知悉秘密内容被不当增多和对持有秘密材料控制程度被不当加大等方面。实务中，这三种情形都可能发生，甚至还有可能发生在同一案件中，出现因未及时采取有效防范措施导致继续泄密的严重后果。

对此《刑事司法解释（三）》第 6 条明确作出规定，“在刑事诉讼程序中，当事人、辩护人、诉讼代理人或者案外人书面申请对有关商业秘密或者其他需要保密的商业信息的证据、材料采取保密措施的，应当根据案件情况采取组织诉讼参与人签署保密承诺书等必要的保密措施。违反前款有关保密措施的要求或者法律法规规定的保密义务的，依法承担相应责任。擅自披露、使用或者允许他人使用在刑事诉讼程序中接触、获取的商业秘密，符合刑法第二百一十九条规定的，依法追究刑事责任”。

在刑事审判阶段，受害单位可以参考民事诉讼中防范再次泄密规范性规定和地方法院司法文件提出书面申请，请求法院签发《保密令》，要求诉讼参与人签署《保密承诺书》并限制复制等。依据包括：最高人民法院《关于

知识产权民事诉讼证据的若干规定》第26条[①]和《商业秘密民事案件若干规定》第21条[②]，《江苏省高级人民法院侵犯商业秘密民事纠纷案件审理指南(修订版)》第八部分和《北京知识产权法院侵犯商业秘密民事案件诉讼举证参考》第十部分等内容。

在审查起诉阶段可以参考《北京市检察机关涉商业秘密案件保密工作指南》、《检察机关严密措施防范商业秘密被二次侵害》[③] 的相关建议和意见。

建议向检察机关提出的申请可以包括：(1) 在材料显著位置制作保密标识；(2) 由专人保管并限制材料的接触范围；(3) 要求接触涉密材料的诉讼参与人签署保密承诺；(4) 辩护律师以外的人员（律师助理、律师事务所实习人员和非律师辩护人等）不允许参与阅卷；(5) 不允许辩护律师复制含有保密信息的卷宗材料；(6) 需要委托相关鉴定机构进行鉴定、询问有专门知识的人或组织论证，以及委托翻译的，听取申请人的意见；(7) 要求鉴定机构、鉴定人、有专门知识的人、翻译机构和翻译人员签署保密承诺不得擅自转委托；(8) 在制作公开法律文书时，对相关保密信息进行隐匿；(9) 向其他办案机关和工作人员提示保密义务；(10) 对本案不进行公开（听证）审查，申请不公开开庭审理等。

除上述内容外，本章下一节重在分享受害单位和代理律师，如何从确定所要主张秘密点工作之始，就着手思考从源头降低再次泄密可能，并探讨在侦查阶段还可以采取哪些措施予以防范。

---

① 最高人民法院《关于知识产权民事诉讼证据的若干规定》第26条规定，证据涉及商业秘密或者其他需要保密的商业信息的，人民法院应当在相关诉讼参与人接触该证据前，要求其签订保密协议、作出保密承诺，或者以裁定等法律文书责令其不得出于本案诉讼之外的任何目的披露、使用、允许他人使用在诉讼程序中接触到的秘密信息。

当事人申请对接触前款所称证据的人员范围作出限制，人民法院经审查认为确有必要的，应当准许。

② 《商业秘密民事案件若干规定》第21条规定，对于涉及当事人或者案外人的商业秘密的证据、材料，当事人或者案外人书面申请人民法院采取保密措施的，人民法院应当在保全、证据交换、质证、委托鉴定、询问、庭审等诉讼活动中采取必要的保密措施。违反前款所称的保密措施的要求，擅自披露商业秘密或者在诉讼活动之外使用或者允许他人使用在诉讼中接触、获取的商业秘密的，应当依法承担民事责任。构成《民事诉讼法》第111条规定情形的，人民法院可以依法采取强制措施。构成犯罪的，依法追究刑事责任。

③ 知产办公室：《检察机关严密措施防范商业秘密被二次侵害》，载企鹅号"上海检察"2021年4月9日，https://new.qq.com/rain/a/20210409A0CDJ400。

二、分不同目的不同阶段分别提交

上一章已提出“应当结合被侵权产品（技术）涉及的各功能模块，合理分布确定数量”的观点，并就确定秘密点数量时的注意事项做了说明。有效防范再次泄密的意识和首要任务，首先体现在受害单位和委托代理律师身上。这里是源头。

受害单位要主张哪些秘密点，在立案前要想明白如下三个问题：（1）哪些是在立案前就需要进行非公知性鉴定并出具意见的秘密点与载体文件；（2）哪些是立案后需要增加、调整或补充进行非公知性鉴定、同一性鉴定的秘密点与载体文件；（3）哪些是办案单位采取强制措施后，有可能或者有极小可能会用到的非常重要的秘密点和载体文件。这是基础。为完成上述工作提出以下建议：（1）要在受害单位技术专家深入配合下，针对涉案技术秘密的完整性和证明侵权成立的必要性两个方面认真分析、准确预判；（2）要针对三种不同情形，做好各部分秘密点说明文件撰写与载体文件的组织准备工作；（3）要根据是否立案、是否采取强制措施、是否扩大侦查等客观情况适时分别提供给办案单位；（4）受害单位对所提交秘密点文件要结合不同的情形主动采用不同保密措施；（5）向办案单位提交关于采取有效措施切实防范再次泄密的书面《申请书》并列明建议采取的具体措施等。

就上述建议说明如下，证明侵权行为成立的必要性，包括两层意义：一是已提交的秘密点对于证明侵权要有贡献。实务中常发生虽然这些秘密点与指控侵权行为相关但是所主张的保护范围及技术特征没有针对性。二是针对预判侵权行为或者发生某种侵权行为概率很小但非常重要的情况，在侦查中发现强有力证据或者线索。

对所提交秘密点文件结合不同情形主动采取不同保密措施提交，主要是针对前文第二个层面涉及秘密点的类型而提出的。为此建议：

（1）根据情况需要以两种方式提交：一是与其他的秘密点一同提前提供，但是对其用不同的加密措施并说明侦查过程中开启的条件等；二是在侦查阶段根据要求或需要再提供。这不是纯逻辑的假定分析，实务中多次成功应用过这种方式。

（2）以恰当方式向办案单位解释。这有三方面好处：首先，有效消除受害单位顾虑，如果预判侵权行为没有发生就不开启该核心秘密点材料；其次，侦查过程中发现证据或者证据线索后立即开启该核心秘密点材料，有利于做出正确判断，及时采取强制措施；最后，大大降低办案单位在核心秘密点材料保密措施和保存方法等方面的压力等。

第二节　鉴定意见仅告知结论与涉密文件禁止复制

一、告知鉴定意见结论而不将全文交嫌疑人质证

受害单位向办案单位提出申请，在侦查终结前对作为证据的鉴定意见只告知犯罪嫌疑人结论而不将鉴定意见全文交其阅读的，建议同意该申请。

首先，同意该申请并不违反法律、司法解释和程序性规定。与鉴定意见告知事宜相关的规定主要有：《刑事诉讼法》第 148 条规定，侦查机关应当将用作证据的鉴定意见告知犯罪嫌疑人、被害人。如果犯罪嫌疑人、被害人提出申请，可以补充鉴定或者重新鉴定。《刑诉法解释》第 97 条第 10 项规定，鉴定意见应当着重审查是否依法及时告知相关人员，当事人对鉴定意见有无异议。《公安机关办理刑事案件程序规定》（2020 年修正）第 252 条、第 253 条规定，对鉴定意见，侦查人员应当进行审查。对经审查作为证据使用的鉴定意见，公安机关应当及时告知犯罪嫌疑人、被害人或者其法定代理人。犯罪嫌疑人、被害人对鉴定意见有异议提出申请，以及办案部门或者侦查人员对鉴定意见有疑义的，可以将鉴定意见送交其他有专门知识的人员提出意见。必要时，询问鉴定人并制作笔录附卷。

其次，在保障犯罪嫌疑人对鉴定意见异议权的同时，可以有效地控制接触涉案技术秘密资料范围，防止范围被不当扩大，特别是在嫌疑单位与离职员工嫌疑人共同实施非法获取技术秘密犯罪的案件中非常明显且重要。

二、涉案秘密文件只允许查阅禁止复制

关于涉案技术秘密点与载体是否允许复制的问题，建议只允许查阅，禁止复制。

对于犯罪嫌疑人在所指控的犯罪事实中尚未完全掌握的涉案技术秘密材料，在审查起诉和审判阶段只允许查阅不允许复制的情况比较普遍。而对于非法获取（并非法使用）但未公开披露，犯罪嫌疑人（单位）、辩护人主张涉案技术秘密已经被获取，质疑不允许复制涉案技术秘密的必要性的，在实务中操作不一，争议较大。

建议不允许复制的理由如下：《商业秘密民事案件若干规定》于 2020 年 9 月 12 日生效。其第 18 条规定，权利人请求判决侵权人返还或者销毁商业秘密载体，清除其控制的商业秘密信息的，人民法院一般应予支持。至迟于 2023 年与此有关的民事裁决应该比较常见。从技术秘密刑事保护的需要看，裁决被告人返还或者销毁商业秘密载体，清除其控制的商业秘密信息确有必要。从这个角度出发，有必要在技术秘密刑事案件中对涉案的技术秘密材料采取只允许查阅不允许复制的防范措施。

第二十章　对技术秘密保密措施质疑的核查

第一节　涉案技术秘密共有对保护措施的核查要求

一、技术秘密保护措施核查的基本要求

法律和司法解释规定，权利人为防止商业秘密泄露，在被诉侵权行为发生以前应采取合理保密措施，并要求在认定时考虑商业秘密及其载体性质、商业秘密商业价值、保密措施可识别程度、保密措施与商业秘密对应程度和权利人的保密意愿等因素。① 江苏省高级人民法院和北京知识产权法院出台的司法文件给出的举证指引、抗辩要点和审理指南值得参考，此处不再赘述。②

受害单位在提起技术秘密刑事控告前，作为权利人应当就对涉案技术秘密采取的合理保密措施做出说明并提供必要的证据，这是启动刑事保护的基本要求。立案前或者立案后，办案单位也会主动核查权利人采取保密措施的证据是否真实、保密制度是否切实执行，并判断保密措施是否合理等。这是公安机关决定是否进一步侦查、判断是否采取必要强制措施的前提和基础。随着侦办工作的展开与深入，包括对保密措施合理性在内的各种抗辩、质疑和反驳证据就会集中到办案单位。

本书针对技术秘密刑事保护实务工作中的具体问题，结合案例进行分析，

---

① 参见《商业秘密民事案件若干规定》第 5 条、第 6 条。

② 参见《北京知识产权法院侵犯商业秘密民事案件诉讼举证参考》《江苏省高级人民法院侵犯商业秘密民事纠纷案件审理指南（修订版）》。

共商以期共识。

二、对各共有人保密措施核查的具体内容

涉案技术秘密由不同主体形成于不同时期的技术迭代或组合而成，权利由多个主体共有。无论是其中一个还是多个权利人提出控告的，都应当分别核查各共有人所采取的合理保密措施。

实践中，有受害单位主张只要一个共有人采取了合理保密措施，就应视为其他共有人采取了合理保密措施。这个观点不能成立。建议办案单位对此做好必要的释明工作。

本章结合东方实业被诉商业秘密侵权案做如下说明。该案系因高管人员离职而引发，涉及工程塑料技术领域与 PBT 改性产品配方有关的技术秘密信息和经营信息，先后经过刑事侦查、民事诉讼，至最高人民法院终审判决到最后作出再审审查裁定历时 12 年。在该案中最高人民法院认为，在商业秘密共有状态下各共有人均应当采取保密措施，并且有义务证明采取的常规措施与保密有关，不能仅凭措施本身就认定权利人对涉案信息采取了合理的保密措施。

易言之，权利人所采取的保障正常生产、经营外的常规措施，有可能是基于保密也有可能是基于其他目的而采取的，在没有证据证明采取措施的目的与保密有关的情况下，仅凭措施本身不足以认定权利人对涉案信息采取了合理的保密措施。①

第二节　受托加工方提出控告与涉案秘密曾被组织培训

一、应核查与委托方有关的保密措施

本书第二十九章“倒卖苹果拟上市手机 3D 图九人涉刑”就此做了评述。

① 参见李德成：《金桐争鸣丨简析商业秘密共有人合理保密措施的证明责任与证明标准》，载微信公众号“金桐秘语”2019 年 4 月 8 日，https://mp.weixin.qq.com/s/z3kYvnA-UTKlaUZtg6HwGQ。

该案所涉技术秘密载体是准备上市销售的苹果手机3D设计图。苹果公司提供给富泰华工业（深圳）有限公司（以下简称富泰华公司）初稿。富泰华公司在初稿基础上对图纸进行设计、调整后形成终稿，根据与苹果公司签订的《制造生产协议》制造、量产。双方约定：研发及生产过程中富泰华公司需配合苹果公司履行保密义务，涉案图纸由苹果公司上传至其保密网站；富泰华公司将需要登录该网站的员工姓名等资料提供给苹果公司，苹果公司提供账号和密码；富泰华公司员工凭该账号和密码方可登陆保密网站查看和下载保密信息。富泰华公司与研发制造部门员工签署保密协议等。

在上述情况下建议办案单位核查上述约定与保密制度的执行情况，以判断与委托人有关的保密措施是否有效，包括：登录保密网站的具体过程，证明物理隔离所在的保密区域，证明员工专属账号密码的管理情况，查看下载保密信息的授权流程，以及保密制度的操作规范与示例等。

二、涉案技术秘密曾被培训应核查保密措施针对性

本书第三十五章“诉前对不为公众所知悉的证据准备”评述了最高人民法院二审改判的案例，争议焦点就是培训活动中是否采取了有针对性的保密措施。

被诉侵权人一审时提交了2010年和2013年研讨会相关资料及其部分翻译、光盘，凯勒特技术应用实例及其部分翻译件，主张涉案技术秘密是案外人凯勒特公司的技术，且在指控涉案专利申请之前已经公开。一审法院查明：案外人霍尼韦尔公司2010年、2013年举办了凯勒特公司燃烧器技术培训，2012年在海南项目工程中应用，被告程某和李某参加了前述培训。法院认为权利人没有提供证据证明参加培训的其他人员的来源和范围，亦没有证据证明所培训的内容属于“不为公众所知悉”驳回了诉讼请求。

最高人民法院二审查明：洛阳明远石化技术有限公司（以下简称明远公司）在二审中明确主张被诉侵权涉案专利的技术方案源于凯勒特公司于2010年举办的燃烧器技术培训公开的内容。经分析程某提交的《霍尼韦尔凯勒特燃烧器上海技术研讨会回顾》和王某提交的《霍尼韦尔上海凯勒特燃烧器技术研讨会小结》源于培训活动。该培训为权利人洛阳瑞昌环境工程有限公司（以下简称瑞昌公司）委托凯勒特燃烧器上海公司举办的，程某和王某等三

人于2010年11月17日、18日到上海的霍尼韦尔中国总部进行了学习和交流，并参观了凯勒特上海燃烧器工厂，参观过程中一直有工作人员阻止拍照，有很强烈的技术保护意识。被告明远公司提交的声称为2012年海南项目工程照片的拍摄地不详，拍摄时间的真实性无法确认，且未显示涉案技术构造，同时该工程图纸系在一审诉讼期间获得，电子邮件发件人明确表示“不要随意扩散”。二审改判停止侵权并赔偿损失300万元。

在上述情况下，建议办案单位核查在培训活动中是否采取了有针对性的保密措施。

第三节　载负技术秘密市场流通产品的保密措施核查

一、核查保密措施能否达到应有的特殊程度

如果公开销售的产品可能载负涉案部分或者全部技术秘密，先要判断权利人是否采取了有针对性的保密措施，或者为实现保密目的采取了何种技术措施，这与判断不特定第三人是否容易获得涉案技术秘密直接相关。

最高人民法院指出，应能达到对抗不特定第三人通过反向工程获取其技术秘密的程度。比如，根据技术秘密本身的性质，即使拆解载有技术秘密产品，亦无法通过分析获知该技术秘密；采取物理保密措施对抗反向工程，采取一体化结构如拆解将破坏技术秘密等。

为此建议办案单位查明两方面的事实：一是权利人公开销售产品所载负的技术信息，二是查明在其他载体中体现而通过公开销售产品能够获得和不能获得的技术信息。以此为基础进行判断。受害单位主张的技术秘密未在市场上流通的被侵权产品上载负的部分，不受上述问题的影响。参见本书第三十三章“市场流通产品载负技术秘密是否容易获得”。

二、核查保密措施与市场流通被侵权产品的关联性

在最高人民法院审结的思克诉兰光技术秘密案中，权利人与客户签署的

《设备购销合同书》中仅约定客户需承担确保该产品技术机密信息安全以及不得将技术机密信息提供给任何第三方的合同义务，并未限制客户对所购买的产品进行处分、转让，故不特定第三人可通过市场流通取得该产品，且不受济南思克测试技术有限公司（以下简称思克公司）与客户签订的《设备购销合同书》约束。思克公司虽在其 GTR-7001 气体透过率测试仪的特定位置贴有标签，但标签载明的“危险！私拆担保无效！”“SYSTESTER 思克品质保证撕毁无效”等内容，法院认为属于安全性提示与产品维修担保提示，均不构成以保密为目的的保密防范措施。涉案产品为市场流通产品，区别于可始终处于商业秘密权利人控制之下的技术图纸、配方文档等内部性载体，属于外部性载体，故思克公司为实现保密目的所采取的保密措施，应能对抗不特定第三人通过反向工程获取其技术秘密。根据查明的事实，思克公司亦认可通过拆解测试仪，可直接观察到秘密点 2、3、4 和 5，同时，本领域技术人员“通过常理”可知晓秘密点 1 和 6，故涉案技术秘密不属于“他人即使拆解了载有技术秘密的产品，亦无法通过分析获知”的技术秘密。即使思克公司贴附在产品上的标签所载明的文字内容以保密为目的，该标签仍不能构成可以对抗他人反向工程的物理保密措施。因为通过市场流通取得相关产品的不特定第三人与思克公司并不具有合同关系，故无须承担不得拆解产品的合同义务；不特定第三人基于所有权得对相关产品行使处分行为，不受思克公司单方面声明的约束。参见本书第三十八章“对证据保全行为侵犯技术秘密提起诉讼”。

为此，建议办案单位核查保密措施与市场流通被侵权产品的关联性。

第四节　涉案技术秘密曾被泄露的核查

一、核查是否有相反证据证明该信息已经泄露

在侦查中发现受害单位所主张的技术秘密信息在形成甚至已经使用一段时间后，才采取保护措施的，应当引起办案单位重视。在实务中，犯罪嫌疑

人（单位）和辩护人针对这种情况也会提出相应的证据，以证明权利人没有采取合理的保密措施致使涉及的技术秘密信息已经泄露。建议办案单位结合具体案情从严掌握审查标准，核查是否有相反证据证明该信息已经泄露，切实做到排除合理怀疑。

二、通过核查排除合理怀疑的具体方法

本节试举实例说明存在合理怀疑的类型。比如如果受害单位主张的秘密点是体现在数据手册等保密载体文件上，而辩护人提出数据手册在交付嫌疑单位前已被公开披露或普遍知悉，则这对不为公众所知悉的法律要件构成合理怀疑。类似证据可能包括：在嫌疑单位接受保密文件前即自某年开始，向北京、深圳的多家公开柜台市场商贩提供涉案芯片，应核实与此类渠道商是否签署保密协议；受害单位与某公司合作的某项目使用该芯片，没有签署保密协议，并在案发后某年某月某日要求补签；已知受害单位与多家同行公司就该芯片开展合作，均未签署保密协议；至迟至该芯片公开销售之日起说明书记载的技术信息就不再是秘密信息；在该芯片公开销售日之前及之后的一段时间内，已有多家公司公开出售针对该芯片的反向工程报告；等等。

为此，建议办案单位对上述事实进行核查以排除合理怀疑。

第二十一章　技术秘密审查起诉听证

第一节　技术秘密审查起诉听证的相关规定

自2020年以来最高人民检察院出台了一系列文件，意在加强和规范检察院以听证方式在各阶段办理有较大争议或重大社会影响的案件。笔者曾于2020年10月参加过天津市人民检察院第二分院组织的技术秘密刑事案件审查起诉阶段的听证会。听证会主要就涉案秘密点是否具有非公知性，组织鉴定机构、公安机关、被侵权单位及其代理律师、犯罪嫌疑人及其辩护律师参加并充分发表意见。本次听证会以不公开方式进行，参加听证的还有检察院聘请的技术专家团队、当地人大代表和人民监督员等。本章结合对检察院听证制度的调研和实务经验，就技术秘密刑事案件在审查起诉阶段举办听证会的必要性等问题提出意见和建议，希望对推动技术秘密刑事控告案件的办理有益。

一、人民检察院审查起诉听证法律规定

最高人民检察院于2020年9月14日发布并实施了《审查听证规定》，后于2022年1月26日发布并实施了《听证员库建设意见》。根据《审查听证规定》，听证是指检察院对于符合条件的案件，组织召开听证会，就事实认定、法律适用和案件处理等问题听取听证员和其他参加人意见的案件审查活动。

二、可以召开听证会的案件类型和适用情形

可以召开听证会的案件有：（1）羁押必要性审查案件；（2）拟不起诉案

件；（3）刑事申诉案件；（4）民事诉讼监督案件；（5）行政诉讼监督案件；（6）公益诉讼案件等。上述案件如在事实认定、法律适用和案件处理等方面存在较大争议，或者有重大社会影响，需要当面听取当事人和其他相关人员意见，经检察长批准，可以召开听证会。

三、公开听证和不公开听证

一般公开举行听证会的案件有：（1）拟不起诉案件；（2）刑事申诉案件；（3）民事诉讼监督案件；（4）行政诉讼监督案件；（5）公益诉讼案件等。

一般不公开举行听证会的案件有：（1）审查逮捕案件；（2）羁押必要性审查案件；（3）当事人是未成年人的案件等。参加不公开听证的人员应当严格遵守有关保密规定。故意或者过失泄露国家秘密、商业秘密或者办案秘密的，依纪依法追究责任人员的纪律责任和法律责任。

四、听证的法律效力

听证员的意见是检察院依法处理案件的重要参考。拟不采纳听证员多数意见的，应当向检察长报告并获同意后作出决定。检察院充分听取各方意见后，根据已经查明的事实、证据和有关法律规定，能够当场作出决定的，应当由听证会主持人当场宣布决定并说明理由；不能当场作出决定的，应当在听证会后依法作出决定，向当事人宣告、送达，并将作出的决定和理由告知听证员。

第二节　审查起诉阶段召开听证会的必要性与建议

建议检察院根据技术秘密刑事案件的具体案情，决定在审查起诉时是否召开不公开听证会。有如下情况的建议召开：（1）相应保密措施证据真实性和关联性退补未做核查的；（2）有证据证明保密措施是在被指控行为之后采取的；（3）有证据证明涉案技术秘密信息已经被部分披露的；（4）有证据证明权利人要求被许可人的保密期限届满的；（5）有证据证明被指控侵权行为之前嫌疑人已经合法获得技术秘密的；（6）对侵权行为类型与损失认定方法的适配性有重大争议的；（7）鉴定材料或者所依据事实在鉴定意见出具之后提供或发生等。

就上述建议做简要说明如下，本书第二十章“对技术秘密保密措施质疑的核查”列举了需要公安机关特别核查的排除合理怀疑情况，主要有 5 种：一是受害单位是涉案技术秘密共有人之一的，建议核查各共有人所采取的合理保密措施；二是受害单位是制造生产加工方，其作为权利人提出控告的，建议核查其与委托方有关的保密措施；三是有证据显示涉案技术秘密被受害单位或关联公司的培训活动推荐过的，建议核查保密措施及针对性；四是被诉侵权产品载负涉案技术秘密并进入市场流通的，应核查保密措施能否达到应有特殊程度；五是涉案技术秘密信息在形成一段时间以后才采取保密措施的，建议核查是否有相反证据证明该信息已经泄露等。

对上述五种情况核实的结果亦未能排除合理怀疑的，建议通过听证听取参与各方的意见。

关于保密期限届满问题需要听证的理由，参见本书第三十九章“商榷保密期届满被许可人被认定侵权案”。关于侵权行为类型与损失认定方法的适配性问题需要听证的理由，参见本书第三十一章“从音王商业秘密案析刑事司法解释适用”。

第二十二章　审查批捕阶段十种情况要听取辩护律师意见

第一节　检察机关需要听取辩护意见的具体情况

我国《刑事诉讼法》第88条规定，审查批准逮捕时，对是否符合逮捕条件有疑问的，犯罪嫌疑人要求向检察人员当面陈述的，或者侦查活动可能有重大违法行为的，人民检察院应当讯问犯罪嫌疑人。辩护律师提出要求的，应当听取辩护律师的意见。①

《人民检察院刑事诉讼规则》第280条又增加了四种应当讯问犯罪嫌疑人的情形：案情重大、疑难、复杂的，犯罪嫌疑人认罪认罚的，犯罪嫌疑人系未成年人的，犯罪嫌疑人是盲、聋、哑人或者是尚未完全丧失辨认或者控制自己行为能力的精神病人的。② 第281条规定，对有重大影响的案件，可以采取当面听取侦查人员、犯罪嫌疑人及其辩护人等意见的方式进行公开

---

① 《刑事诉讼法》第88条规定，人民检察院审查批准逮捕，可以讯问犯罪嫌疑人；有下列情形之一的，应当讯问犯罪嫌疑人：（1）对是否符合逮捕条件有疑问的；（2）犯罪嫌疑人要求向检察人员当面陈述的；（3）侦查活动可能有重大违法行为的。人民检察院审查批准逮捕，可以询问证人等诉讼参与人，听取辩护律师的意见；辩护律师提出要求的，应当听取辩护律师的意见。

② 《人民检察院刑事诉讼规则》第280条规定，人民检察院办理审查逮捕案件，可以讯问犯罪嫌疑人；具有下列情形之一的，应当讯问犯罪嫌疑人：（1）对是否符合逮捕条件有疑问的；（2）犯罪嫌疑人要求向检察人员当面陈述的；（3）侦查活动可能有重大违法行为的；（4）案情重大、疑难、复杂的；（5）犯罪嫌疑人认罪认罚的；（6）犯罪嫌疑人系未成年人的；（7）犯罪嫌疑人是盲、聋、哑人或者是尚未完全丧失辨认或者控制自己行为能力的精神病人的。讯问未被拘留的犯罪嫌疑人，讯问前应当听取公安机关的意见。办理审查逮捕案件，对被拘留的犯罪嫌疑人不予讯问的，应当送达听取犯罪嫌疑人意见书，由犯罪嫌疑人填写后及时收回审查并附卷。经审查认为应当讯问犯罪嫌疑人的，应当及时讯问。

审查。[①]

本书对听证制度不展开论述，仅就技术秘密刑事案件审查批准逮捕阶段所涉及问题进行讨论。案件中有如下情况的，建议人民检察院听取犯罪嫌疑人及其辩护人意见，并与办案人员做必要的沟通：（1）质疑办案单位已经核实的保密措施证据真实性和质疑保密协议是补签的或者保密措施是在被指控行为之后采取的；（2）质疑有保密制度但未发布或者发布未实际执行，或者嫌疑人离职后才执行的；（3）质疑只有部分共有人采取保密措施其他共有人没有采取保密措施，或者并未与嫌疑人签订保密协议的；（4）质疑为冠标认证或质量管理而实施的制度可能有保密作用，但并非为了保密而采取的；（5）质疑指控侵权行为发生前第三方已经通过合法途径获得，有证据证明部分涉案技术秘密信息可能已经公开披露的；（6）质疑侵权行为发生时保密期限已经届满，有证据证明有的技术许可协议中约定的保密期限已过的；（7）有证据证明被指控侵权行为之前嫌疑人已经从第三方合法获得或者通过反向工程获得涉案技术秘密的；（8）对所指控的侵权行为类型与损失认定方法的适配性有重大争议，对以许可评估价值认定损失提出疑问的；（9）质疑鉴定材料选择错误或者比对对象、比对方法有明确错误，将可能导致鉴定意见结论错误的；（10）质疑电子数据的“哈希值”错误、“H5 值”错误或者提取报告与电子数据明显不符，或者有证据证明电子数据被修改的等。

第二节　核查保密措施、审查批捕与审查起诉听证的密切关联性

本书第二十章中，笔者建议公安机关特别核查与保密措施有关的五个方面，以排除合理怀疑。这与上文提出的在审查逮捕阶段检察机关要听取嫌疑

① 《人民检察院刑事诉讼规则》第 281 条规定，对有重大影响的案件，可以采取当面听取侦查人员、犯罪嫌疑人及其辩护人等意见的方式进行公开审查。

人及辩护律师意见的十种情况密切相关。

案件侦查终结移送起诉，进入检察机关审查起诉阶段。建议检察院应根据技术秘密刑事案件的具体案情决定在审查起诉时是否召开不公开听证会。本书第二十一章《审查起诉阶段听证会的必要性与建议》中，笔者提出了要进行听证的七类情形。

笔者建议公安机关在侦查阶段核查的五个方面、建议在审查逮捕阶段听取嫌疑人及辩护律师意见的十种情况，以及建议在审查起诉阶段检察机关要进行听证的七类情形，是相互关联、密不可分的。在研究、分析与适用时，切忌断章取义。

笔者在调研中了解到，无论是在审查逮捕阶段，还是在审查起诉阶段，检察机关对于技术秘密案件进行听证都有很大的顾虑。一方面，法律、司法解释和规范性文件对此没有强制性要求，举行听证的必要性总是不断被质疑；另一方面，参与听证的人员范围、涉密材料的发放、管理与回收等也没有统一的规范性要求，具体操作起来还存在很多问题。对此，笔者完全能够理解。有观点提出，是否可以考虑用检察机关组织内部专家论证的方式，针对上述情形进行深入分析、讨论，在此基础上审慎地作出决定？当前情况下，这确实不失为一个较为稳妥的办法，现结合实务存在的具体情况提出如下问题，希望能够引起注意：

1. 关于保密措施。实践中常出现一些情况，比如，嫌疑人抗辩并提交证据显示，在被指控侵权行为发生时，被侵权产品已经进入市场流通，涉案技术秘密的部分或全部信息载负其上，已要求办案单位补充侦查受害单位或相关权利人是否采取特殊措施有效对抗第三人通过反向工程获得的；又如，嫌疑人抗辩并提交证据显示，刑事控告立案后受害单位要求与其合作单位倒签《保密协议》或者补签《保密协议》约定效力回溯既往的，已要求办案单位补充侦查抗辩证据“三性”的。对此类情况，未补充侦查或没有结果的，检察机关组织专家进行（内部）论证并在此基础上作出处理决定，相比较而言要比启动不公开听证程序更为有效且减少较多工作安排。

2. 关于鉴定意见。实践中常出现一些情况，比如，嫌疑人抗辩并提出证据证明，非公知性鉴定意见中属于不为公众所知悉的技术信息，在确定的查新日之前部分内容已经被披露，要求办案单位补充侦查证据“三性”，要求鉴定机构书面回复意见，对此补充侦查未果的；又如，在审查起诉阶段甚至早在审查逮捕阶段，已经发现鉴定意见所依据事实或鉴定材料是在该鉴定报告出具之后产生的，补充侦查后未查清不能排除合理怀疑的。针对这些情形，在当前情况下检察机关采取内部专家论证的方式也是较为可取的。

检察机关以内部专家论证的方式处理上述情形，所形成的专家意见或技术论证报告有重要的参考价值，需要认真研究对待，但建议不要在法律文书中体现，也不要出现在审判活动中。

第二十三章　受害单位技术专家的重要作用

第一节　技术专家团队有三个方面的重要作用

受害单位在提起技术秘密刑事控告前需完成搜集证明其合法持有涉案技术秘密载体的证据材料并撰写涉案技术秘密点，与鉴定机构沟通并提供涉案技术检材进行非公知性鉴定等工作。

立案后进入侦查阶段，技术专家要帮助办案单位理解涉案技术，配合办案单位审查秘密点的真实性及与载体的对应关系。办案单位在此基础上还需进一步完成一系列工作，包括：委托鉴定机构对涉案技术秘密点的非公知性进行鉴定；核查受害单位对涉案技术信息的保密措施；判断涉案技术信息属于商业秘密且受害单位有权提起刑事控告；搜集犯罪嫌疑人（单位）以不正当手段获取、披露或使用受害单位技术信息的证据；委托鉴定机构鉴定以不正当手段获取、披露或使用的技术信息与受害单位主张的涉案技术秘密点的同一性；等等。在这些工作中，受害单位的技术专家（团队）提供的工作支持及发挥的作用，是非常重要的。

本节从实务经验出发，从权利基础证据确定、协助指控证明犯罪事实和排除合理怀疑三个方面阐述受害单位技术专家可以承担的工作内容，希望能够引起重视，以准备得更充分。

一、权利基础证据确定

权利基础证据确定应注意秘点撰写和载体的对应做到明确、具体、真实。具体环节及要素包括：（1）确定技术专家团队；（2）技术背景、技术问题、解决途径手段、技术方案提炼；（3）载体确定：电子数据提取，图纸复制，代码；（4）载体文件产生时间在犯罪行为实施前；（5）载体上标注秘点，确定一致性：错误纠正，生产使用与载体信息不一致。

二、协助指控证明犯罪事实

协助指控证明犯罪事实的工作内容包括：（1）嫌疑人对已完成秘点和鉴定意见提出了质疑，技术专家给出合理判断；（2）制作问询提纲；（3）证明非法获取/非法使用的犯罪行为：获取方式、移交对象、过程，电子数据存储、流转情况；（4）与鉴定检材作一致性比对，给出鉴定方案。

三、排除合理怀疑

排除合理怀疑的工作内容包括：（1）对嫌疑人提出问题进行分析判断，即合法来源；（2）确定本领域常规设计（容易获得）；（3）判断主张技术秘密满足采购主体的要求；（4）判断侵权证据中设计、参数、规格、使用等与权利载体不同的原因。

在技术秘密刑事案件中，部分办案单位为避嫌不愿与受害单位技术专家联系担心在专业问题上被误导，为了不被“诟病”只与己方聘请的第三方专家沟通。据了解，在审查起诉阶段不少地区也存在这种情况。办案单位或检察机关产生这些顾虑虽然可以理解，但是事实证明如果仅依靠所谓第三方专家力量能够输出的工作成果是极其有限的，没有受害单位技术专家的支持与配合，案件的侦办是极其困难的。

第二节　有效发挥技术专家作用的方法与注意事项

从工作感受的角度讲，正常情况下没有谁能够比受害单位的技术专家更了解涉案技术秘密和被侵权产品。要在权利基础证据确定、协助指控证明犯罪事实和排除合理怀疑三个方面发挥好受害单位技术专家的技能和作用。为此要提前做好两个方面的工作：

一是受害单位高层领导要高度重视。安排并落实技术专家的配合工作，要上升到公司决策层。真正对涉案技术最为了解的技术专家可能已经是受害单位的核心技术人员甚至是首席技术官，无论是在科研还是在管理方面事情都非常多。在技术方面支持与配合本案应当确定为其当期的工作任务并被考核，避免出现只是闲暇时间光顾一下，零散空余时间偶尔过问两次的情况，否则案件的工作质量难以得到保证，会出问题。

二是法律专家与技术专家团队沟通顺畅。要求受害单位要组建技术专家团队并做好分工。负责该项目的法律专家经验要丰富，要清楚需要解决的技术问题，消化理解技术问题后与技术专家团队共同商定工作方法，共同执行工作任务并复检工作成果。沟通必须保持通畅，否则会有反复、会“夹生”、会走弯路，甚至在方向上会出现严重的错误，需要调整、补漏洞，付出很大的成本。

在做好上述工作的基础上建议做好如下几个方面的工作，以有效地消除办案单位和检察机关等各方的顾虑：

（1）明确受害单位技术专家的具体工作任务，如提供证明秘密点真实性的载体文件，比如在载体文件上标注秘密点的技术特征，比如提取秘密点载体文件的电子数据等；建议办案单位、检察机关与技术专家做好沟通，把任务讲清楚，确定技术专家听明白，并讨论输出该工作任务的成果以何种形式体现，是否有可供核验的证据文件等。

（2）确定受害单位技术专家的具体工作方法，如以提取电子数据环境信息、属性信息和系统日志的方法，证明嫌疑人离职前接触涉案技术秘密载体的事实等；办案单位、检察机关在了解技术专家的工作方法或证明方法的基础上，核查其真实性和有效性更为便捷，更具有可操作性。

（3）限定受害单位技术专家的具体工作范围，如应禁止直接接触公安机关网监部门镜像的犯罪嫌疑人手机或电脑硬盘，以避免嫌疑单位的技术秘密信息被受害单位获取等。办案单位、检察机关可以请技术专家提供用于发现或证明犯罪的方法或工具，比如检索关键词、验证数据等。

（4）强化受害单位技术专家的具体工作要求，如明确不允许复制的文件、不允许使用的工具、不允许外发的信息、不允许进入的环境，建议办案单位、检察机关在技术专家参与讨论、交接文件、提供意见和答复问询等方面明确行为规范标准并做好工作留痕等。

第二十四章　技术秘密刑事附带民事诉讼

第一节　商业秘密罪刑附民的法律适用与探索

一、商业秘密罪刑事附带民事诉讼的法律规定

根据《刑事诉讼法》第101条[①]和《刑诉法解释》第175条的规定[②]，被害人的财物被犯罪分子毁坏而遭受物质损失的，有权在刑事诉讼过程中提起附带民事诉讼。2000年12月至2015年1月，最高人民法院[③]将物质损失严格限定为被害人因犯罪行为已经遭受的实际损失和必然遭受的损失。

多地法院公开发布的指导意见和专题解答[④]认为知识产权案件不适用刑

---

① 《刑事诉讼法》第101条规定，被害人由于被告人的犯罪行为而遭受物质损失的，在刑事诉讼过程中，有权提起附带民事诉讼。被害人死亡或者丧失行为能力的，被害人的法定代理人、近亲属有权提起附带民事诉讼。

如果是国家财产、集体财产遭受损失的，人民检察院在提起公诉的时候，可以提起附带民事诉讼。

② 《刑诉法解释》第175条规定，被害人因人身权利受到犯罪侵犯或者财物被犯罪分子毁坏而遭受物质损失的，有权在刑事诉讼过程中提起附带民事诉讼；被害人死亡或者丧失行为能力的，其法定代理人、近亲属有权提起附带民事诉讼。

因受到犯罪侵犯，提起附带民事诉讼或者单独提起民事诉讼要求赔偿精神损失的，人民法院一般不予受理。

③ 参见《刑事附带民事诉讼范围规定》（2000年12月19日实施，2015年1月19日废止）第2条规定，物质损失是指被害人因犯罪行为已经遭受的实际损失和必然遭受的损失。

④ 参见浙江省高级人民法院刑事审判第二庭《关于审理侵犯知识产权刑事案件若干问题的解答》（2016年12月7日发布），北京市高级人民法院《关于印发〈北京市高级人民法院关于审理刑事附带民事诉讼案件若干问题的解答（试行）〉的通知》（京高法发〔2009〕226号），广东省高级人民法院《关于印发〈广东省高级人民法院关于审理刑事附带民事诉讼案件若干问题的指导意见（试行）〉的通知》（粤高法发〔2008〕36号）。

事附带民事诉讼，原因在于此类案件既无关人身权利侵犯，也不存在有形财物被犯罪分子毁坏的情形。

根据《民法典》第123条的规定①，商业秘密是一种知识产权，属无形资产。权利人的商业秘密被犯罪分子窃取、披露、使用或因公开披露而导致为公众所知悉是否属于"财物被毁坏而遭受物质损失"，一直是商业秘密刑事诉讼过程中能否提起附带民事诉讼的争议焦点。学界有观点认为，"物质损失"可以扩张解释为物理毁损或者是价值贬损，也有学者认为只应当对直接侵害商业秘密的行为人或其共同侵权（犯罪）人提起附带民事诉讼②。

公开案例显示，各地法院对刑事附带民事诉讼在不同历史时期的处理方式是有变化的，对商业秘密刑事诉讼中是否可以附带民事诉讼的意见尚未统一。详见本章第二节第三部分"已有刑事附带民事案例调研情况的说明"。

二、商业秘密刑事附带民事诉讼的有益探索

2021年开始，检法系统做了有益探索并为积极推进侵犯商业秘密犯罪刑事附带民事诉讼，发布出台了相关规定、报告等。

（1）江苏省高级人民法院③提出，"在侵犯商业秘密犯罪刑事自诉、公诉案件中，探索引导自诉人或者被害人及时提起刑事附带民事诉讼，一并解决民事赔偿问题"。

（2）四川省人民检察院报告④提出，"各试点市、区（县）级检察院以做好做实知识产权检察工作为目标，创新工作机制，在涉知识产权刑事案件

---

① 《民法典》第123条规定，民事主体依法享有知识产权。

知识产权是权利人依法就下列客体享有的专有的权利：（1）作品；（2）发明、实用新型、外观设计；（3）商标；（4）地理标志；（5）商业秘密；（6）集成电路布图设计；（7）植物新品种；（8）法律规定的其他客体。

② 参见陈灿平：《商业秘密类刑民交错案件难点问题研究》，载《天津大学学报（社会科学版）》2021年第4期。上海交通大学凯原法学院教授林喜芬认为，《刑法》中规定的"经济损失"以及《刑事诉讼法》中规定的"物质损失"，可以扩张解释为物理毁损或者是价值贬损。学者陈灿平认为，只应当对直接侵害商业秘密的行为人或其共同侵权（犯罪）人提起附带民事诉讼。

③ 参见2021年江苏省高级人民法院修订的《侵犯商业秘密民事纠纷案件审理指南》。

④ 参见四川省人民检察院发布的《四川省检察机关2019年－2020年知识产权保护工作情况报告》。

提级管辖、跨区域集中统一管辖、刑事附带民事诉讼、刑事和解、行政非诉执行监督以及建立跨区域、跨部门合作等方面积极探索”。

(3)《检察日报》所载郑新俭同志报告指出，“全面推行侵犯知识产权刑事案件权利人诉讼权利义务告知工作，探索推进认罪认罚赔偿权利人损失、刑事附带民事诉讼、不起诉案件移送行政处罚等工作，依法维护被害人合法权益”①。

第二节　积极探索审慎受理附带民事诉讼

商业秘密刑事保护的时间成本和经济成本是巨大的，积极探索商业秘密刑事附带民事诉讼具有积极意义。允许或者接受附带民事诉讼，必须兼顾刑事案件和民事赔偿的共同进度，妥善处理好效率和成本的关系。

一、受理刑事附带民事诉讼要考虑的问题

建议人民法院在受理附带民事诉讼时要充分考虑如下问题：

(1) 涉案商业秘密权属是否清晰，是属于被害单位所有还是被害单位为独占（独家）被许可人；

(2) 公诉机关指控的犯罪行为类型是简单清楚的还是疑难复杂的，比如非法使用相对于非法获取和非法披露要复杂得多，又如个人犯罪要比单位犯罪和共同犯罪简单；

(3) 认定损失的计算方法无争议，比如指控的犯罪行为不是以不正当手段获取涉案技术秘密的，如果以合理许可评估价值认定损失就会有争议；

(4) 犯罪嫌疑人认罪认罚具体情况对解决赔偿问题是否能够发挥积极作用，比如共同犯罪中只有部分犯罪嫌疑人认罪认罚，又如犯罪嫌疑单位或者法定代表人、实际控制人另案处理的等。

① 最高人民检察院第四检察厅厅长、知识产权检察办公室主任郑新俭：《发挥检察职能作用　提升知识产权保护整体效能》，载《检察日报》2021年4月26日，第3版。

在上述分析的基础上，建议人民法院审查决定受理附带民事诉讼前正式征求公诉机关的意见。

二、不宜接受刑事附带民事诉讼的几种情况

对于以下三类案件建议不宜接受或者要特别慎重审查受理附带民事诉讼：

（1）共同犯罪中，犯罪嫌疑单位或者主要犯罪嫌疑人另案处理，或者因在逃等原因尚未归案，检察机关未在本案中一并提起公诉的；

（2）单位非法获取、非法使用商业秘密犯罪案件中，仅对单位犯罪的主管人员或直接责任人员提起公诉的；

（3）被害单位仅为涉案商业秘密普通被许可人的，即便涉案商业秘密的所有权人已经授权被害单位提起附带民事诉讼，也要审慎判断或不予受理。

三、已有刑事附带民事案例调研情况的说明

通过“威科先行”、“北大法宝”、微信公众号以及互联网等途径，共检索出 19 个商业秘密刑事附带民事诉讼案例，除部分案件未披露详细信息外，在《刑事附带民事诉讼范围规定》实施之前（2000 年 12 月 19 日之前）检索出的 3 个案例全部支持刑事附带民事诉讼。

在《知识产权刑事解释》实施后（2004 年 12 月 22 日之后）、《刑事附带民事诉讼范围规定》失效前（2015 年 1 月 19 日之前），有 3 个案例支持刑事附带民事诉讼，2 个案例未支持，1 个案例一审支持，二审撤销了刑事附带民事赔偿。

在《刑事附带民事诉讼范围规定》失效后（2015 年 1 月 19 日之后）至今有 2 个案例支持，1 个案例因刑事自诉不予受理未支持，1 个案例双方就附带民事赔偿达成调解。

第二十五章　技术秘密鉴定和评估的费用承担与资质问题

在技术秘密刑事案件侦查阶段，办案单位视案件情况需要，一般会委托鉴定机构对涉案技术信息进行非公知性鉴定和同一性鉴定，聘请评估机构进行损失评估或许可费的价值评估等。本章探讨技术秘密的鉴定机构是否有特定资质要求和鉴定费的支付等具体问题，以澄清误解并提供相应的建议和意见。

第一节　鉴定和评估应允许委托机构与付费主体分离

一、技术秘密委托鉴定的法律规定

《刑事诉讼法》第 146 条规定，为了查明案情，需要解决案件中某些专门性问题的时候，应当指派、聘请有专门知识的人进行鉴定。《刑诉法解释》第 98 条规定，鉴定机构和鉴定人不具备法定资质，或者鉴定事项超出该鉴定机构业务范围、技术条件，或者不具有相关专业技术或职称，或者违反回避规定，或者鉴定程序违反规定的，不得作为定案的根据。

《公安机关办理刑事案件程序规定》（2020 年修正）第 248 条第 2 款规定，需要聘请有专门知识的人进行鉴定的，应当经县级以上公安机关负责人批准后，制作鉴定聘请书。《公安机关鉴定规则》第 19 条规定，委托鉴定单位应当向鉴定机构提交鉴定委托书，并指派熟悉案（事）件情况的两名办案人员送检。

二、鉴定费与评估费支付存在的问题与建议

实务中委托鉴定费用的支付普遍存在两类问题：(1）办案单位预算有限无力支付；(2）办案单位有预算但需要履行招投标和审批程序，无法在采取强制措施前，或者提请逮捕期限内获得《鉴定意见书》。

这对案件的侦办进度造成了严重的不利影响。为此，在不违反法律规定前提下提出以下解决方案，即由办案单位、鉴定机构和受害单位签署三方合同，办案单位作为委托鉴定的委托方，出具鉴定聘请书，与鉴定机构沟通鉴定事项并提供鉴定检材；受害单位作为鉴定费的付款方；鉴定机构向受害单位（付款方）开具发票，向办案单位（委托方）出具《鉴定意见书》。

实务中，对该建议也有反对意见，主要体现为：(1）办案单位的法制部门或者常年法律顾问律师审查未通过，理由是没有这样的程序规定；(2）鉴定机构向受害单位收取鉴定费用，会被质疑其鉴定意见会受此影响；(3）在立案前受害单位曾单方委托过该鉴定机构出具鉴定意见，对涉案技术有过交流和接触也会受到影响；(4）同级检察机关对这种方式是否可行不表态，办案单位领导有顾虑不批准等。

这些问题虽然不大但很关键，需要及时解决，为此建议：(1）立案前受害单位与立案后办案单位委托同一鉴定机构的，已经参与鉴定工作的鉴定人应当回避；当然立案后办案单位委托不同的鉴定机构进行鉴定也是一种方案，但是成本太高、效果不好，从实际情况看更换鉴定专家还必须更换鉴定机构似乎并没有太大必要。(2）期盼省检察院和省公安厅能够尽早达成共识，当然省级公检法系统就与此有关的问题能形成会议纪要或工作文件以指导基层刑事执法工作，效果会更好。(3）建议在采取强制措施前、提请批捕中和审查起诉各环节对鉴定意见均进行实质审查，以最大限度地消除因受害单位支付鉴定费用而质疑鉴定意见发生实质作用的可能性。

客观地讲，对于鉴定意见的质证与审查，《刑事诉讼法》及解释均有明确的规定，司法实践中经验也比较丰富，实务中纯粹只是因为受害单位支付鉴定费致使鉴定意见不能作为定案依据的情况比较鲜见。

第二节　鉴定与评估机构不需要司法行政登记管理的法定资质

实践中有观点认为技术秘密鉴定机构和损失评估或合理许可费评估机构应当具备从事司法行政登记管理鉴定业务的法定资质，并按照“年度审核”“动态管理”的原则经过最高人民法院或省高级人民法院年检，否则依据《刑诉法解释》第98条的规定，鉴定机构和鉴定人不具备法定资质，不得作为定案的根据。该观点没有法律依据，对相关规定的理解有误。在不同案件、不同场合和不同文章中，常会见到这种观点，确有回应和说明之必要。

首先，法律文件规定，只有法医类、物证类、声像资料和环境损害四类鉴定（以下简称四类鉴定）由司法行政部门统一登记管理，其他鉴定事项不属于司法行政部门统一登记管理范围。

《司法鉴定的决定》第2条规定，司法行政管理部门对法医类、物证类、声像资料和根据诉讼需要由司法部商最高人民法院、最高人民检察院确定的鉴定事项进行登记管理。2015年，经司法部商最高人民法院、最高人民检察院同意，将环境损害司法鉴定纳入司法行政部门统一登记管理范围。至此，只有四类鉴定由司法行政部门统一登记管理，其他鉴定事项不属于司法行政部门统一登记管理范围。

其次，地方司法行政管理部门突破法律授权，对四类鉴定外鉴定事项进行登记造成鉴定管理混乱，立法、司法和行政机关在依法纠正，对错误登记的坚决注销登记。

最高人民法院在鉴定机构进北京法院专业机构名册的相关回复中对此也做了说明[①]：实践中，一些地方司法行政管理部门突破法律授权，对四类鉴定外鉴定事项进行登记，造成鉴定管理混乱。

---

① 参见最高人民法院办公厅《关于北京市司法局就登记管理的鉴定机构均进入北京法院专业机构名册意见的复函》。

全国人大常委会法工委在《关于2018年备案审查工作情况的报告》中指出：根据公民审查建议，全国人大常委会法工委已向司法部发函，建议其督促地方司法行政部门立即停止办理四类鉴定外鉴定机构鉴定人登记管理。

2018年12月5日，司法部办公厅发布了《关于严格依法做好司法鉴定人和司法鉴定机构登记工作的通知》，要求“各级司法行政机关要进一步强化法律意识和责任意识……认真贯彻落实《决定》”“坚定不移推进‘四类外’鉴定人和鉴定机构规范整改工作对于没有法律依据，拟申请从事‘四类外’司法鉴定业务的有关人员、法人和其他组织，司法行政机关一律不予准入登记……对已登记的‘四类外’鉴定机构中所从事的司法鉴定业务确属‘四大类’鉴定事项的，要依法变更登记”等。

第二十六章　技术秘密民案先起刑事立案不应受其影响

第一节　先刑后民和先民后刑均无法律依据

囿于技术秘密商业化的巨大利益，侵权方通常不会因为被判民事侵权就停止侵权行为。此类侵权行为如达到《刑法》第 219 条规定的“情节严重”程度，权利人可继续采取刑事控告的方式打击犯罪行为，通过刑事手段打击扰乱市场秩序的犯罪行为，达到重获公平市场秩序的目的。有观点认为法院已受理技术秘密民事侵权纠纷，就同一技术秘密侵权行为提出刑事控告的，不论法院是否就民事诉讼作出判决，公安机关均不予立案。本书结合新近相关规定和案例讨论这一问题，以期达成共识。

2020 年 9 月 12 日生效的《商业秘密民事案件若干规定》第 25 条规定，当事人以涉及同一被诉侵犯商业秘密行为的刑事案件尚未审结为由，请求中止审理侵犯商业秘密民事案件，人民法院在听取当事人意见后认为必须以该刑事案件的审理结果为依据的，应予支持。据此规定，很显然法院经审查认为民事案件不是必须以刑事案件的审理结果为依据的，可以继续审理民事案件，不受刑事案件侦办进度的影响。

针对同一商业秘密侵权行为可以同时发起民事诉讼和刑事控告并无争议，但民刑交叉时应该“先刑后民”还是“先民后刑”存在分歧。有观点认为，“造成商业秘密所有人权利受损失的以民事救济为主，对违反《劳动合同法》或者《反不正当竞争法》等法律规定的予以行政处罚，对于严重侵犯商业秘密权、造成严重后果且危及社会整体科技创新和诚信创业激励机制的再由刑法进行规制”①。也有观点认为，“一般来说，在同一案件同时涉及刑事与民事两个诉讼时，采取的是刑事诉讼程序优先原则。在少数情况下，也可以甚至应当采取民事程序优先的做法”②。还有学者认为，商业秘密案件“先刑后民”存在违背案件审理逻辑、法院审理级别错位、容易产生商业秘密二次泄密和假借公权力破坏市场秩序的问题，“先民后刑”的优势在于有助于解决法院层级管辖冲突、解决诉讼中商业秘密二次泄密的问题和减少司法资源浪费。贯彻“先民后刑”的处理方式是商业秘密刑民交叉案件的出路。③

持“刑事优先”或“先刑后民”观点的主要依据为最高人民法院《关于在审理经济纠纷案件中涉及经济犯罪嫌疑若干问题的规定》。该规定于 1998 年 4 月 21 日发布，2020 年 12 月 29 日修正。其第 11 条、第 12 条规定，人民法院作为经济纠纷受理或已经立案审理的案件，经审理认为不属经济纠纷案件而有经济犯罪嫌疑的，应当裁定驳回起诉或退还案件受理费，将有关材料移送公安机关或检察机关。④ 以此为直接依据，持上述观点的学者主张与商业秘密纠纷有关的案件，也应参照该规定处理。

上述观点争议很大，主要原因是对于商业秘密侵权纠纷是不是必然属于经济纠纷就有完全不同的观点，比如将原单位的技术秘密方案申请专利公开的，以非法披露技术秘密为由主张专利权或者专利申请权归原单位并赔偿经济损失的案件，就无法确定是经济纠纷还是与经济犯罪有关。本书认为，在 2022 年 5 月 15 日以后，不应再将商业秘密纠纷所涉及犯罪定性为经济犯罪行为，希望也应该能够达成共识。现分述如下：

---

① 莫洪宪、刘峰江：《法益转向：商业秘密私权确立之刑事应对》，载《电子知识产权》2018 年第 7 期。

② 张明楷：《程序上的民刑关系》，载《人民法院报》2006 年 5 月 24 日，第 B1 版。

③ 参见冯晓青、涂靖：《商业秘密案件民刑交叉问题研究》，载《河南大学学报（社会科学版）》2020 年第 6 期。

④ 最高人民法院《关于在审理经济纠纷案件中涉及经济犯罪嫌疑若干问题的规定》第 11 条规定，人民法院作为经济纠纷受理的案件，经审理认为不属经济纠纷案件而有经济犯罪嫌疑的，应当裁定驳回起诉，将有关材料移送公安机关或检察机关。第 12 条规定，人民法院已立案审理的经济纠纷案件，公安机关或检察机关认为有经济犯罪嫌疑，并说明理由附有关材料函告受理该案的人民法院的，有关人民法院应当认真审查。经过审查，认为确有经济犯罪嫌疑的，应当将案件移送公安机关或检察机关，并书面通知当事人，退还案件受理费；如认为确属经济纠纷案件，应当依法继续审理，并将结果函告有关公安机关或检察机关。

长期以来打击知识产权犯罪是公安部经侦局（二局）的职责范围；2010年5月7日发布实施的《公安机关管辖刑事案件立案追诉标准（二）》第73条对侵犯商业秘密罪作了规定，明确指出，为及时、准确打击经济犯罪而制定，各级公安机关应当依照此规定立案侦查，各级检察机关应当依照此规定审查批捕、审查起诉。①

2020年9月17日，《侵犯商业秘密案件立案追诉标准》发布生效。该标准修改了2010年《公安机关管辖刑事案件立案追诉标准（二）》第73条，在调整并细化追诉标准的同时，也明确了修改目的："为依法惩治侵犯商业秘密犯罪，加大对知识产权的刑事司法保护力度，维护社会主义市场经济秩序"等，已不再表述为"为及时、准确打击经济犯罪"而制定。

机构改革后，打击知识产权犯罪归公安部食品药品犯罪侦查局（七局）管辖，已经不再是二局的职责。

为适应新时期打击经济犯罪案件工作需要，服务保障经济社会高质量发展，最高人民检察院、公安部对《公安机关管辖刑事案件立案追诉标准（二）》进行了修改并于2022年5月15日生效。修改的内容之一是，删除了2010年《公安机关管辖刑事案件立案追诉标准（二）》第73条，即将侵犯商业秘密罪从2022年《公安机关管辖刑事案件立案追诉标准（二）》中删除。此后，侵犯商业秘密罪仅依据《侵犯商业秘密案件立案追诉标准》立案追诉。

据此，笔者认为以后不应再将侵犯商业秘密罪归类为经济犯罪。

第二节　刑事立案不应受是否提起民事诉讼的影响

《刑法》第219条关于侵犯商业秘密罪的构成要件及行为类型与《反不

① 《公安机关管辖刑事案件立案追诉标准（二）》（2010年）第73条规定，侵犯商业秘密，涉嫌下列情形之一的，应予立案追诉：（1）给商业秘密权利人造成损失数额在50万元以上的；（2）因侵犯商业秘密违法所得数额在50万元以上的；（3）致使商业秘密权利人破产的；（4）其他给商业秘密权利人造成重大损失的情形。

正当竞争法》的规定完全相同，只是该侵权行为需达到“情节严重”才构成侵犯商业秘密罪。两者虽有关联，但同一商业秘密侵权行为引发的民事诉讼和刑事控告，在所保护的法益、证明的标准和证据采用的规定等方面有着重大的差异。最高人民法院在香兰素技术秘密侵权案二审判决书中也明确写道，“本案被诉侵权行为已涉嫌侵犯商业秘密犯罪，本院将依法将相关线索移送公安机关处理”。详见本书第三十章“侵犯商业秘密法定代表人承担连带赔偿责任”。一方面，最高人民法院并不认为技术秘密民事救济与刑事打击是替代关系；另一方面，公安机关并不必然认为最高人民法院移送的线索必定立案。据了解，公安机关曾就该案涉案的技术秘密侵权行为立案侦查过。笔者认为，公安机关在收到最高人民法院移送的线索后，或者受害单位依据技术秘密侵权生效判决提出刑事控告的，应当受理并依法审查决定是否立案侦查，审查的依据依然是《侵犯商业秘密案件立案追诉标准》。

综上所述，公安机关在接到技术秘密刑事控告后，仅以有在先民事诉讼为由不予立案，或者在立案后发现民事案件正在审理中要求受害单位撤回诉讼，或者要求向受理法院申请裁定中止审理的，都是没有法律依据的。笔者在调研中也了解到，在技术秘密刑事问题上，持“有在先民事诉讼刑事控告不予立案”观点，在公安、检察等基层刑事执法机关的工作人员中还是比较常见的，通常所表述的理由是刑法“谦抑原则”或者“能够通过民事、行政、调解处理的纠纷就不要启动刑事程序”，或者“刑事公器”要用在打击重大的犯罪行为上等。很少有以不符合法律要件为由持上述观点的，从了解和分析当前技术秘密保护刑事执法政策的角度看，确有必要认真研究及时做出必要的调整。

下篇

2021年度商业秘密案例评析

2021年，最高人民法院《关于审理侵害知识产权民事案件适用惩罚性赔偿的解释》、《北京市高级人民法院知识产权民事诉讼证据规则指引》、《北京知识产权法院侵犯商业秘密民事案件诉讼举证参考》和《江苏省高级人民法院侵犯商业秘密民事纠纷案件审理指南（修订版）》等相继出台。

一批有影响的商业秘密民（刑）事案件引起关注。本书下篇选择了2021年度作出的若干商业秘密生效裁决做解读和评析，在找出问题的同时分析成因，提出意见和建议，以期对理论、实务发挥应有的作用。

本书对2021年度商业秘密案例的评析，也是上篇和中篇研究成果论证引述的内容和基础。

第二十七章　员工携密跳槽不正当手段认定对定罪的影响

第一节　博威公司刑案中的不正当手段

宁波博威合金材料股份有限公司（以下简称博威公司）成立于1994年，主营有色合金材料等产品的设计、开发、制造、销售。通过多年的探索和创新，自主研发形成了11项铜合金技术，并将这些技术作为企业的商业秘密进行保护。被告浙江某材料有限公司（以下简称浙江某公司）（另案处理）成立于2019年3月，为了减少研发成本投入、快速投产高产能的铜合金项目，通过高薪利诱的方式，先后招募博威公司的核心管理人员翁某某，技术人员王某某、苏某、黄某、刘某和廖某（后4人另案处理）等6人入职该公司，组建铜合金高强项目组。上述6人分工配合，将在博威公司接触掌握的技术资料擅自带出，通过不正当手段相互复制、使用、共享博威公司的技术信息，在浙江某公司启动了铜合金项目的论证、可行性研究报告的拟定、生产线布局规划、设备考察等筹备工作，完成了项目的可行性报告。其间，翁某某担任浙江某公司总裁，负责项目组总体工作，王某某担任项目组组长，组织领导廖某等4人开展相关工作。经评估，博威公司所主张的各项铜合金技术许可价值合计1.69亿余元。就以上信息，鉴定机构分别出具了涉案的11项技术属于不为公众所知悉的技术信息、各犯罪嫌疑人被扣押的电子数据中的技术信息与博威公司的技术信息具有同一性、涉案11项技术的许可价值为1.69亿余元的鉴定意见。

一审法院认为翁某某和王某某伙同他人，以不正当手段获取权利人的商业秘密，造成特别严重的后果，行为均构成侵犯商业秘密罪，并认定翁某某和王某某在共同犯罪中起主要作用，系主犯，二人分别被判处4年2个月和3年6个月有期徒刑，并处罚金。翁某某不服一审判决，提起上诉，请求认定本案属于单位犯罪，其在共同犯罪中仅为从犯。

二审未开庭审理，裁定驳回上诉，维持原判。

第二节 利诱携密员工非法获取技术秘密的认定

本案系新单位通过高薪利诱竞争对手高级管理人员和技术人员带走原单位技术秘密的典型案例。该类行为应该适用《刑事司法解释（三）》第5条第1款第1项[①]还是第3项[②]来认定损失，存在争议。

如果认定为以不正当手段获取权利人的商业秘密后使用或允许他人使用，则可以根据该项商业秘密的合理许可费确定损失数额；如果认定为员工违反约定披露、使用其所掌握的商业秘密，损失数额只能根据权利人因被侵权造成销售利润的损失确定，如果侵权方的侵权产品尚未产生销售利润，则将因损失数额达不到起刑点而无法定罪。

本案一审、二审判决均认定各被告人是以不正当手段获取权利人的商业秘密，主要理由为王某某及同案犯在博威公司工作期间虽然工作内容与涉案密点相关，但不接触、掌握具体信息。王某某等人主要是通过非法相互复制、拷贝等方式获取的涉案密点的技术信息，故认定为属于以不正当手段获取了涉案技术秘密。以上事实主要通过查明并比对各被告人在博威公司的任职情况、岗位触密情况、扣押的各被告人电子数据和浙江某公司使用涉案技术信息的文件得出的结论。

通过比对岗位职责范围内公司允许接触到的技术信息、员工离职时交接

---

① 《刑事司法解释（三）》第5条第1款第1项规定，以不正当手段获取权利人的商业秘密，尚未披露、使用或者允许他人使用的，损失数额可以根据该项商业秘密的合理许可使用费确定。

② 《刑事司法解释（三）》第5条第1款第3项规定，违反约定、权利人有关保守商业秘密的要求，披露、使用或者允许他人使用其所掌握的商业秘密的，损失数额可以根据权利人因被侵权造成销售利润的损失确定。

给公司的技术信息和员工带到新单位使用的技术信息，来厘清员工不被允许接触的是哪些技术信息，从而将这一部分技术信息的获取定性为“以不正当手段获取”，固然是一种理想状态下的证明方法。但实践中囿于公司的管理水平或具体项目安排等原因存在员工实际工作中也“事实”上接触到了其岗位职责以外的技术信息的情况，此种情形下用前述证明方法可能无法得出前述结论。

可是，无论前员工带出的是否是其职责范围内允许接触到的技术信息，只要其接受了新单位（或他人）的利诱，为了达到新单位（或他人）非法获取其掌握的技术秘密的目的，而实施将技术秘密信息带到或者交付给新单位（或他人）持有、控制的行为，就构成以不正当手段获取技术秘密犯罪。该员工与新单位（或他人）是共同犯罪。此种情况下可以适用《刑事司法解释（三)》第5条第1款第1项，根据该项商业秘密的合理许可费用确定损失数额。值得注意的是，该员工以非法获取技术秘密共犯定罪，明知新单位（或他人）以非法获取技术秘密为目的而接受利诱的证据要充分包括主观和客观方面的证据。由于本案新单位（或法定代表人）是另案处理的，新单位（或他人）与该员工有共同犯意的证据，也应是案件在侦查、审查起诉阶段与一审、二审各阶段证据核查的重中之重。很显然，新单位（或他人）与该员工共同犯罪在同案中审理并判决是应该的，而将新单位（或他人）另案处理其原因不明不便猜测。期待司法机关对本案中新单位（或他人）侵犯商业秘密罪的处理结果。

第二十八章　技术秘密案件中的贡献率

第一节　“天赐诉纽曼案”顶格适用惩罚性赔偿

广州天赐高新材料股份有限公司（以下简称广州天赐公司）、九江天赐高新材料有限公司（以下简称九江天赐公司）主张华某、刘某、安徽纽曼精细化工有限公司（以下简称安徽纽曼公司）等七被告侵害其“卡波”制造工艺技术秘密，请求判令七被告停止侵权，共同赔偿经济损失 7000 万元及维权费用 98 万元并赔礼道歉以消除影响。广州天赐公司、九江天赐公司（以下简称两天赐公司）认为，安徽纽曼公司未经许可使用其技术秘密；华某作为广州天赐公司卡波研发负责人，将其掌握的卡波配方及通过不正当手段获取的工业、流程、设备的技术秘密披露给安徽纽曼公司使用；刘某作为安徽纽曼公司股东和法定代表人，与华某合谋窃取技术秘密；吴某等四人为上述侵权行为提供帮助，共同侵害了两天赐公司的技术秘密。

广州知识产权法院于 2019 年 7 月 19 日作出了一审判决，认定两天赐公司主张的卡波工艺、流程、设备的技术信息构成技术秘密，而卡波配方不构成技术秘密。认定华某、刘某、安徽纽曼公司、胡某和朱某构成共同侵权，承担赔偿责任。认定安徽纽曼公司以侵权为业，按照其销售利润（毛利润[①]）计算赔偿数额。认定安徽纽曼公司及华某、刘某等人恶意侵权且情节严重，确定 2.5 倍惩罚性赔偿，判决安徽纽曼公司赔偿两天赐公司经济损失 3000 万元及合理开支 40 万元，华某、刘某、胡某、朱某对前述赔偿数额分别在 500

① 本案无法查明安徽纽曼公司的毛利率，故以九江天赐公司的毛利率来计算安徽纽曼公司的侵权获利金额。

万元、500 万元、100 万元、100 万元范围内承担连带责任。

两天赐公司、华某、刘某和安徽纽曼公司均不服，向最高人民法院提起上诉。安徽纽曼公司辩称其并非以侵权为业，并提交了营业执照等证据佐证其经营范围不只是卡波产品的生产。最高人民法院于 2020 年 11 月 24 日作出二审判决，改判认为，安徽纽曼公司的侵权获利按照涉案技术秘密的贡献程度为 50% 进行调整，依据安徽纽曼公司恶意侵权、侵权情节严重且妨碍举证的事实认定以侵权获利的 5 倍确定损害赔偿数额。虽然经济损失赔偿总数额仍为 3000 万元，但改判华某、刘某、胡某、朱某对前述赔偿数额分别在 500 万元、3000 万元、100 万元、100 万元范围内承担连带责任。

在本案一审诉讼立案后判决作出之前，江西省湖口县人民法院于 2018 年 1 月 19 日作出（2017）赣 0429 刑初 49 号刑事判决，认定华某、刘某等人的行为构成侵犯商业秘密罪。后江西省九江市中级人民法院作出（2018）赣 04 刑终 90 号刑事判决，确认原审判决认定的事实，除改判其中一人的刑事处罚外，其余维持原判。前述刑事案件审理期间及判决作出后，安徽纽曼公司仍未停止生产销售涉案产品。

第二节　对技术贡献率适用条件的反思

本案是最高人民法院判决的首例适用惩罚性赔偿的知识产权案件，对落实知识产权侵权惩罚性赔偿制度具有示范作用。

本案明确了以下问题的裁判规则，为各级法院正确理解和适用商业秘密侵权案件的惩罚性赔偿制度起到了积极的指导作用：

（1）关于惩罚性赔偿损失基数的确定。商业秘密侵权案件适用惩罚性赔偿时，即使无法确定全部损失数额，仍可以已查明的部分损失数额为基数计算惩罚性赔偿金额。

（2）关于惩罚性赔偿倍数的确认。本案一审法院综合考虑安徽纽曼公司侵权持续时间、生产规模和举证妨碍等因素，确定了 2.5 倍的惩罚倍数。最高人民法院在认定侵权人存在恶意侵权、情节极其严重、举证妨碍的基础上，确定顶格5倍的惩罚倍数。

（3）关于以侵权为业的认定。是否以侵权为业，可从主客观两方面进行考量。就客观方面而言，行为人已实际实施侵害行为，并且系其公司的主营业务，构成主要利润来源；就主观方面而言，行为人包括公司实际控制人及管理层等，明知其行为构成侵权而仍予以实施。本案中安徽纽曼公司未举证证明其除卡波产品以外生产其他产品的事实，结合华某被诉披露技术秘密的侵权行为发生时间及安徽纽曼公司利用相关技术秘密生产相关产品并向国内外销售时间，一审、二审法院均确认安徽纽曼公司系以侵权为业。

（4）以侵权为业公司的法定代表人、实际控制人全程参与生产经营活动，在侵权活动中起主要作用的，应对公司的全部赔偿数额承担连带责任。最高人民法院在二审中将安徽纽曼公司法定代表人刘某的连带赔偿金额由500万元改判为3000万元。

除以上值得总结学习的裁判规则外，二审法院关于涉案技术秘密贡献程度为50%的认定以及以此为基础所作的改判，应当引起必要的关注、讨论和反思。

一审法院未认定两天赐公司的卡波配方构成技术秘密，只认定了卡波工艺、流程、设备的技术信息构成技术秘密。二审以涉案技术秘密在卡波产品生产过程中所起的作用酌情确定涉案技术秘密的贡献程度为50%，进而根据原审法院确定的获利数额确定损失数额基数为600万元，值得商榷。本案中安徽纽曼公司侵害的两天赐公司技术秘密涉及产品生产工艺、流程和设备，这些技术秘密对生产涉案合格产品起到关键作用，非法使用涉案技术秘密行为与生产销售侵权产品获利之间的因果关系已经确立，且安徽纽曼公司在一审、二审过程中并未提出证据证明生产涉案产品还用到了涉案技术秘密之外的其他技术并产生实质性的贡献，因此二审酌定贡献率的必要性必然受到质疑。研读二审判决的理由，似乎是因为两天赐公司主张的卡波配方不构成技术秘密就酌定扣除50%，很显然这没有说服力，且计算关键技术在生产产品中的贡献率占50%存在逻辑上的错误。

将技术贡献因果关系的事实查证量化为“贡献率”审判思路值得反思，而且给权利人在寻求技术秘密侵权（犯罪）司法救济的证据准备时带来非常大的困惑，因为一旦所主张的部分技术秘密（点）不成立则可能导致损失数额基数被机械地用减法甚至是除法来计算的结果。很显然其结果与导向都值得反思。

第二十九章　倒卖苹果拟上市手机 3D 图九人涉刑

第一节　富泰华公司控告员工倒卖披露手机 3D 图案

本案所涉技术秘密的载体是准备上市销售的苹果手机 3D 设计图。苹果公司提供给富泰华公司初稿，富泰华公司在初稿基础上对图纸进行设计、调整后形成终稿，根据与苹果公司签订的《制造生产协议》制造产品并达到量产。在《制造生产协议》中苹果公司与富泰华公司约定：研发及生产过程中富泰华公司需配合苹果公司履行保密义务，涉案图纸由苹果公司上传其保密网站；富泰华公司将需要登录该网站的员工姓名等资料提供给苹果公司，苹果公司提供账号和密码；富泰华公司员工凭该账号和密码方可登录保密网站查看和下载保密信息。富泰华公司与研发制造部门员工签署保密协议。经鉴定，涉案图纸所记载的双摄像头模块整合之结构设计、IMF 精密缓冲开线设计、无线充电与散热之中板结构设计和新一代使用者身份识别之集成设计 4 项技术秘密，在 2017 年 4 月 27 日之前不为公众所知悉。

贺某在富泰华公司研发制造苹果手机外壳部门任职。2016 年 12 月，贺某利用工作便利，将涉案图纸从公司的技术开发平台下载并保存到员工共享的检测平台中，又通过欺骗的手段让能接触到授权电脑的谭某将其下载储存。后贺某将保存有涉案图纸的 U 盘带出公司卖给被告人李某。李某转卖给被告人付某。付某经被告人温某介绍将 U 盘卖给被告人金某介绍的被告人陈某。陈某转卖给被告人罗某。罗某将 U 盘中的图纸进行删减后经被告人黄某介绍通过邮件发送给被告人张某。张某通过邮件转发给买家并在互联网上发表文章公开披露了涉案图纸。涉案图纸在贺某、李某等 9 名被告人之间均系单线流转，下家拿到的图纸均只对应上家提供的独立来源，罗某虽对涉案图纸进行了删减，但经鉴定，其删减并未涉及图纸的密点。9 名被告人到案后均能如实供述犯罪事实。

深圳市宝安区人民法院于 2019 年 2 月 28 日作出（2017）粤 0306 刑初 6930 号刑事判决。被告人不服一审判决提出上诉，深圳市中级人民法院于 2019 年 9 月 10 日作出（2019）粤 03 刑终 1677 号刑事裁定，认为一审判决认定事实不清，将本案发回重审。深圳市宝安区人民法院依法另行组成合议庭，公开开庭审理了本案，2021 年 4 月 19 日判决贺某等 9 人的行为构成侵犯商业秘密罪，分别判处 1 年 6 个月至 3 年 3 个月不等的有期徒刑，并处罚金。该判决已生效。

第二节 经许可的商业秘密使用人有权控告

本案是公司员工侵犯合作方商业秘密的案件，有以下几个方面值得关注：

一是商业秘密使用人有权提起刑事控告。通过研读本案判决书可知，本案侵权行为是由报案人富泰华公司的合作方苹果公司发现并要求其向公安机关报案的。法院仅查明了涉案图纸是苹果公司提供给富泰华公司供设计后生产产品使用，未进一步查明设计修改后的图纸的知识产权归属约定。无论涉案技术秘密的权利人是苹果公司还是富泰华公司，或者双方共有，根据《刑法》第 219 条第 3 款关于“本条所称权利人，是指商业秘密的所有人和经商业秘密所有人许可的商业秘密使用人”的规定，富泰华公司均有权提起刑事控告。

二是同一性鉴定应将侵权行为对应的技术秘密载体与权利人主张的密点进行比对，而不是与权利人的技术秘密载体（图纸）进行比对。本案发回重审后委托了新的鉴定机构，纠正了原一审鉴定比对对象错误的问题，重新出具了同一性鉴定报告。这里需要说明的是，权利人主张的密点是商业秘密保护的对象，其范围是明确的，技术特征是具体的。将侵权行为对应的技术秘密载体与密点做同一性鉴定，是为了证明非法披露的犯罪事实，这是重要的但非唯一的证明方法。权利人的技术秘密载体（图纸），是为了正确理解秘密点范围及技术特征而提供的证据，同时也是权利人所主张的密点真实性的直接而重要的证据。

三是针对不同侵权行为类型正确选择损失认定的方法。本案认定为共同犯罪，既是由于9人以不正当手段获取权利人的商业秘密，披露和允许他人使用的行为，还由于将涉案商业秘密公开披露导致涉案商业秘密为公众所知悉的行为。原审判决以技术开发成本作为权利人损失数额的认定方法显然存在错误，重审判决纠正了该错误，依据评估机构重新出具的商业价值评估报告，根据公开披露导致商业秘密为公众所知悉可以根据商业秘密的商业价值确定损失的法律规定，重新认定了损失。

四是本案将在非法买卖商业秘密过程中起帮助、介绍作用的主体，认定为共同犯罪的从犯，严厉打击了商业秘密流转过程中的“桥梁”“纽带”，起到了很好的效果。

第三十章　侵犯商业秘密法定代表人承担连带赔偿责任

第一节　“香兰素案”被告法定代表人构成共同侵权

嘉兴市中华化工有限责任公司（以下简称嘉兴中华化工公司）与上海欣晨新技术有限公司（以下简称上海欣晨公司）共同研发了乙醛酸法生产香兰素工艺，并将之作为技术秘密保护。该工艺相比传统工艺优越性显著，嘉兴中华化工公司基于这一工艺一跃成为全球最大的香兰素制造商，占据了香兰素全球市场约60%的份额。2010年，嘉兴中华化工公司的前员工傅某某将其获知的与香兰素有关的技术秘密披露给了王龙集团有限公司（以下简称王龙集团公司）的董事长王某某，后从嘉兴中华化工公司离职，进入宁波王龙科技股份有限公司（以下简称王龙科技公司）香兰素车间工作。王龙科技公司还陆续从嘉兴中华化工公司挖走多名精通香兰素生产工艺的员工，在短时间内成为全球第三大香兰素制造商，占据了全球香兰素市场约10%的份额，抢走了嘉兴中华化工公司的大量客户。2018年，嘉兴中华化工公司、上海欣晨公司向浙江省高级人民法院以王龙集团公司、傅某某、王某某等为被告提起了侵犯商业秘密之诉，请求判令各被告停止侵权，赔偿经济损失及合理开支5.02亿元。

一审法院认定王龙集团公司等侵犯了涉案部分技术秘密，判令其停止侵权、赔偿经济损失300万元及合理维权费用50万元。一审法院同时作出行为保全裁定，责令王龙科技公司、喜孚狮王龙香料（宁波）有限公司（以下简称喜孚狮王龙公司）立即停止使用涉案技术秘密。王龙科技公司、喜孚狮王龙公司并未停止使用行为。

各方当事人均不服一审判决，向最高人民法院提起上诉。二审中，嘉兴中华化工公司、上海欣晨公司将上诉请求的赔偿额降低为1.77亿元。2021年2月，二审判决认定王龙集团公司等侵犯涉案全部技术秘密，并根据权利人提供的经济损失相关数据，综合考虑侵权行为情节严重、涉案技术秘密商业价值极大以及王龙科技公司等侵权人拒不执行生效行为保全裁定等因素，改判各侵权人连带赔偿经济损失1.59亿元。鉴于该案被诉侵权行为已涉嫌侵犯商业秘密犯罪，二审判决书中载明最高人民法院将依法将相关线索移送公安机关处理。

第二节　可能构成商业秘密犯罪移送公安机关处理

本案是目前判决赔偿额最高的侵害商业秘密案件，但并未适用惩罚性赔偿。本案有6个方面值得关注。

第一，本案本可以适用惩罚性赔偿，但因为诉讼请求及新旧法律适用衔接的原因，惩罚性赔偿的请求未被支持。2019年《反不正当竞争法》明确规定侵害商业秘密案件可以主张惩罚性赔偿，该法于2019年4月23日起施行。《民法典》明确规定侵害知识产权案件可以主张惩罚性赔偿，该法于2021年1月1日起施行。嘉兴中华化工公司与上海欣晨公司于2018年5月提起诉讼，其主张的损失赔偿数额仅计算至2017年年底，并未包括自2018年持续至二审期间被诉侵权行为给其造成的损失，且在前述主张计算赔偿数额的侵权行为期间之后，我国上述相关法律才明确规定符合特定条件的侵害技术秘密行为可以适用惩罚性赔偿，最高人民法院认为本案不宜适用惩罚性损害赔偿，对于2018年以来仍在持续的侵害涉案技术秘密的行为，嘉兴中华化工公司与上海欣晨公司可以依法另行寻求救济。

第二，本案高额赔偿额的计算及认定方式值得借鉴。本案二审判决采纳了以销售利润计算的赔偿额作为实际损失的认定依据，纠正了一审判决因原告提交的证据不足以证明其因侵权行为受到的实际损失，而适用法定赔偿方式计算赔偿数额的错误观点。最高人民法院综合考虑嘉兴中华化工公司与上海欣晨公司提出的按营业利润计算、按销售利润计算和按价格侵蚀计算的三种赔偿计算方式和相关证据，特别是王龙集团公司等被诉集团公司及被诉侵权人侵权恶意较深、侵权情节恶劣、在诉讼中存在妨碍举证和不诚信诉讼情节，以及王龙科技公司、喜孚狮王龙公司实际上系以侵权为业的公司等因素，依法决定按照香兰素产品的销售利润计算本案侵权损害赔偿数额。本案彰显了最高人民法院严厉惩处恶意侵害技术秘密的行为，充分保护技术秘密权利人的合法利益的司法态度。

第三，认定王龙科技公司的法定代表人王某某构成共同侵权，并判决与其他被告承担连带责任。王某某自身积极参与本案被诉侵权行为，既体现了王龙科技公司的意志，也体现了王某某的个人意志。同时，鉴于王某某专门为实施被诉侵害涉案技术秘密行为成立王龙科技公司，该公司已成为王某某实施被诉侵害涉案技术秘密行为的工具，且王某某与王龙集团公司、王龙科技公司、喜孚狮王龙公司、傅某某存在密切的分工、协作等关系，从而认定王某某个人实施了侵权行为，具体包括以不正当手段获取、披露、使用及允许他人使用该商业秘密，并与王龙集团公司、王龙科技公司、喜孚狮王龙公司、傅某某构成共同侵权应承担连带责任。

第四，二审在评价证据的真实性、合法性和关联性时，强调了超出举证期限提交证据的情况，但没有给予足够和必要的重视。王龙集团公司、王龙科技公司、喜孚狮王龙公司、傅某某与王某某均未在二审法院指定的举证期限内提交新证据。虽然如此，最高人民法院还是接受了证据并组织质证和审查：有些证据无法核对真实性，且与香兰素的生产无关；有些证据存在原件与复印件不一致的情形，且无法实现其证明目的；有些证据公开的技术与涉案工艺不同；有些证据原件与复印件不一致但委托诉讼代理人的解释尚属合理，对其真实性予以确认，但与香兰素生产无关；有些证据无原件故不能确认其真实性；某证据没有原件，且与公安机关调取的 2015 年环境影响报告书不一致，无法确认其真实性；某证据无法完整展示涉案香兰素生产工艺；某证据编制时间为 2019 年 9 月，缺乏足够关联性。二审法院是基于上述事实和理由才对二审提交的新证据均不予采信的，很显然对没有合理理由超出举证期限提交证据行为，未作否定性的评价和谴责，未责令承担相应的法律责任，也没有在证据的证明力上体现对其不利的法律后果。很显然，这种导向是不对的，期望能够及时做出调整。

第五，针对技术秘密案件当事人举证能力有限的现实状况，结合与其他证据相互印证的事实，综合评判后采纳了当事人单方制作的证据。本案中提交了嘉兴中华化工公司 2008 ~2017 年产品销售毛利数据、香兰素销售明细账，系为补强其原审销售数量和销售单价以证明销售数量的真实性。还提交了“关于中华化工等诉王龙集团等侵害商业秘密案的损害赔偿的经济分析报告”等。上述证据均系用以证明受害人因涉案技术秘密被侵害受到的损失或者侵权人因侵害涉案技术秘密所获利益。为了进一步补强，二审提交了新证据，即 2009 ~2017 年嘉兴中华化工公司香兰素产品每月两笔销售转账凭证及其所附发票、平均单价等，进一步证明原审证据中销售单价的真实性。为证明单位成本的真实性，提交了 2009 ~2017 年香兰素数量金额明细表、随机抽取的每月一笔转账凭证及其生产成本结算表、原材料分配表。最高人民法院认为，虽然原审证据中包含有嘉兴中华化工公司自制的证据，但二审已经提交了新证据补充证明原审证据的真实性，且该新证据具有真实性、合法性、关联性，该新证据可以采信。同时，考虑到侵害技术秘密类案件中普遍存在的当事人举证能力有限的现实状况、嘉兴中华化工公司与上海欣晨公司的实际举证能力和具体举证情况、本案其他证据相互印证情况等因素，对上述原审证据予以采纳，对原审证据所记载的价格侵蚀情况也客观展示。这是非常值得肯定的，希望能够起到好的示范和引导作用。

第六，最高人民法院认为在技术秘密权利人依法行使民事救济后，对于可能构成商业秘密刑事犯罪的案件，应该移送公安机关处理。这一观点进一步明确了技术秘密民事救济与刑事打击不是替代关系，对于确定涉嫌侵犯商业秘密犯罪的行为，权利人在拿到了民事生效判决后，依据情况可以向公安机关进行刑事控告，以有效打击侵权行为，维护市场竞争秩序。

第三十一章　从音王商业秘密案析刑事司法解释适用

第一节　“音王案”犯罪行为区分违约型与侵权型

音王电声股份有限公司（以下简称音王公司）是全球音视频智能化集成产业龙头企业，主营数字调音台等专业音响和音视频系统集成设备的制造、研发。该公司拥有“最佳的压缩器”和“卡迪克调音台三项技术信息”等技术秘密。被告人郑某、丘某曾任音王公司研发部门负责人和电子工程师，在离职前共同出资成立公司利用“最佳的压缩器”技术秘密试产紧凑型数字调音台。丘某受郑某指使两次从他人电脑中窃取了“最佳的压缩器”技术秘密的源代码。2018 年 4 月至 5 月，被告人郑某隐瞒其准备离职和已另成立公司的真相，以备份为由骗得音王公司“卡迪克调音台三项技术信息”资料，并指使丘某筛选复制于移动硬盘中以备使用。经鉴定，“卡迪克调音台三项技术信息”的许可使用价值为 182 万元。2018 年 8 月至 9 月，郑某、丘某先后离职，继续使用“最佳的压缩器”技术秘密生产数字调音台。2019 年 3 月在惠州市设立公司专门生产、销售数字调音台。截至 2019 年 11 月案发，郑某和邱某设立的公司共生产、销售数字调音台 1205 台，给音王公司造成损失 91. 43 万元。

2021 年 4 月 22 日，宁波市中级人民法院判决被告人郑某犯侵犯商业秘密罪，判处有期徒刑 4 年，并处罚金人民币 200 万元；被告人丘某犯侵犯商业秘密罪，判处有期徒刑 2 年，缓刑 2 年 6 个月，并处罚金人民币 10 万元；

扣押在案的相关犯罪工具、侵权产品予以没收。

一审判决后，被告人郑某、丘某均未提出上诉，公诉机关未提出抗诉。

第二节　对《刑事司法解释（三）》的困惑与思考

本案将被告人侵犯商业秘密的犯罪行为区分为“违约型”和“侵权型”分别确定损失后量刑，对同类案件的处理具有一定的借鉴意义。

《刑事司法解释（三）》第5条第1款第1、2、3项分别确定了“侵权型”和“违约型”侵犯商业秘密行为的损失认定方法，规定以不正当手段获取权利人的商业秘密后实施侵犯商业秘密的行为（侵权型）的，可以根据该项商业秘密的合理许可使用费或权利人因被侵权造成的销售利润损失确定损失，违反约定、权利人有关保守商业秘密的要求实施侵犯商业秘密的行为（违约型）的，只能根据权利人因被侵权造成的销售利润损失确定损失。

本案郑某和丘某既实施了违反保密约定将已接触的技术秘密带走使用的行为，又实施了以不正当手段复制他人电脑里的源代码后使用和骗取未接触技术信息的行为。

一审法院根据不同的侵权行为类型分别以销售利润损失和合理许可使用费等不同的方式认定损失，对被告人予以定罪量刑。有观点认为违约型侵犯商业秘密的行为人对商业秘密的占有是合法正当的，较盗窃等不正当手段获取商业秘密行为而言社会危害性相对较小，所以在入罪门槛上应当与侵权型侵犯商业秘密的行为有所区分，故造成的损失应按照行为人使用商业秘密造成权利人销售利润的损失计算，而不以商业秘密的合理许可使用费或者商业秘密的商业价值作为认定损失的依据。

对上述观点不予评价，但是竞争对手通过挖人带走技术的方式更能精准地获得需要的技术秘密，该方式更隐蔽，成功率更高，给权利人造成的损失更大。如果案发时涉案此类技术秘密已经建成生产线尚未生产，或者正在试产，或者生产部分产品尚未销售等，按照《刑事司法解释（三）》的规定以“权利人因被侵权造成销售利润的损失”作为认定损失的依据将无法定罪，显然这有悖于严厉打击侵犯商业秘密犯罪行为、保护创新的司法导向。

从所了解到的情况看，很多地方的侦办单位和检察机关对此甚是困惑，特别期望能够做出必要的修改，作为长期以来从事技术秘密刑事保护法律服务的执业律师，我们也深有同感。

第三十二章　软件源代码技术秘密实质相同的认定

第一节　“理正软件源代码案”先刑后民

北京理正软件股份有限公司（以下简称理正公司）主张北京大成华智软件技术有限公司（以下简称大成公司）、林同棪国际工程咨询（中国）有限公司（以下简称林同棪公司）侵害其商业秘密，于2017年向北京知识产权法院提起诉讼，请求判令两被告停止侵权、共同赔偿经济损失129万元及维权费用59 600元并赔礼道歉以消除影响。理正公司称其自主开发的《理正建设企业管理信息系统》软件包含多项技术秘密。臧某、刘某和何某是理正公司的前员工，在任职期间接触涉案软件的商业秘密，筹划设立大成公司并成为股东，离职后将该商业秘密带到大成公司使用。大成公司使用商业秘密开发软件并将软件出售给林同棪公司。林同棪公司购买并使用了涉嫌侵犯理正公司商业秘密的软件。

一审法院于2020年1月8日，判决大成公司立即停止使用理正公司被认定为商业秘密的“数据库表、数据库存储函数及过程”，并赔偿25万元及合理开支2.7万元。

理正公司不服一审判决，向最高人民法院提起上诉，二审驳回上诉，维持原判。在本案一审判决前，北京市西城区人民法院分别作出（2015）西刑初字第449号和（2016）京0102刑初549号刑事判决，认定臧某、刘某和何某构成侵犯商业秘密罪。北京市第二中级人民法院维持上述原判，相应判决分别于2016年8月31日和2016年12月23日生效。

第二节　软件源代码的同一性鉴定与共同侵权认定

本案涉及离职员工在职期间筹划设立公司，将原单位商业秘密带到新设立公司使用的行为，在软件商业秘密同一性鉴定和共同侵权认定等方面值得关注。

一是一审法院对软件技术秘密案实质相同的鉴定意见采纳与否的评判思路。（1）关于程序代码的表达。形式表达即静态数据库表中，体现为字段名称、字段数量、表的名称等，动态过程/函数中，体现为执行逻辑功能所展现的具体语句等。内容表达即静态数据库表中，体现为实体关系模型、字段存储内容以及表之间的主外键关系，动态过程/函数中体现为实际需要实现的逻辑功能，例如表单的调用优先级排布以及调用关系等。（2）分析比对数据库表、存储过程和函数。本案中，比对结果显示：两者在 8 个工作流数据库，6 个数据表单，2 个数据列表，1 个工具条库，2 个系统参数库，3 个系统基础功能库，2 个组织机构及用户库，1 个权限授权库，1 个站点菜单库和 2 个项目管理库等方面相同。再如，在数据库存储过程/函数方面，有 2 个系统基础功能存储过程，1 个基础框架函数，1 个人力资源基础函数和 2 个项目管理功能函数相同等。（3）基于数据表单之间、表与过程/函数之间各自具有独立的作用，基于交互亦存在的紧密联系综合进行分析评判。认为上述实质相同的部分主要体现在内容表达方面，内容的选择、实现和布局足够具体，达到为更好展现软件内容、实现软件功能所应有的标准。据此认定，涉案软件被诉内容在具体层面上与涉案商业秘密具有相当的一致性，其内容来源于涉案商业秘密，又根据林同桉公司硬盘中的数据库文件与理正公司软件中的数据库文件构成实质上相同的事实，认定林同桉公司硬盘中的数据库文件含有理正公司主张的涉案商业秘密。

二是结合本案获取技术秘密的具体事实，分析在非法使用行为过程中购买者是否有共同侵权的合意，并结合终端用户的注意义务综合判断是否构成侵权。一审法院认为，由于大成公司的获取行为系其独立行为，而本案并无证据证明针对大成公司的非法获取行为，林同桉公司与其存在合意，因此理正公司所主张的大成公司存在非法获取行为，不属于共同侵权行为的评价范围。大成公司将含有涉案商业秘密的数据库文件交付林同桉公司，该数据库文件处于可读状态可以通过该文件获知涉案商业秘密的具体内容，可以确认大成公司的披露行为构成侵权。而大成公司的披露行为和林同桉公司被主张的获取行为属于对接行为，其被主张的使用行为亦和林同桉公司的获取行为存在较强的牵连性，上述行为在损害产生方面均无法独立分割，具有混同性，因此，林同桉公司在获取阶段是否存在"明知或应知"的情形既是被主张的获取、使用行为是否构成侵害涉案商业秘密行为的前提之一，也是其是否与大成公司构成共同侵权的前提。从获取行为发生的阶段来看，两者系交易关系。理正公司认为，根据林同桉公司副总裁赖某在先刑事案件中的询问记录可知，林同桉公司对涉案商业秘密被非法披露这一事实是明知或应知的。针对这一事实，一审认为，赖某陈述仅显示其怀疑大成公司可能存在知识产权风险，但其未明确表示对涉案商业秘密的相关信息有所了解，在其进一步询问下，臧某承诺知识产权方面没有问题。同时，林同桉公司另一位管理人员李某对大成公司的产品持认可状态。对于林同桉公司而言，其接收相关信息的来源系其管理人员赖某和李某的陈述，在案证据并未显示其收到了能证明涉案商业秘密被披露的实质证据，且其接收到的赖某的信息也仅为风险提示。在林同桉公司知晓理正公司和大成公司作为竞争者争夺相应业务的情况下，对双方公司是否存在纠纷保持审慎，不偏信一方的态度比较符合商业习惯。此外，由于商业秘密比对十分复杂，在大成公司能够提供计算机软件著作权登记证书且双方又签订了知识产权保证条款的情况下，要求林同桉公司在有限的时间内，投入大量的成本调查大成公司开发的软件是否使用了理正公司的商业秘密之后，再行决定合作的主体，既不符合正常商业行为的时限性要求，亦不符合交易的经济性要求。据此认为，基于商业秘密比对的复杂性，在没有较为明确的证据显示存在涉案商业秘密被非法披露这一事实或该事实处于容易知晓的状态下时，不应让正常的商事交易主体负担过高的注意义务，否则不利于交易的便利性，不认为林同桉公司对涉案商业秘密被非法披露这一事实系明知或应知的，在获取涉案商业秘密阶段不存在主观过错。在使用行为阶段一审法院认为从主体方面来讲，林同棪公司并非涉案商业秘密的直接使用者，而是以终端用户的角色支付合理对价善意购买涉案软件。从后续影响方面来讲，该公司继续使用涉案软件不会影响理正公司的预期利益，其经营业务与理正公司不在同一市场，二者不存在竞争关系，其继续使用涉案软件并不会影响理正公司的潜在市场份额，进而损害理正公司的预期利益，其后续使用行为不属于侵害商业秘密的行为。

三是在确定损失与赔偿额时所考量的因素。一审、二审法院均认为通过在案证据无法相对确定地得出理正公司的实际损失或大成公司的侵权获利，且理正公司亦未提交证据证明涉案商业秘密的许可费数额。本案在确定赔偿额时充分地考虑了侵权内容与涉案软件价值的关联关系：（1）涉案商业秘密系数据库文件，数据库文件仅为软件的一部分，其价值亦仅为软件价值的一部分；（2）数据库文件在管理系统软件中具有一定作用，数据库设计对管理系统软件的需求实现具有较大意义；（3）涉案商业秘密所涉及的数据库表、存储过程及函数未体现对数据库结构的特殊贡献，因此，在“质”的方面不做特别考量；（4）涉案商业秘密中数据库表在理正公司软件中占比较高，存储过程及函数在理正公司软件中占比较低，涉案商业秘密在大成公司出售的软件中占比较低；（5）大成公司具有较强的侵权恶意等。

第三十三章　市场流通产品载负技术秘密是否容易获得

第一节　被侵权产品市场流通零极公司诉请被驳

北京零极中盛科技有限公司（以下简称零极公司）主张北京鼎源力诺科技有限公司（以下简称鼎源公司）、鼎源力诺科技（廊坊）有限公司（以下简称鼎源廊坊公司）、周某和李某等六被告侵害其电源电路板设计方案的技术秘密并提起诉讼，请求判令停止侵权，回收并销毁已经生产的侵权产品，共同赔偿经济损失 100 万元及维权费用 7716 元。

北京知识产权法院于 2018 年 9 月 19 日立案受理，2021 年 3 月 29 日作出判决，驳回其诉讼请求，理由是零极公司所主张的涉案技术信息在被诉侵权行为发生时已为所属领域的相关人员容易获得，不能满足法律规定的要件，不构成商业秘密。

零极公司不服一审判决，以原审判决认定零极公司产品型号为 ZCC100-2D380 模块电源的电路板设计为公众所知悉属于事实认定错误和被诉侵权行为事实清楚，被诉侵权人应承担相应赔偿责任为由提出上诉。最高人民法院认为原审判决认定事实清楚，适用法律虽有瑕疵，但裁判结果正确应予维持，判决驳回上诉请求。

第二节　通过权利人产品容易获得涉案技术秘密

涉案技术秘密是否被市场流通产品公开，或者通过权利人公开销售的产品是否容易获得，就此问题的证明方法与证明标准在理论与司法实践中均有较大争议，本案判决在如下方面值得关注：

一是针对市场流通产品所采取的保密措施与容易获得的关系问题。公开销售的产品可能载负涉案部分或者全部技术秘密的，先要判断权利人是否采取了有针对性的保密措施，或者为实现保密目的采取了何种技术措施，这与判断不特定第三人是否容易获得涉案技术秘密直接相关。本案中最高人民法院指出，应能达到对抗不特定第三人通过反向工程获取其技术秘密程度。比如根据技术秘密本身的性质，即使拆解载有技术秘密产品，亦无法通过分析获知该技术秘密；采取物理保密措施对抗反向工程，采取一体化结构如拆解将破坏技术秘密；等等。这在处理路径上给出了提示，值得业界关注。

二是聚焦需查证的技术事实以及本案的查证方法值得借鉴。研读本案不难发现，既要查明被诉侵权产品所涉技术信息，又要查明权利人公开销售产品所载负的技术信息，还要查明在其他载体中体现而通过公开销售产品能够获得和不能获得技术信息等。本案中的勘验方案、步骤与方法，统筹与兼顾了所需要查证的技术事实。比如在勘验被诉产品所涉及技术信息的同时与权利人主张的秘密点进行比对，并在此过程中查证所用的方法和工具等。①

三是为判断是否容易获得，选择恰当的勘验流程与方法查证相关的技术事实。本案中权利人并未主张其对自身公开销售的产品采取了特殊的保护措施。从行业的一般知识来看，所属领域的相关人员如果要通过已经被公开销售的电源产品获取涉案技术信息，其过程应基本上与勘验被诉侵权产品的过程一样，即去胶、拆解、观察和测量等，除非有合理的理由，或者其他特殊的原因。这样既合理又高效且节省成本，值得借鉴。

---

① 比如原审法院现场拆封了公证封存的被诉侵权产品，拆开被诉侵权产品外壳，显示内部电路板上有覆胶保护。为将被诉侵权产品与涉案技术信息进行比对，原审法院组织各方当事人进行现场勘验，对被诉侵权产品电路板进行了去胶，以便观察到电路结构。经去胶后直接观察，各方当事人均认可零极公司主张的秘密点中如元件布局、参数、连接关系等大部分信息可以直接从去胶后的电路板上观察得到，六被诉侵权人还认可除存在个别元件参数及元件数量、位置差异外，其余直接观察得到的技术信息与零极公司主张的相应秘密点内容相同。针对零极公司主张的，部分无法通过直接观察被诉侵权产品得出，需要进一步拆解、测量的技术信息，对相应元件进行了拆解、测量，确认其元件构成、参数等信息。上述过程中，使用了恒温烙铁、数字电桥、数显卡尺、万用表等工具。

四是基于勘验与查证的过程以查明的事实为基础，结合所用的是不是常规仪器和工具、拆解测量的过程是否复杂，以及所用的技艺和成本是否过高等因素综合判断是否容易获得。① 值得注意的是，一审、二审法院就本案给出的指导，其意义体现在判断的方法与要考虑的因素上，并非也不应该是判断的标准。比如将合法公开购买的集成电路芯片，委托专业公司进行分析并出具报告以获得所需要的技术信息。专业公司在磨片、拍摄、绘制、分析的过程中，所使用的显然不是一般的常用的工业测量器具等，要用到非常专业的技艺和昂贵的设备，如以本案的方法为判断标准的话，其结论应是大相径庭。而对于委托方来讲，却是非常容易且合法的，因为其成本仅是支付公开市场上合理的费用而已。

五是区分公开销售产品与图纸所载负的技术秘密信息的不同并确定范围，在查明是否使用该类不同技术信息的基础上，判断侵权与否。现结合一审、二审诉请的情况分别评述。在一审中，零极公司主张涉案技术信息中存在许多技术细节无法直观得到，所属领域技术人员无法根据已公开销售产品完整获取涉案技术信息，其获取的有差异的技术信息亦无法达到原本应有效果的观点，原审法院认为无充分的技术依据，无法从在案证据中确认哪些内容或技术细节属于所属领域技术人员无法容易得到的，该技术细节也并未充分体现在秘密点的描述中。可见一审原告在权利主张与证据组织上均存在问题。就此问题二审法院认为零极公司主张的未充分描述的技术细节，基本体现为被诉侵权产品与零极公司主张产品秘密点有差异的部分，零极公司产品中该部分是否存在技术秘密与本案并无关联。二审法院从通过技术比对查证是否使用的角度给予了回应，逻辑是清楚的。

在二审中上诉的具体理由有二：首先，利用涉案技术信息生产的产品为

① 针对该过程是否能容易得到涉案技术信息，原审法院查证：去胶、拆解所用到的仪器主要是恒温烙铁，测量仪器是数字电桥、数显卡尺、万用表，上述仪器均属于常规仪器，具体的拆解测量过程较为简单，不需要特殊的技艺或过高的成本，因此，获取过程是容易的。关于是否能切实得到涉案技术信息问题，原审法院查证：涉案技术信息的电路布局和元件位置可以直接观察得到，部分元件参数、封装等信息可以通过观察到的型号结合供应商的相应产品参数文档介绍进行确认。部分元件需要进行简单拆解，但所属领域技术人员亦可以结合行业一般知识对部分元件所使用工艺及构件进行确认，如磁芯、骨架型号，绝缘胶带宽度，导线规格和绕线圈数，磁芯中心是否开气隙，等等。

针对电网企业的高压控制产品，销售对象为国家电网等相关电力设备生产企业，安装在相关电网设备上，并非公众或本领域技术人员所公知或能够轻易获得；其次，涉案技术信息为对应的产品图纸，其设计均由零极公司独自完成，最终产品包含大量的自创组件，如无相关图纸无法确定技术参数，也无法达到技术指标。很显然第一个理由明显偏题，二审法院未予明确回应，在此不做点评。第二个上诉理由虽然直接目的不明确，但内在逻辑可以理解。对此二审法院认为一审勘验的事实，一方面表明通过市场流通产品获得的技术信息达不到技术图纸的标准，另一方面可以印证被诉侵权产品并非依据零极公司技术图纸制造。很显然这是从事实的角度予以否定的，逻辑也是清楚的。可遗憾的是，二审判决的如下内容将其归于容易获得的事实判决，这在表述上有些让人费解："据此，原审判决认定，涉案技术信息通过去除覆胶、拆解后，使用常规仪器测量可以获得"，构成所属领域的相关人员容易获得的技术信息并无不当，法院予以确认。

第三十四章　根据勘验结果推定使用技术秘密判巨额赔偿

第一节　“优铠公司优选锯案”改判巨额赔偿

优铠（上海）机械有限公司（以下简称优铠公司）是一家制造、销售优选锯产品的公司，拥有“边测量边锯切的设计”的技术秘密。李某、周某和曹某系优铠公司前员工，知悉涉案技术秘密并签有保密协议。三人在优铠公司任职期间共同成立了上海路启机械有限公司（以下简称路启公司），并将优铠公司的技术秘密披露给路启公司使用。后三人陆续从优铠公司离职加入路启公司。寿光市鲁丽木业股份有限公司（以下简称鲁丽公司）明知被诉侵权产品是使用优铠公司涉案技术秘密生产的，仍然购买使用。

优铠公司于2017年11月向上海知识产权法院提起技术秘密侵权诉讼，请求判令李某、周某、曹某、路启公司停止侵权，要求前述被告共同赔偿损失及合理开支1100万元，并就其侵权行为刊登声明、消除影响；判令鲁丽公司停止使用自路启公司处购买的利用涉案技术秘密制造的优选锯。在提起本诉之前，上海知识产权法院曾就优铠公司诉曹某、周某、李某和路启公司技术秘密侵权纠纷案作出（2015）沪知民初字第275号民事判决，判令曹某、周某、李某和路启公司立即停止侵犯优铠公司“边测量边锯切的设计”的技术秘密，并不得披露、使用和允许他人使用涉案技术秘密。上海市高级人民法院就该案作出（2016）沪民终470号民事判决维持原判后，优铠公司发现曹某、李某、周某仍未经许可向路启公司披露涉案技术秘密，并且在2013年10月至2017年4月，共同使用涉案技术秘密，制造被诉侵权产品V200、Q80和S200优选锯，2017年5月至2017年年底，制造、销售被诉侵权产品

F308、H18 优选锯。优铠公司依据 1993 年《反不正当竞争法》就新的侵权行为提起本案诉讼。为查明案件，一审法院依据优铠公司的申请就路启公司制造的 V200、Q80、S200、F308 和 H18 优选锯产品与优铠公司“边测量边锯切的设计”的技术秘密是否具有同一性委托北京国创鼎城司法鉴定所进行鉴定。鉴定意见为路启公司生产的前述型号优选锯所体现的技术信息与优铠公司“边测量边锯切的设计”的技术信息不相同且实质不同。

一审法院认为（2016）沪民终 470 号民事判决已就优铠公司针对曹某等未经许可非法披露涉案技术信息的主张作出了生效判决并进行了处理，本案中没有证据表明被诉侵权产品使用了涉案技术秘密，判决驳回优铠公司的全部诉讼请求。

优铠公司不服，向最高人民法院提起上诉。二审期间，合议庭根据当事人的申请，前往山东省临沂市、寿光市两地工厂对公证封存的机器进行现场勘验，通过现场操作机器，将设计的 10 余组锯切实验方案一一锯切，细致比对锯切结果。根据二审勘验结果，被诉侵权产品的锯切方式和结果遵循了涉案技术秘密的工艺流程，实现了涉案技术秘密的技术效果，且路启公司一审、二审中均未提交证据证明其制造的优选锯使用的锯切工艺不同于涉案技术秘密的锯切工艺，故撤销一审判决，判决路启公司停止侵权，赔偿优铠公司 500 万元经济损失及 100 万元合理开支。最高人民法院针对鲁丽公司无正当理由毁损人民法院查封证据的行为，依法给予 10 万元的罚款处罚。

第二节　最高人民法院根据勘验结果推定构成侵权

针对本案涉及的复杂技术事实，最高人民法院在二审中设定验证方案并对封存设备现场勘验，在查明案件关键事实的基础上依法改判。

本案在如下方面值得关注：

一是针对一审中鉴定程序存在的瑕疵不做重新鉴定，而是请技术调查官对被诉侵权产品进行勘验以查明涉案技术事实，节省司法资源。

二是进一步明确了技术秘密内容和范围的确定原则。优铠公司上诉称一审法院对其所主张的技术秘密理解错误，导致认定结论错误。而李某、周某和路启公司则主张优铠公司在一审鉴定、二审提交上诉状时，多次变更涉案技术秘密，违反诚信原则。最高人民法院认为技术秘密不具有法定的权利外观，由权利人秘密持有，需要通过法院审理，将技术秘密的权利外观固定下来，然后才能具体审查是否侵权、承担民事责任。侵害技术秘密之诉体现了诉讼的博弈性。

本案涉及抽象的公式算法和锯切工艺流程，案情比较复杂，法院通过多次庭审才逐步明确技术秘密的实质内涵。对于秘点的描述，一般应在一审法庭辩论结束前完成，但权利人有证据证明其在一审法庭辩论结束后提出的内容仅是对主张的技术秘密具体内容的解释和说明，并未超出其主张的技术秘密的内容，也没有改变其所主张的技术秘密内容，有利于法院查明案件事实的，亦可予以采纳。

三是关于被诉侵权产品是否使用了涉案技术秘密的判断逻辑与证明标准。一审鉴定机构仅以优铠公司不能证明被诉侵权产品存在长度模式，直接认定V200优选锯不具备长度锯切功能。最高人民法院认为，在优铠公司的相关主张具有合理性的前提下，一审鉴定机构可以要求路启公司就其制造的优选锯产品提供说明书或者要求其进行解锁，以此查明技术事实。一审鉴定的程序处理存在不当之处，应予以纠正。最高人民法院在二审勘验中，通过对另一台V200优选锯输入密码即解锁了长度锯切模式，并结合勘验情况认为，由于本案优铠公司所主张的技术秘密系特定条件下锯切方式的选择及其结果，在此情况下，如果被诉侵权产品在该特定条件下所选择的具体锯切方式及其锯切结果与其请求保护的技术信息不具有实质性差异，则可以认定被诉侵权产品使用的技术信息与涉案技术秘密构成实质相同。

四是关于损失证据的调取及赔偿数额的认定。本案中，由于相关侵权证据由被告控制，优铠公司举证有困难，故最高人民法院在二审中依据权利人的申请向海关、税务部门调取了路启公司2014年至2017年销售被诉侵权产品的报关单据和2014年至2017年销售优选锯的税务票据。二审法院结合日常经验法则、证据之间的关联性和证据来源等进行了综合审查，同时考虑了涉案技术秘密的性质和创新程度、研究开发成本、商业价值及带来的竞争优势、贡献度及侵权人的主观过错和侵权情节酌情确定了赔偿数额500万元。

五是重申销售侵犯商业秘密所制造的侵权产品不属于《反不正当竞争法》[①] 所列明的侵犯商业秘密的行为。使用商业秘密的过程，通常是制造侵权产品的过程，当侵权产品制造完成时，使用商业秘密的侵权结果即同时发生。既然销售侵犯技术秘密所制造的侵权产品不属于侵犯技术秘密的行为，那么购买者使用侵犯技术秘密所制造的侵权产品亦不应属于反不正当竞争法所禁止的侵犯商业秘密的行为。

① 参见《反不正当竞争法》(1993年) 第10条第2款规定，第三人明知或者应知第1款所列违法行为，获取、使用或者披露他人的商业秘密，视为侵犯商业秘密。此为判决时适用的规定。——编者注

第三十五章　诉前对不为公众所知悉的证据准备

第一节　“瑞昌诉明远案”认定经营秘密与技术秘密均侵权

瑞昌公司于2018年起诉明远公司、程某、李某和武某等，请求判令各被告立即停止侵害瑞昌公司的技术秘密和经营秘密，并赔偿经济损失及维权合理开支1000万元。程某、李某和武某等10人为瑞昌公司前员工，在职期间均与公司签订有保密协议。明远公司为程某设立的公司。2013年至2016年，程某等10人陆续从瑞昌公司离职入职明远公司。瑞昌公司认为，程某等人违反与其签订的保密协议，持续利用工作便利将接触到的客户信息披露给明远公司进行交易、使用。明远公司明知程某等人系瑞昌公司前员工，仍使用上述客户信息进行交易并获利，故明远公司和程某等人共同侵犯了瑞昌公司的经营秘密。瑞昌公司还主张明远公司于2014年11月21日申请的名称为“一种燃烧器”的实用新型专利披露了瑞昌公司的燃烧器技术方案，使瑞昌公司失去了竞争优势，侵犯了瑞昌公司的技术秘密。

一审法院认为明远公司等共同侵害了瑞昌公司的经营秘密，但因瑞昌公司提交的证据不能证明其主张的燃烧器技术方案属于“不为公众所知悉”的技术秘密，故判决明远公司、程某等人立即停止侵害瑞昌公司经营秘密的行为，明远公司赔偿瑞昌公司经济损失及合理开支共计150万元。其中，程某等3人各对其中的10万元承担连带赔偿责任，李某等7人各对其中的5万元承担连带赔偿责任。

瑞昌公司、明远公司和程某等人均不服一审判决，向最高人民法院提起上诉。二审撤销一审判决，改判明远公司、程某、李某立即停止侵害瑞昌公司技术秘密的行为，在专利有效期内不得自行或许可他人实施涉案专利；明远公司赔偿经济损失300万元及合理开支10万元，程某对其中的100万元承担连带责任，王某、程高某分别对其中的50万元承担连带责任，李某对其中的20万元承担连带责任，武某、蔡某、田某分别对其中的10万元承担连带责任。

第二节　合理分配不为公众所知悉的证明责任

本案同时涉及技术秘密与经营秘密侵权，有如下几方面值得关注。

一、将原公司技术秘密申请专利构成侵权的民事责任与后续法律救济问题

二审判决构成技术秘密侵权应承担赔偿责任的同时，还对后续法律救济给出指引，即明确基于他人技术秘密形成的专利属于他人财产，侵权方应依据诚信原则将该专利转移至技术秘密所有人名下，并不得自行或许可他人实施涉案专利。如果侵权方不主动履行前述义务，瑞昌公司可以根据本案查明的事实另行起诉，请求确认涉案专利权的权属。本案的权利人在提起技术秘密侵权诉讼时，将判决涉案的专利权或专利申请权归原告所有作为诉讼请求，其法律救济更为有效也节省了宝贵的司法资源。

二、员工违反约定利用原单位经营秘密进行（或帮助）交易违法事实认定的方法以及侵权行为发生时员工离职与否所产生的影响

二审法院明确区分员工被指控侵权行为是离职前还是离职后实施的。在查明程某、李某等6名员工离职之前参与明远公司项目并取得销售业绩的基础上，从如下三个方面论证其违法性并认定构成侵权：（1）均承担有竞业限制和保密义务且违反这些义务；（2）达成交易所销售的部分产品重合，足以

导致交易机会丧失、市场份额被不正当挤占；（3）未提供足够证据支持部分交易是基于客户信赖或通过公开信息达成的抗辩理由。

而对于唐某、王某和江某等3人，二审法院则认为现有证据不能证明在离职前曾有为明远公司工作或侵害瑞昌公司经营秘密的行为，在离职之后或者竞业限制协议期满之后没有法定或约定的竞业限制义务，且瑞昌公司未能证实该3人在新入职后有利用从原单位获得的客户信息谋取不正当利益的行为，撤销一审判决改判不构成侵权，并在判决书中阐明要考量的因素：（1）要处理好保护经营秘密与劳动者自由择业、竞业限制和人才合理流动的关系；（2）要考虑员工是否有接触客户信息的条件；（3）要考虑员工的行为是否具有不正当性，是否符合法律规定的侵害商业秘密的具体情形等。

二审法院还进一步指出：员工离职后，限制员工的择业自由一般以存在法定或者约定的竞业限制义务为前提。对于员工因本职工作正常获取的客户信息，除非原单位能够证明员工或其所在新单位使用该客户信息获取竞争优势具有不正当性，否则员工或其所在新单位使用该客户信息的行为并不当然具有违法性。

三、针对争议焦点合理分配“不为公众所知悉”的证明责任并在此基础上做综合判断

本案中，明远公司等被诉侵权人一审时提交了2010年和2013年凯勒特研讨会相关资料及其部分翻译、光盘，凯勒特技术应用实例及其部分翻译件，主张涉案技术秘密是案外人凯勒特公司的技术，且在涉案专利申请之前已经公开。一审法院基于查明的事实①，认为瑞昌公司没有提供证据证明参加培训的其他人员的来源和范围，亦没有证据证明所培训的内容属于“不为公众所知悉”并属于瑞昌公司的技术秘密，驳回了该诉讼请求。

二审期间，瑞昌公司提交了《技术信息咨询报告》以证明其主张的技术

① 具体内容见本书第二十章第二节第二部分的描述。

信息“不为公众所知悉”。二审法院基于进一步查明的事实[①]，从以下几方面阐述了涉案技术信息具有秘密性：

（1）明远公司就涉案专利技术方案申请专利的行为表明该公司认为该技术方案与现有技术有区别。在涉案专利与涉案技术信息构成实质相同的情况下，可以推定涉案技术信息属于不为公众所知悉的技术信息。

（2）瑞昌公司长期与霍尼韦尔公司开展燃烧器技术合作，由霍尼韦尔公司的关联方凯勒特公司提供该技术，并在此基础上继续研发，也可以证明涉案技术信息不能轻易从公开渠道获得。

（3）根据《技术信息咨询报告》，在 2015 年 4 月 22 日被诉侵权涉案专利公开日之前，未发现公开涉案技术信息的技术文献。

（4）明远公司主张该技术信息已经通过使用公开的依据不足。

从上述所涉及争议事实来看，在一审诉讼时甚至在发起诉讼时，很多的问题必然会成为争议的焦点，这是可以也应该做出预判并做充分的证据准备的，在二审诉讼中所提交的新的证据虽然有些是新产生的证据，但其完全可以在一审诉讼中完成甚至是在诉讼前完成，从某种意义上讲在本案的二审诉讼中，上诉人（原告）是幸运的。

四、针对已经发生的侵害经营秘密的侵权行为，判决承担停止侵权民事责任的必要性问题

一审判决支持了原告诉请各被告停止侵害其经营秘密的请求，二审认为本案对侵害经营秘密行为继续判决停止侵害已经失去必要性和时效性，主要理由如下：（1）侵权人与原单位签订的《保密协议》约定的 5 年期限已过。（2）客户信息随着时间的推移和市场供需关系的变化，其价值和带来的竞争优势会随之减弱。如果长期禁止其他经营主体进入市场不利于建立平等、公平和有序的市场环境。（3）本案中通过判令侵权人支付赔偿金已经足以弥补原单位因经营秘密被侵害所造成的经济损失。

---

① 具体内容见本书第二十章第二节第二部分的描述。

五、二审加大了侵权公司实际控制人承担的侵权连带责任

二审判决结合各侵权自然人在瑞昌公司的任职时间、担任的职务及知悉商业秘密情况、签署保密协议、竞业限制协议、入职明远公司时间、对明远公司的实际控制程度、实施的具体侵权行为和侵权情节等方面，综合考虑侵权人的主观过错程度以及所实施行为对侵权损害结果的作用大小，将明远公司实际控制人程某、王某、程高某的连带责任份额由一审判决的占总赔偿额的1/15 提高到1/3 和1/6。

第三十六章　软件源代码技术秘密案诉请版本有误被驳

第一节　“安美微客诉岭博科技软件源代码案”诉请被驳回

安美微客（北京）互联网科技有限公司（以下简称安美微客公司）于2017年6月起诉岭博科技（北京）有限公司（以下简称岭博科技公司）、郑某和吴某等，请求判令岭博科技公司立即停止实施侵害安美微客公司计算机软件著作权及商业秘密的行为，停止对外销售LinkBroad网关设备及其相关软件，并召回已经对外销售的LinkBroad网关设备及其相关软件；判令岭博科技公司向安美微客公司赔礼道歉，消除影响；判令岭博科技公司赔偿安美微客公司经济损失9 600 000元及维权费用；判令郑某和吴某等构成对计算机软件著作权及商业秘密的共同侵权，停止侵权行为，并承担连带赔偿责任。

一审法院认为安美微客公司关于安美微客网关系统软件、石基接口构成其技术秘密，主张的客户名单、报价策略和石基接口等构成其经营秘密的主张缺乏事实依据，故一审法院对安美微客公司关于五被告实施了侵害其技术秘密及经营秘密的侵权行为的主张不予支持。安美微客公司关于五被告侵害其计算机软件著作权的主张同样缺乏事实依据，亦不予支持。判决驳回安美微客公司的全部诉讼请求。

安美微客公司不服一审判决提起上诉并在二审期间提交了4份新证据。二审法院认为本案的争议焦点包括：五被上诉人是否侵害了安美微客公司商业秘密及计算机软件著作权；如构成侵权，相应民事责任应当如何承担。

本案中安美微客公司主张五被上诉人侵害其计算机软件著作权及商业秘

密，其中，商业秘密侵权部分，既包括技术秘密又包括经营秘密；涉案计算机软件代码既是安美微客公司主张计算机软件著作权侵权的权利基础，又构成安美微客公司主张的技术秘密的具体内容。

最高人民法院认为一审判决认定事实清楚，适用法律正确，应予维持，判决驳回上诉。

第二节　软件源代码技术秘密范围的确定性与真实性

无论是确定计算机软件著作权作品的内容还是明确计算机软件（源）代码的技术秘密范围，都需要固定用于主张权利的涉案软件具体版本（号），并提供相应的载体及电子数据的环境信息以证明时间与内容的真实性，这是提起诉讼并组织证据的基础性工作。

如果版本不准确会带来一系列的问题，如权利内容与范围不清、无法确定技术秘密（作品）代码完成时间、接触的事实被质疑、无法（顺利）比对以及对公开（或开源）代码无法筛选等。在本案一审、二审中有比较充分的体现：

（1）关于代码最后编译时间的问题。比如，本案中安美微客公司提交的京网协鉴定中心通字［2017］第26号司法鉴定书显示，安美微客公司代码的最后编译时间为2015年11月29日，编译对象为AMTTACSSoftware2.30（R-1-rc3）20140523。一审法院认为，文件名称中的日期是人为命名的，任何人均可任意在文件名中添加和修改日期，因此在无其他证据进一步佐证的情况下，对于安美微客公司关于其委托鉴定的计算机软件版本完成时间为2014年5月3日的主张，一审法院不予采纳。

（2）关于诉讼中出现主张权利的不同版本问题。比如，一审法院指派技术调查官参与诉讼，并对安美微客公司提交的计算机软件代码与岭博科技公司的计算机软件代码进行版本勘验、编译和抽样比对。发现对安美微客公司在本案中提交的主张权利的软件版本进行勘验时显示抽样的各源代码文件中均含有最后修改时间为 2016～2017 年的代码文件，将安美微客公司提交的源代码编译运行后，通过命令行比较发现安美微客公司在本案中提交的主张权利的软件版本与其自行委托鉴定的软件版本的部分功能不同，应属不同版本的代码。经技术调查官询问，安美微客公司未做合理解释。本案中出现的这些问题说明其在起诉前并没有做好必要细致的核查工作，当所主张的软件版本在诉讼中出现问题以后，变更作品内容和技术秘密代码的范围将会成为不容回避的问题，这必须在一审中竭尽全力地通过补充证据来弥补，包括重新确定并明确技术秘密的代码或源代码的范围以及真实性无争议的载体，否则必然产生严重的不利后果。

二审中安美微客公司上诉主张，吴某离职时应交接的全部计算机软件源代码（以下简称"吴某应交接版源代码"）构成其技术秘密，并要求二审法院依据 2019 年《反不正当竞争法》第 32 条、最高人民法院《关于民事诉讼证据的若干规定》第 95 条的规定，责令吴某提交安美微客公司主张的计算机软件源代码。

二审法院认为：根据《商业秘密民事案件若干规定》第 27 条的规定，权利人应当在一审法庭辩论结束前明确所主张的商业秘密具体内容。仅能明确部分的，人民法院对该明确的部分进行审理。权利人在二审程序中另行主张其在一审中未明确的商业秘密具体内容的，二审人民法院可以根据当事人自愿的原则就与该商业秘密具体内容有关的诉讼请求进行调解；调解不成的，告知当事人另行起诉。双方当事人均同意由二审人民法院一并审理的，二审人民法院可以一并裁判。本案二审中，安美微客公司主张将"吴某应交接版源代码"作为其主张技术秘密的权利基础和依据，其实质上是在二审程序中另行主张其在一审中并未明确的商业秘密的具体内容，现岭博科技公司等五被上诉人在二审程序中明确表示不愿进行调解，且双方对于吴某在其离职时是否已交接全部计算机软件源代码、吴某是否应当在本案二审中提交相关源代码，以及安美微客公司二审中新主张的"吴某应交接版源代码"是否符合商业秘密法定构成要件等问题存在重大分歧，若将上述争议问题与安美微客公司在一审中主张的诉请内容一并在二审中审理，当事人享有的诉讼程序权益将难以得到保障。因此，本案二审中，对于与安美微客公司在一审中主张的技术秘密有关的上诉主张及请求，不予支持，而对于安美微客公司能否根据2019年《反不正当竞争法》第32条、最高人民法院《关于民事诉讼证据的若干规定》第95条的规定，主张由五被上诉人提交“吴某应交接版源代码”，该源代码能否作为安美微客公司主张技术秘密的权利基础和依据，以及各方当事人在本案二审中提交的相关证据能否达到其证明目的等争议问题，不予审理，安美微客公司对此可以另行起诉。综上所述，二审法院驳回了安美微客公司的上诉请求。

第三十七章　新合伙人侵犯商业秘密专利代理所被诉

第一节　带走原专利所客户经营秘密侵权案

本案是因专利工程师离职创业，以合伙人身份与他人共同成立新专利代理公司，带走原专利事务所客户而引发的商业秘密侵权纠纷。一审法院驳回了原告诉讼请求，二审法院认定“客户名单”信息构成商业秘密判令该合伙人承担侵权责任，但驳回了对新专利代理公司的诉请。新成立的代理公司、员工（合伙人）新入职的专利事务所以及其他合伙人，在什么情况下可能构成共同侵权，以及如何有效控制侵犯商业秘密民（刑）事风险是当下迫切需要面对的问题。

侯某玉于2008年9月23日进入杭州杭诚专利事务所有限公司（以下简称杭诚专利所）从事专利代理工作。2008年12月17日双方签订《知识产权保护及保守商业秘密协议》，约定侯某玉应当长期保守杭诚专利所的商业秘密，在职期间或离职两年内不参加其他企业组织的与杭诚专利所竞争的活动。侯某玉在杭诚专利所担任专利代理人助理期间，曾为桐乡嘉力丰实业股份有限公司、浙江大学、浙江理工大学、浙江省海洋水产研究所等客户撰写过多份专利申请文件，其可以接触到的客户信息包括客户联系人地址、电话、发明人身份证号码、服务费用、委托代理工作单等，委托代理工作单上记载有发明人证件号码、名称、地址、固定电话、手机号码、指定联系人姓名、电子邮箱、邮编、传真、申请代理费、实审代理费、特殊需求等。侯某玉于2016年4月29日从杭诚专利所辞职后，于2016年6月与他人合伙共同设立嘉兴永航专利代理事务所（以下简称永航专利所），并将桐乡嘉力丰实业股份有限公司、浙江大学、浙江理工大学、浙江省海洋水产研究所等申请的百余件专利的代理机构从杭诚专利所变更为永航专利所。杭诚专利所遂诉至杭州铁路运输法院，请求判令侯某玉、永航专利所停止不正当竞争行为，不得披露、使用或允许他人使用其所掌握的杭诚专利所的商业秘密，并要求赔偿损失 30 万元及维权费用。

杭州铁路运输法院于 2019 年 3 月 19 日判决驳回杭诚专利所的诉讼请求。

杭诚专利所上诉至杭州市中级人民法院，并在二审补充提交了系统操作路径演示、客户信息内容和侯某玉操作系统记录等证据，用以证明侯某玉可以接触到涉案商业秘密信息。杭州市中级人民法院于 2019 年 12 月 13 日判决侯某玉立即停止侵害杭诚专利所商业秘密的不正当竞争行为，不得使用涉案客户名单，赔偿经济损失及其合理费用 12 万元，驳回对永航专利所的诉讼请求。

侯某玉后向浙江省高级人民法院申请再审，被裁定驳回。

在经营信息商业秘密案中，权利人应积极寻找并组织证据，证明所主张要保护的客户信息的具体内容及“特殊性”，现分述如下：

本案中一审法院认为杭诚专利所提交的证据仅能反映客户名称、地址和联系方式等信息，并没有客户的特定交易习惯、交易条件和交易需求等深层次信息内容，无法确定商业秘密的具体内容，无法认定杭诚专利所主张的客户名单是否属于区别于相关公知的特定客户信息，是否具有相应的商业价值。一审判决所述“无法确定商业秘密的具体内容”的情况，是经营信息商业秘密案件中常出现的问题。很显然原告要明确所主张经营秘密信息的具体内容是什么并证明其真实性。这是一项基础性的工作，从专业角度讲并非难事，但对实务操作经验有一定的要求，即先要解决寻找什么证据的问题。因为相关信息存在于不同业务环节中如同“散落满地的鸡毛”，不是把所有的“鸡毛”都捡起来，而是有选择地“捡鸡毛”。微信公众号“金桐秘语”上 2019 年 5 月 14 日发表的《经营信息商业秘密案的证据组织与侵权认定》一文中建议要捡出“联系信息、交易（习惯）信息、渠道（模式）信息，需求信息与交易机会信息等”五个方面的“鸡毛”，并指出“通常情况下，原告都需要先确定经营秘密信息的具体内容，并为此准备证据。由于载负着秘密信息内容的证据材料都散见在日常的经营管理文件、商务合同文件以及往来信件和邮件中，要做到乱中有序并实现证明目的，就需要针对有用的信息结合案件的具体情况进行分类，将其证据化并进行有效的组织和展示”。

二审法院认为涉案客户名单中包含的信息系杭诚专利所在长期经营过程中付出智力劳动和经营成本而积淀形成，通过公开渠道难以获知，并不为从事专利代理领域的相关人员普遍知悉和容易获得，已经构成了区别于相关公众所知悉信息的特殊客户信息。

二审作出不同的判决并非仅是观点和证明标准的改变，本案二审期间，杭诚专利所又提交了下列证据：（1）系统操作路径演示，用来证明侯某玉有权并且一定可以查看到涉案客户全方面私密信息的事实。（2）客户信息内容，用于证明侯某玉可以获取到的涉案客户信息包含所有个性化服务需求、支付能力水平、私人联系方式和身份证号码等所有深层信息，符合商业秘密的形式和实质要求，应当受到法律保护的事实。（3）侯某玉操作系统记录，用来证明侯某玉实际操作涉案客户管理系统的事实。经质证，虽然侯某玉、永航专利所对其真实性、关联性均有异议，但二审认为上述证据可以与杭诚专利所在一审中提供的证据相互印证，确认其证据效力。

由此可知，二审判决在进一步查明事实的基础上，强调“构成了区别于相关公知信息的特殊客户信息”。如何体现权利人“客户信息”内容的“特殊性”是案件成功的关键环节，虽然这里强调的“特殊性”不是经营秘密的构成要件，但是在针对涉案领域排除可能为公众所知悉因素时，其“特殊性”就显得极为重要。这是在起诉之前，就应该想好、做好、准备好的证据。本书将此种组织证据的方法形象地称为“做个鸡毛掸子去干活”，具体流程包括：“捡鸡毛”，即在公司的各业务环节中，寻找与经营秘密信息有关的证据；“将捡到的鸡毛合成撮，用线扎起来”，即对有关的经营秘密信息证据进行分类；“选择一个适合的小竹棍”，即要结合指控的侵权行为将有用的经营秘密信息进行证据化；“将这一撮鸡毛用线系在小竹棍上制鸡毛掸子”，即将证据组织起来确定其经营商业秘密范围与内容。做成一个高质量的鸡毛掸子，是案件成功的基础。一来挥舞起来允许掉几根或者几撮鸡毛，但鸡毛掸子不能散了；二来要明白真正实现扫走灰尘效果而直接发挥作用的，不是小竹棍而是没有散掉的鸡毛。易言之，既要小竹棍不能断，又要成小撮的鸡毛不能散，二者缺一不可。

第二节　专利代理行业的客户信赖抗辩

本案一审、二审均未聚焦“客户信赖”问题，这不难理解，因为被告没有将其作为不侵权的直接抗辩事由。在二审认定构成经营秘密侵权后，侯某玉申请再审。再审申请的第一个理由就是“客户信赖”，即“认为二审法院忽视了专利代理行业的高度专业性，将客户自愿选择专业的代理人进行合作与代理人单方带走客户相混同，前种情形不属于不正当竞争。在一般行业，市场竞争优势源于公司的巨大投入，并不要求员工具有较高的个人技能，即可凭借公司积累的资源获取交易机会。但在专利代理行业，不同代理人之间存在专业水平的巨大差别，客户往往是基于对代理人个人专业知识、技能、经验的信赖、认可而自愿选择该代理人，从而与该代理人或其所在单位签订相应的交易合同，本案中所涉客户与侯某玉之间即属于上述情形”。

再审申请人（一审被告）的答辩思路令人不解：因为“客户信赖”不侵权抗辩与其在一审、二审中其他抗辩事由并不冲突，如果确是基于“客户信赖”而达成交易被诉侵权，为何到了再审申请时才提出呢？这与主观心理状态不符。在商业秘密刑事案件中这个问题就显得尤为突出，必定会引起侦办单位的特别重视。其在再审申请中提出了“客户信赖”观点，但未见有针对性的证据组织工作，以客观证据证明确是因“客户信赖”而达成交易是抗辩成功的事实基础。

再审被申请人（一审原告）以“侯某玉应当就获取涉案客户信息来源的合理性和正当性承担严格的举证责任”作为答辩理由。这个大方向是对的，有针对性，主要体现在两个方面：

（1）侯某玉现有客户是杭诚专利所涉案客户名单中的客户，客户信息实质相同。侯某玉在杭诚专利所接触到涉案客户信息，且在离职后立即与涉案客户交易获利，却未能证明客户来源的正当性，足以推定其构成对杭诚专利所涉案商业秘密的侵害。

（2）侯某玉关于客户因对其个人信赖而自愿与其合作不构成侵权的主张不能成立。侯某玉是经杭诚专利所精心培养而成长起来的骨干员工，其行业经验、技能均得益于杭诚专利所的平台给予的历练，其系利用杭诚专利所提供的物质条件、交易平台及工作机会，才与客户进行交易，不存在涉案客户系基于对其个人信赖而与杭诚专利所进行交易，该事由并不能阻却侵权成立。

针对被告的“客户信赖”抗辩，杭诚专利所强调了其对侯某玉成为业务骨干、技术精英的贡献，还提出“客户信赖”不能阻却侵权成立的观点。本案中侯某玉以“客户信赖”抗辩不侵权未被支持的原因是事实缺乏证据支持，即“不存在涉案客户系基于对其个人信赖而与杭诚专利所进行交易”的事实。如果将其简单地理解为“客户信赖不能阻却侵权”很显然是不准确的。杭诚专利所的答辩从“立”的角度强调了被告所实施的侵权行为，这一点值得借鉴。如果还能够从“驳”的角度分析论证被告主张基于“客户信赖”达成交易与客观事实不符，必然会起到更好的效果。在此类案件中，原告、被告双方的代理律师都可以就“客户信赖”问题，从不同的角度找寻、组织证据，在证明所主张事实真实性方面发挥更大的作用。

如从原告、被告的角度，是否可以考虑从如下几个方面准备证据，证明不是基于“客户信赖”或者相对而言被带走的客户对侯某玉个人的信赖较弱等：

（1）分别从“开发获得客户”、“直接为客户服务”和“维护客户挖掘业务”等不同的方面找寻证据，以证明哪些客户和哪些客户的具体工作内容是或不是侯某玉负责的。易言之，如果被带走的客户都不是或主要不是侯某玉负责的，以“客户信赖”为由抗辩成立的难度就会增大。

（2）离职后带走客户并不鲜见，但也是要费功夫的，准备的过程中会留下一些证据或者证据线索，律师要在这些细节上多下功夫。建议研究邮件系统、管理系统以及与客户的沟通往来信息等，查看有哪些不正当、不正常的信息并进行分析。在此过程中，客户是如何反应的，作为原告当客户信息出现异常时是如何处理的，有否向客户问询，客户是如何回复的。侯某玉在向团队对接信息时有哪些是不全的、不准确的甚至是错误的等。

（3）涉案的第一个客户或者第一批客户是什么时候被带走的，杭诚专利所与客户是如何沟通的，客户是如何回复的。客户有没有关于是基于对侯某玉信赖的正式表述或者其他有相同意思表示的行为、信息。是否有对客户做过风险的提示，比如提示不得有商业行贿违法行为。是否告知过客户，侯某玉在入职时、工作期间或者离职时与杭诚专利所签署过相关的协议或者承诺等。

（4）被告方是否可以同理思考，基于上述思路与所要找寻证据的类型以及证明目的，针对原告管理等方面存在的问题，结合客户所实施的主动行为，分别从原告“客户信息保护制度”、“业务流程管理”和“问题发现与响应对策的执行”等相对人角度去找寻和组织证据，证明“客户信赖”的真实性，或者形成内心确信提高可信度等。

关于离职前签署的承诺书的效力与商业秘密侵权认定的关系，以及对当前业务背景下法律适用的影响。杭诚专利所再审审查答辩称，“即使侯某玉在入职之前已是行业翘楚、技术精英，但其离职时签署了《承诺书》，做出不带走涉案客户的承诺，即使客户自愿选择，也仍构成不正当竞争”。再审裁定认为：根据《审理不正当竞争的解释》第 13 条第 2 款的规定①及本案证据提交情况，侯某玉所提交的证据尚不足以证明涉案客户均是基于对其个人的信赖而转与永航专利所发生业务关系。侯某玉从杭诚专利所离职后，向该所出具了《承诺书》，明确表示“在离开杭诚专利所后，不带走杭诚专利所的任何客户，不会再和杭诚工作期间的客户发生以营利为目的的业务往来关系”。“即使涉案客户转投永航专利所确因个人信赖使然，侯某玉与杭诚专利所的原客户继续发展业务关系，仍具有明确的可责性”。从浙江省高级人民法院驳回再审申请裁定的上述表述看，其还是郑重强调了“侯某玉所提交的证据尚不足以证明涉案客户均是基于对其个人的信赖而转与永航专利所发生业务关系”的事实问题，而未直接回应支持杭诚专利所的上述观点，本书认为这一做法是正确的。

---

① 《审理不正当竞争的解释》第 13 条第 2 款规定，客户基于对职工个人的信赖，而与职工所在单位进行市场交易，该职工离职后能够证明客户自愿选择与自己或者其新单位进行市场交易的，应当认定没有采用不正当手段，但职工与原单位另有约定的除外。此为判决时适用的规定。——编者注

而值得注意的是，本案在分析“客户信赖”时是适用2007年2月1日生效的《审理不正当竞争的解释》于2020年10月22日作出裁定的。2020年9月12日生效的《商业秘密民事案件若干规定》第2条第2款[①]已不再将“职工与原单位另有约定”作为认定“客户信赖”抗辩的除外条款。如果案件发生在现在的业务环境下，即便公司与员工签署了类似“不得带走客户承诺”，不应再适用“客户信赖”别除条款，显然也不能以“就员工与原公司客户的交易行为之前有类似的约定”就直接认定构成商业秘密侵权。但是，如果从公司管理与风险控制的角度思考，公司与员工签署了类似条款并约定了违约责任还是有意义的，因为可以从合同违约的角度寻求可能的法律救济。有关“客户信赖”的抗辩思路与证据组织不再赘述。[②]

第三节　新竞争环境下专利代理所的风险控制

二审法院依据《反不正当竞争法》第9条第3款的规定[③]，认定杭诚专利所并未提供证据证明永航专利所明知或者应知侯某玉实施了侵害其商业秘密的违法行为，驳回了对永航专利所的侵权指控。本案已查明永航专利所与杭诚专利所原客户达成了交易，且是基于永航专利所创始合伙人侯某玉的侵权行为达成的交易，查明永航专利所的主观过错并非难事，关键取决于原告方证据组织可以达到的证明程度。

侯某玉与永航专利所的关系通过公开渠道是可以查清的，如通过国家知识产权局网站（http://dlgl.cnipa.gov.cn/txnqueryAgencyOrg.do）可以非常简

---

① 《商业秘密民事案件若干规定》第2条第2款规定，客户基于对员工个人的信赖而与该员工所在单位进行交易，该员工离职后，能够证明客户自愿选择与该员工或者该员工所在的新单位进行交易的，人民法院应当认定该员工没有采用不正当手段获取权利人的商业秘密。

② 参见李德成：《经营信息商业秘密案客户信赖抗辩的认定与思考》，载微信公众号“金桐秘语”2019年6月3日，https://mp.weixin.qq.com/s/LJTL9zy3rv9PXdY3XOTyuw。

③ 《反不正当竞争法》第9条第3款规定，第三人明知或者应知商业秘密权利人的员工、前员工或者其他单位、个人实施本条第1款所列违法行为，仍获取、披露、使用或者允许他人使用该商业秘密的，视为侵犯商业秘密。

单地查证股东信息。

作为原告方是否可以考虑从如下角度来分析、组织相关证据证明被告专利代理所的主观过错：

（1）是不是合伙人，合伙的性质，是不是控股股东；

（2）加入合伙，或者成立该机构时，每个合伙人声称的各自的客户资源是否包括涉案被带走的客户；

（3）其他合伙人，或者新的代理机构已有的客户是否会因为合同约定而产生利益冲突，如有，是否做过必要的审查；

（4）新合伙人声称的客户资源是否有相应的证据作支撑；

（5）是否存在已经被通知或者知道已经发生纠纷，还继续与原单位其他客户产生交易的事实；

（6）是否有要求新的合伙人如实声明是否存在“限制竞争义务”或者“不带走客户承诺”；

（7）被告代理所此前是否存在同类的纠纷或者被投诉的情况；

（8）涉案的客户是否知悉纠纷的发生以及在不同阶段的反应态度；

（9）是否有故意隐瞒已入职被告专利所或入职被告专利代理所可以有效控制单位的可疑的证据线索；

（10）该员工、合伙人和被告专利代理所的其他不正当、不正常的言行等。

基于对本案的分析，以普通合伙企业形式设立的专利代理机构在新设或吸纳权益合伙人时需做好如下准备工作，以有效控制单位和各合伙人共同承担商业秘密侵权责任的风险：

（1）新进合伙人带来的客户是原单位已发生交易的客户，如果没有充分的证据证明该合伙人亲自服务过，则风险级别为“很高”应特别加以防范；

（2）新进合伙人与原单位签署了类似“不得与原单位客户发生交易”协议且尚在有效期内，且与前述（1）并存的，风险级别为“特别高”；

（3）新进合伙人拟带来的原单位客户存在（2）的情形，在未获得原单位客户事先书面确认，是基于对其个人的信赖才选择与本专利代理所签约的情况下，不要签约；

（4）新进合伙人有较充分的证据证明亲自服务过原单位客户，即有充分的证据证明存在扎实的“客户信赖”事实基础，在事先书面确认确有困难的，可以在纠纷发生时再证明原单位客户当时是基于对其个人的信赖才选择与本专利代理所签约。

第三十八章　对证据保全行为侵犯技术秘密提起诉讼

本章结合最高人民法院审理的思克诉兰光技术秘密侵权案，分析了市场流通产品技术秘密的保护措施问题、讨论了专利诉讼证据保全行为被诉侵犯技术秘密的合法性审查问题，分享了中微半导体设备（上海）有限公司（AMEC，以下简称中微公司）在我国台湾地区被证据保全行为侵犯技术秘密案件（在上海起诉后被法院受理）的进展，还探讨了技术秘密民事诉讼与刑事控告的博弈关系。

第一节　“思克诉兰光案”区分对内和对外的保密措施

2019 年 7 月 16 日，思克公司向山东省济南市中级人民法院提起诉讼，请求判令济南兰光机电技术有限公司（以下简称兰光公司）停止侵害思克公司技术秘密的行为，销毁已非法获取的涉及思克公司技术秘密的照片、视频等相关资料等。济南市中级人民法院认为，思克公司未能对其主张的技术信息采取合理的保密措施，该信息不构成商业秘密，于 2020 年 1 月 6 日作出判决，驳回思克公司诉讼请求。

思克公司向最高人民法院提起上诉，要求撤销原审判决，发回重审或查清事实后改判支持其诉讼请求。最高人民法院于 2020 年 10 月 12 日不公开开庭进行了审理，认定思克公司涉案技术秘密因缺乏“相应保密措施”不能成立，2020 年 12 月 14 日判决驳回其上诉请求，维持原判（本章以下简称本案）。

本案被告兰光公司是名称为"一种气体阻隔性检测设备实验腔的夹紧结构"实用新型专利的专利权人。兰光公司因思克公司生产的GTR-7001气体透过率测试仪的内部构造、控制原理，均与兰光公司研发的C130H气体渗透测试系统相同，认为其涉嫌侵害兰光公司的实用新型专利权，于2017年向济南市中级人民法院提起专利侵权诉讼并申请证据保全（以下简称专利侵权案件）。济南市中级人民法院根据其申请，于2017年9月4日对案外人山东罗欣药业集团股份有限公司（以下简称罗欣公司）购买的思克公司GTR-7001气体透过率测试仪采取了拆解、拍照的证据保全措施。思克公司在本案中主张，专利侵权案件中被采取证据保全措施的测试仪载负了公司的技术秘密（共6个密点），兰光公司利用证据保全程序通过拆解该设备获取了该技术秘密，并运用在相同的智能模式检测仪器上，构成技术秘密侵权。思克公司为证明其为涉案技术秘密采取了合理的保密措施，提交了《公司保密管理制度》《企业与员工保密协议》，以及案外人（罗欣公司）与思克公司签订的《设备购销合同书》和产品上"私拆担保无效""品质保证撕毁无效"的标签等证据。其中，《设备购销合同书》涉及技术秘密的条款内容为"需方有义务确保供方货物的技术机密信息安全，所有技术机密信息不得提供给任何第三方"等。

另知，兰光公司因思克公司生产的GTR-7001气体透过率测试仪涉嫌侵害其商业秘密于2017年9月26日向济南市公安局报案，济南市公安局于2019年4月1日作出济公（经）鉴通字（2019）4号《鉴定意见通知书》，明确载明兰光公司相关技术信息属于商业秘密，且思克公司的GTR-7001气体透过率测试仪与兰光公司相关产品的技术特征相同。该商业秘密刑事案件在本案二审期间已移送检察机关审查起诉。因此，兰光公司主张本案系思克公司在涉嫌侵犯兰光公司商业秘密的情况下，恶意提起的诉讼，目的是拖延时间。

一、所指控侵权行为发生在新法生效前且持续至新法生效后，本案应适用新的《反不正当竞争法》及相应的司法解释

关于本案新旧法律的适用问题，济南市中级人民法院未作特别说明，从

引用法条看适用的似为2019年《反不正当竞争法》，但引用条文款项对应的分别是2017年修订和1993年通过的《反不正当竞争法》。最高人民法院查明思克公司诉称兰光公司侵害其技术秘密的行为包括：（1）2017年9月4日，兰光公司工作人员与济南市中级人民法院工作人员前往罗欣公司处，利用另案诉讼的保全证据拆解了思克公司的GTR-7001气体透过率测试仪，从而非法获取了思克公司的技术秘密；（2）自2019年起，兰光公司开始在市场上推出非法使用思克公司技术秘密的C130H气体渗透测试系统产品。基于上述事实，最高人民法院纠正了前述法律适用的错误。根据《商业秘密民事案件若干规定》第28条、第29条的规定①，结合思克公司起诉的时间（2019年7月16日），最高人民法院认为本案被诉侵权行为在2019年《反不正当竞争法》修改之前已经发生且持续到该法修订之后，应当适用2019年修正后的《反不正当竞争法》，同时适用《商业秘密民事案件若干规定》。

二、需要判断所采取的保护措施与所主张被侵害的技术秘密的成立是否具有关联性，且要从法律要件和举证责任两方面综合进行分析

（一）关于“相应保密措施”的实体法律要件与程序举证责任

一审法院认为思克公司对于其售出的产品采取的保密措施为设备购销合同及“防拆”标签。该设备购销合同并未限制购买方对该设备进行转让，亦未要求购买方对该设备采取防盗或专人使用、产品废弃后的处理方式等专业的保密措施。GTR-7001气体透过率测试仪流入市场后，其承载的技术即可轻易为人所获取。故认为思克公司未对涉案技术秘密采取相应的保密措施。

最高人民法院提出应从实体法律要件与程序举证责任两个方面分析论证所采取的保护措施与所主张被侵害的技术秘密的成立是否具有关联性。

---

① 《商业秘密民事案件若干规定》第28条规定，人民法院审理侵犯商业秘密民事案件，适用被诉侵权行为发生时的法律。被诉侵权行为在法律修改之前已经发生且持续到法律修改之后的，适用修改后的法律。第29条规定：本规定自2020年9月12日起施行。最高人民法院以前发布的相关司法解释与本规定不一致的，以本规定为准。本规定施行后，人民法院正在审理的一审、二审案件适用本规定；施行前已经作出生效裁判的案件，不适用本规定再审。

第一，从法律要件来看，“相应保密措施”构成思克公司主张保护的技术秘密能否成立的法律要件之一；第二，从举证责任来看，“相应保密措施”是侵害商业秘密民事案件中判断举证责任转移的法定要件之一。一般情况下，权利人在民事侵权案件中应当对其主张保护的权利真实存在、合法有效承担举证责任，故《审理不正当竞争的解释》第 14 条①规定，权利人应当对其主张的商业秘密所采取的具体保密措施负举证责任。② 但是，由于商业秘密具有保护客体不为公众所知悉的秘密属性，其天然地不具备“可对抗不特定第三人的绝对权应予公示”的法律属性，加之“不为公众所知悉”这一事实为消极事实，商业秘密权利人难以证明，因此，为了适当减轻商业秘密权利人的举证责任，2019 年《反不正当竞争法》修改了上述举证责任分配的一般原则，根据第 32 条第 1 款的规定③，在侵害商业秘密民事案件中，商业秘密权利人应当首先提供初步证据证明其对主张保护的商业秘密采取了“相应保密措施”，以及被诉侵权人存在“侵犯行为”。在此基础上，商业秘密权利人无须举证证明其主张保护的商业秘密“不为公众所知悉”，而转由被诉侵权人举证证明权利人主张保护的商业秘密不具备“不为公众所知悉”这一要件，进而不属于《反不正当竞争法》规定的商业秘密。

（二）根据涉案技术秘密及载体性质，分析“对内保密措施”的对应性、“对外保密措施”的保密意愿和物理措施的保密效果

最高人民法院就本案中思克公司对其主张保护的技术秘密是否采取了“相应保密措施”，从如下几方面进行了分析，值得学习和肯定。

1. 针对以市场流通产品作为载体的技术秘密的保密措施应当具有对应性

思克公司所主张采取的“对内保密措施”，因脱离涉案技术秘密的载体，

---

① 《审理不正当竞争的解释》第 14 条规定，当事人指称他人侵犯其商业秘密的，应当对其拥有的商业秘密符合法定条件、对方当事人的信息与其商业秘密相同或者实质相同以及对方当事人采取不正当手段的事实负举证责任。其中，商业秘密符合法定条件的证据，包括商业秘密的载体、具体内容、商业价值和对该项商业秘密所采取的具体保密措施等。此为判决时适用的规定。——编者注

② 最高人民法院《关于适用〈中华人民共和国反不正当竞争法〉若干问题的解释》已于 2022 年 3 月 20 日生效，《审理不正当竞争的解释》的上述相关条款不再适用。

③ 《反不正当竞争法》第 32 条第 1 款规定，在侵犯商业秘密的民事审判程序中，商业秘密权利人提供初步证据，证明其已经对所主张的商业秘密采取保密措施，且合理表明商业秘密被侵犯，涉嫌侵权人应当证明权利人所主张的商业秘密不属于本法规定的商业秘密。

即在市场中流通的 GTR-7001 气体透过率测试仪产品，故与主张保护的涉案技术秘密不具有对应性。因其主张保护的涉案技术秘密及其载体不具有对应性，故不属于反不正当竞争法规定的“相应保密措施”。

2. 针对市场流通产品采取的措施应当是为保密意愿而实施的

思克公司所主张采取的“对外保密措施”，或仅具有约束合同相对人的效力，不具有约束不特定第三人的效力，或未体现出思克公司的保密意愿，故不属于反不正当竞争法规定的“相应保密措施”。

一方面，思克公司在与客户签署的《设备购销合同书》中仅约定客户需承担确保该产品技术机密信息安全以及不得将技术机密信息提供给任何第三方的合同义务，并未限制客户对所购买的产品进行处分、转让，故不特定第三人可通过市场流通取得该产品，且不受思克公司与客户签订的《设备购销合同书》约束。

另一方面，思克公司虽在其 GTR-7001 气体透过率测试仪的特定位置贴有标签，但标签载明的“危险！私拆担保无效!”“SYSTESTER 思克品质保证撕毁无效”等内容，属于安全性提示与产品维修担保提示，均不构成以保密为目的的保密防范措施。

3. 针对市场流通产品的保密措施应能达到对抗不特定第三人的效果

涉案产品为市场流通产品，区别于可始终处于商业秘密权利人控制之下的技术图纸、配方文档等内部性载体，属于外部性载体，故思克公司为实现保密目的所采取的保密措施，应能对抗不特定第三人通过反向工程获取其技术秘密。根据查明的事实，思克公司亦认可通过拆解测试仪，可直接观察到秘密点 2、3、4 和 5，同时，本领域技术人员“通过常理”可知晓秘密点 1 和 6，故涉案技术秘密不属于“他人即使拆解了载有技术秘密的产品，亦无法通过分析获知”的技术秘密。思克公司在其产品上贴附的标签属于安全性提示以及产品维修担保提示，故不构成以保密为目的的保密措施，不属于“采取物理保密措施对抗他人的反向工程”。即使思克公司贴附在产品上的标签所载明的文字内容以保密为目的，该标签仍不能构成可以对抗他人反向工程的物理保密措施。因为通过市场流通取得相关产品的不特定第三人与思克公司并不具有合同关系，故无须承担不得拆解产品的合同义务；不特定第三人基于所有权对相关产品的处分行为，不受思克公司单方面声明的约束。

第二节　市场流通产品的保密措施与反向工程

针对市场流通产品作为载体的技术秘密所采取的保密措施是否有效，与反向工程密切相关，需要进行实质性审查并做出判断。

有观点认为，“在界定相应保密措施是否符合法律规定时，我们应该从权利构成要件的角度去分析，而不是从行为合法性的角度去分析权利是否存在。反向工程与未采取相应保密措施属于不同层面的抗辩理由，两者不能混为一谈”，以此为基础针对上一节所讨论的本案事实得出结论如下：“故本案二审法院将对外保密措施的界定标准提高到对抗反向工程之标准系逻辑错误，混淆了权利基础和行为定性的问题。”①

笔者认为，是否属于商业秘密确实应从构成要件去分析，所采取的保密措施是否符合法律的规定也确是构成要件分析的重要内容，同意这个逻辑，但是将反向工程抗辩与保密措施不符合法律规定的抗辩，理解为是完全不同无任何关系的两种辩由是不妥的。这与客观实际情况不符。

当所主张的技术秘密载体为市场流通产品时，必然要审查所采取的保密措施能否达到“不容易获得”的程度。本案中，就体现为要判断保密措施是否达到能够对抗反向工程的标准。因此，上述观点认为本案二审法院“混淆了权利基础和行为定性的问题”，是不能成立的。究其原因，反向工程事实的查证与“是否容易获得”的阐述与案件都较少，与不侵权抗辩相关联的司法解释和地方司法文件中的规定和表述却非常全面和充分。比如，（1）《商业秘密民事案件若干规定》第 14 条；②（2）《江苏省高级人民法院

---

① 张泽吾、胡佳佳：《反向工程与相应保密措施的界定——以“思克公司诉兰光公司侵害技术秘密纠纷案”为例》，载微信公众号“知产力”2022 年 3 月 23 日，https://mp.weixin.qq.com/s/X0J-PJTLiWdsFQodUnvnog。

② 《商业秘密民事案件若干规定》第 14 条规定，通过自行开发研制或者反向工程获得被诉侵权信息的，人民法院应当认定不属于《反不正当竞争法》第 9 条规定的侵犯商业秘密行为。前款所称的反向工程，是指通过技术手段对从公开渠道取得的产品进行拆卸、测绘、分析等而获得该产品的有关技术信息。被诉侵权人以不正当手段获取权利人的商业秘密后，又以反向工程为由主张未侵犯商业秘密的，人民法院不予支持。

侵犯商业秘密民事纠纷案件审理指南（修订版）》第3.6.2条；[①]（3）《北京知识产权法院侵犯商业秘密民事案件诉讼举证参考》第20条第3项和第21条等。[②]

笔者提醒注意，最高人民法院在2021年度针对市场流通产品技术秘密保护措施的统一裁判观点值得认真学习，如北京零极公司与鼎源力诺公司、周某和李某等侵害技术秘密纠纷案[③]。与上一节所讨论的本案判决思路与判断标准如出一辙。

第三节　对诉讼证据保全行为的合法性审查与可诉性

一、在技术秘密案中应对所指控的诉讼证据保全行为的合法性进行审查，以及技术秘密民事诉讼与刑事诉讼的博弈关系

应从证据保全申请与裁定事项、保全的目的与范围、保全的过程与方式等方面分别审查其保全行为的合法性。

最高人民法院认为根据本案现有证据，不能认定兰光公司以申请证据保

① 根据《江苏省高级人民法院侵犯商业秘密民事纠纷案件审理指南（修订版）》第3.6.2条的规定，反向工程抗辩主要适用于技术信息，指被告抗辩其通过技术手段对公开渠道取得的产品进行拆卸、测绘、分析而获得该产品的有关技术信息。对此，被告需提供证据予以证明。反向工程产生两个法律效果：一是被告不构成侵权；二是反向工程并不意味着该商业秘密丧失秘密性。需要注意：（1）被告以不正当手段知悉了原告商业秘密之后，又以反向工程为由主张其行为合法的，不予支持。（2）法律、行政法规对某类客体明确禁止反向工程的，被告的抗辩不能成立。被诉侵权人以不正当手段获取权利人的商业秘密后，又以反向工程为由主张未侵犯商业秘密的，人民法院不予支持。

② 根据《北京知识产权法院侵犯商业秘密民事案件诉讼举证参考》第20条第3项的规定，被告否认侵犯商业秘密的，可以提供：被告自行开发研制或者反向工程等的开发文件、研发记录、音视频文件；第21条规定，被告主张被诉侵权信息系通过反向工程获取的，可以提供以下证据：（1）通过公开渠道取得产品的购买合同、接受赠予的凭证、票据；（2）通过拆卸、测绘、分析等相关技术手段从公开渠道取得的产品中获得有关技术信息的工作记录、视频、文档数据；（3）委托他人通过拆卸、测绘、分析等技术手段从公开渠道取得的产品中获得有关技术信息的合同、往来邮件；（4）能够证明被诉侵权信息系通过反向工程获取的其他证据。

③ 一审案号：北京知识产权法院（2018）京73民初1065号；二审案号：最高人民法院（2021）最高法知民终1440号。

全的方式侵犯了思克公司的技术秘密，理由如下。

1. 审查保全申请行为是否合法

兰光公司在另案诉讼中诉称思克公司制造的 GTR-7001 气体透过率测试仪侵害了兰光公司的专利权，因而申请人民法院进行证据保全，该申请行为具有合法性。

2. 审查保全的过程是否合法

证据保全过程中，因侵权比对涉及产品内部结构，故在人民法院主持下对位于罗欣公司处的 GTR-7001 气体透过率测试仪进行拆解并拍照、录像，未超出证据保全的目的与范围，具有合法性。

3. 审查保全的措施是否合法

本案现有证据亦不能证明，在证据保全过程中，罗欣公司提出了被保全的产品涉及兰光公司的技术秘密、证据保全应采取限制取证方式、限定知悉范围等保密措施的主张，故另案诉讼中的证据保全行为具有合法性，并无不当。

二、美国科林研发（LAM）在我国台湾地区以专利侵权为由提出证据保全因超出裁定范围查看，被中微公司（AMEC）在上海起诉技术秘密侵权

本案虽然未被认定为构成侵权，但是所涉侵权行为的类型应当引起重视，借此机会分享一个已审理 10 多年但至今尚未结案的非法获取技术秘密案。

2010 年 12 月，中微公司在上海市第一中级人民法院起诉美商科林研发股份公司（Lam Research Corporation，以下简称科林研发）等技术秘密侵权案［案号为（2010）沪一中民五（知）初字第 225 号］所涉及的部分侵权行为类型与本案非常相似。

原告中微公司的电浆刻蚀机销售到台湾华邦公司（采取了特殊的保密措施）。被告科林研发针对该设备中的一个密封环在我国台湾地区发起专利诉讼并提出证据保全申请。我国台湾地区法院裁定同意对密封环零部件进行勘验以保全证据。被告单位的技术专家向法院签署保密协议保证不对任何第三人泄露保全过程中看到的信息后，参与了具体保全工作，超出勘验范围对整

台设备进行拆卸、拍照，并绘制出原告设备内部结构图提供给科林研发。被告科林研发随后针对获取的新的零部件信息，追加对原告的专利诉讼。虽然追加的专利诉讼后被迫撤回，但该行为本身已经证明了科林研发已超出前一专利诉讼裁定勘验的范围获取了本不应被持有的技术秘密。一审判决后，双方均不服上诉至上海市高级人民法院，经多次不公开开庭审理，至今已经过去了11年，但二审判决还未作出。

三、最高人民法院针对本案的判决结论对此前被告发起的针对原告技术秘密的刑事控告案产生的实质性影响

本案中兰光公司提出，思克公司是在涉嫌侵犯兰光公司商业秘密被刑事立案侦查并移送审查起诉的情况下，恶意提起的诉讼，目的是拖延时间，阻碍公安机关审查。从最高人民法院针对本案的判决结论来看，这一观点似乎是有说服力的。但仔细研究，却发现并非如此。

案件资料显示，兰光公司因思克公司生产的GTR-7001气体透过率测试仪涉嫌侵害其商业秘密于2017年9月26日向济南市公安局报案，济南市公安局于2019年4月1日作出济公（经）鉴通字（2019）4号《鉴定意见通知书》，明确载明兰光公司相关技术信息属于商业秘密，且思克公司的GTR-7001气体透过率测试仪与兰光公司相关产品的技术特征相同。

疑问出自《鉴定意见通知书》：正常情况下鉴定应该是针对涉案技术信息是否属于不为公众所知悉的，而在此的表述却是“兰光公司相关技术信息属于商业秘密”，很显然这不应是鉴定的对象和范围。如果兰光公司在刑事案件中所主张的技术秘密也同样是以市场流通产品为载体，则很显然是否采取了相应的保密措施必然是争议的焦点问题。在向公安机关提出疑问没有被采纳的情况下，发起本案诉讼不失为一个有效手段。

最高人民法院就本案的判决结果与裁判观点，可以有效地在技术秘密被控告刑事案件的侦查与审查起诉过程中发挥作用。如果确是如此，虽有“曲线救国”的感觉，但也不失为解决问题的一个策略。

第三十九章　商榷保密期届满被许可人被认定侵权案

最高人民法院在君德同创诉泽兴公司和大晓公司技术秘密侵权案中，分析了技术秘密许可合同期限届满后，被许可人的后续保密义务、被许可人能否继续使用技术秘密以及能否许可他人使用技术秘密的问题以及判定侵权产品销售方构成“明知”的考量因素，有些观点值得商榷。①

第一节　“君德同创诉泽兴公司案”涉及销售方共同侵权

北京君德同创生物技术股份有限公司（以下简称君德同创）成立于2004年，通过多年的实践于2009年发现胍基乙酸在动物营养上的作用机理和胍基乙酸在饲料上的应用价值，并研发出生产胍基乙酸的工艺方法，其中包括盐酸胍-氯乙酸法以及甘氨酸-单氰胺法等工艺。为防止核心技术秘密泄露，与涉及此项技术秘密的员工签订《保密协议》。被告石家庄泽兴氨基酸有限公司（以下简称泽兴公司）成立于2005年，经营范围之一为饲料添加剂（胍基乙酸）的生产和销售。君德同创与泽兴公司在2010年8月1日签订了《战略合作协议》《加工协议》，约定君德同创独立占有生产胍基乙酸的有关知识产权（如专利、新产品等），泽兴公司按照君德同创提供的生产工艺生

① 一审案号：河北省石家庄市中级人民法院（2018）冀01民初936号；二审案号：最高人民法院（2020）最高法知民终621号。

产胍基乙酸，并负有保密义务。加工协议终止后，泽兴公司应当继续对君德同创公司知识产权和技术秘密负有保密义务。泽兴公司在2010年到2015年受君德同创委托加工生产胍基乙酸，在此期间获得了君德同创有关胍基乙酸的生产工艺技术。2014年6月泽兴公司为君德同创生产了最后一批胍基乙酸产品。其间，泽兴公司曾于2015年年底私自生产销售胍基乙酸，经君德同创举报到当地农业局后，受到行政机关警告处理，名义上停止生产和销售胍基乙酸产品。2016年下半年，君德同创发现市场上出现大量仿制饲料添加剂胍基乙酸的产品，这些产品均来自河北大晓生物科技有限公司（以下简称大晓公司）。经查，大晓公司主要人员均系泽兴公司为君德同创生产胍基乙酸期间的工作人员，大晓公司法定代表人李某艳与泽兴公司法定代表人闫某辉之妻系亲姐妹关系，大晓公司法定代表人李某艳与该公司股东闫某栋系夫妻关系。大晓公司在其官网宣传其生产的是饲料级胍基乙酸，其销售人员在市场上销售时宣传其曾为君德同创加工商，并宣称生产工艺就是君德同创所研发。2016年下半年，大晓公司开始大规模宣传和销售胍基乙酸；2017年4月，大晓公司参加了2017年中国饲料工业展览会，大肆宣传并散发胍基乙酸样品。

2018年君德同创向石家庄中级人民法院提起诉讼，主张泽兴公司、大晓公司共同侵犯了君德同创有关胍基乙酸的知识产权和技术秘密，私自使用君德同创技术秘密生产胍基乙酸，并在市场上大肆宣传和销售。请求判令两被告立即停止制造、销售、许可他人销售侵害君德同创知识产权和技术机密的饲料级胍基乙酸，共同赔偿经济损失以及维权费用共计1067万元。石家庄中级人民法院于2019年7月3日作出一审判决，认定君德同创向泽兴公司提供的《单氰胺法生产胍基乙酸》记载的内容构成技术秘密，认定泽兴公司、大晓公司对君德同创涉案技术秘密构成侵害，判决泽兴公司、大晓公司立即停止制造、销售侵害君德同创技术秘密的饲料级胍基乙酸产品，两公司自原审判决生效之日起10日内共同赔偿君德同创经济损失及合理开支共计50万元。

泽兴公司、大晓公司不服，向最高人民法院提起上诉。二审中，泽兴公司提交了工商登记信息，拟证明泽兴公司 2015 年前经营范围不含生产饲料级胍基乙酸，其在履行与君德同创的合同期间没有生产饲料添加剂胍基乙酸的资质，也没有生产过饲料添加剂胍基乙酸。最高人民法院于 2021 年 12 月 18 日作出二审判决，改判泽兴公司立即停止允许他人使用君德同创涉案技术秘密的行为直至涉案技术秘密为公众所知悉，大晓公司立即停止使用君德同创涉案技术秘密的行为直至涉案技术秘密为公众所知悉。虽然经济损失赔偿总数额仍为 50 万元，但将其中的 5 万元酌定为君德同创为维权支付的合理费用。

第二节　合同义务与技术秘密侵权认定的关系

本案系技术秘密许可合同约定的保密期限届满后，被许可人使用获知的技术秘密继续生产、销售产品并许可他人使用该技术秘密的典型案例。以下几个方面值得关注。

一是本案所指控侵权行为发生在新法生效前，本案应适用《合同法》和 2017 年《反不正当竞争法》及相应的司法解释。原审法院于 2018 年 7 月 4 日立案受理本案，于 2019 年 7 月 3 日作出一审判决，2019 年 4 月 23 日新修正的《反不正当竞争法》开始施行。但本案涉及的《战略合作协议》《加工协议》的订立、履行等相关法律事实发生于《民法典》及 2019 年《反不正当竞争法》施行前。故本案应适用《合同法》及 2017 年修订的《反不正当竞争法》及相关法律法规、商业秘密的司法解释进行审理。

二是技术秘密许可合同仅约定了保密期限和许可使用的范围，未约定许可使用期限，如何判断被许可人在约定的合同期限外保密期限内使用许可方技术秘密的行为是否构成侵权。《合同法》未区分技术转让合同和技术许可合同，故《合同法》有关技术转让合同的相关规定应当适用于技术许可合同。根据《合同法》第 343 条、第 348 条和《关于审理技术合同纠纷案件适用法律若干问题的解释》第 28 条第 1 款的规定①，技术秘密许可合同的双方当事人可以约定被许可人使用技术秘密的范围，包括使用期限、地域、方式以及接触技术秘密的人员等；还可以约定保密期限，被许可人应当按照约定使用技术秘密，承担保密义务。如果技术秘密许可合同约定了使用期限，期限届满，被许可人不得再使用相关技术秘密；如果技术秘密许可合同没有约定使用期限，仅约定了保密期限，那么保密期限内，被许可人应当按照合同约定使用相关技术秘密，保密期限届满，被许可人仍可以使用技术秘密；如果技术许可合同对使用期限、保密期限均没有约定或者约定不明确，被许可人使用技术秘密不受期限限制。本案中泽兴公司基于协议取得了君德同创的涉案技术秘密，协议明确约定乙方泽兴公司不得将胍基乙酸出售给除君德同创之外的任何第三方，并应严格控制胍基乙酸生产技术，防止相关技术外泄，乙方无权私自销售该合同涉及的加工产品。协议未明确约定涉案技术秘密的使用期限，但约定了合同期限和保密期限，即合同有效期 3 年，自 2010 年 6 月 30 日至 2013 年 6 月 30 日，保密期限为合作期内及双方合作结束后 3 年内。又知，泽兴公司为君德同创生产最后一批胍基乙酸产品的时间为 2014 年 6 月，故保密期限应自 2010 年 6 月 30 日至 2017 年 6 月 30 日。根据前述约定，最高人民法院认为泽兴公司对君德同创涉案技术秘密的保密义务应当至 2017 年 6 月 30 日，在此期限内未经许可不得使用涉案技术秘密。否则，根据 2017 年修订的《反不正当竞争法》第 9 条第 1 款第 3 项的规定②，构成因违反合同约定侵害君德同创商业秘密的行为。根据一审法院查明的事实，被诉侵权技术信息载明的时间为 2015 年 3 月 26 日，又根据 2016 年 3 月 10 日君德同创委托律师事务所发出的《律师函》记载，泽兴公司在 2016 年 3 月前

① 《合同法》第 343 条规定，技术转让合同可以约定让与人和受让人实施专利或者使用技术秘密的范围，但不得限制技术竞争和技术发展。第 348 条规定，技术秘密转让合同的受让人应当按照约定使用技术，支付使用费，承担保密义务。此处适用判决时的规定。——编者注

《关于审理技术合同纠纷案件适用法律若干问题的解释》（法释〔2004〕20 号）第 28 条第 1 款规定：《合同法》第 343 条所称“实施专利或者使用技术秘密的范围”，包括实施专利或者使用技术秘密的期限、地域、方式以及接触技术秘密的人员等。此处适用判决时的规定。——编者注

② 《反不正当竞争法》（2017 年）第 9 条第 1 款第 3 项规定，违反约定或者违反权利人有关保守商业秘密的要求，披露、使用或者允许他人使用其所掌握的商业秘密的行为属于侵害商业秘密行为。此处适用判决时的规定。——编者注

（双方合作结束后三年内）实施了将胍基乙酸作为饲料添加剂销售给用户等行为，在泽兴公司没有提交相反证据的情况下，可以推定泽兴公司在协议约定的保密期限内，未经君德同创的许可，使用了涉案技术秘密，构成侵害商业秘密。

三是技术秘密许可合同约定的保密期限届满后，接触到技术秘密的被许可人是否可以许可他人使用、披露相关商业秘密需综合判断。最高人民法院认为技术许可合同首先遵循当事人意思自治原则，如果合同中明确约定保密期限届满后，被许可人可以许可他人使用、披露相关商业秘密，则被许可人实施上述行为不构成侵害商业秘密；如果技术许可合同并未明确约定保密期限届满后，被许可人可以许可他人使用、披露相关商业秘密，则需要根据双方签订合同的目的、双方的权利义务、合同对价、合同履行情况、商业惯例及诚信原则等，综合判断保密期限届满后，被许可人是否可以许可他人使用、披露相关商业秘密。泽兴公司在相关协议约定的保密期限届满后，即 2017 年 6 月 30 日以后，仅能自己使用涉案技术秘密，不能许可他人使用、披露涉案技术秘密（为避免重复具体理由见下文分析）。

四是被诉侵权产品的销售方在何种情况下与生产方承担技术秘密共同侵权责任。本案中，最高人民法院认定泽兴公司（生产方）与大晓公司（销售方）在协议约定的保密期限届满前及届满后共同使用了涉案技术秘密，并作了具体分析：（1）大晓公司对外宣称的经营范围不仅包括胍基乙酸产品的销售，还包括相关研发和生产。故对大晓公司一审和二审期间，宣称其仅参与了被诉侵权产品销售的主张，最高人民法院未予支持。（2）本案相关证据能够证明大晓公司在协议约定的保密期限届满前，即 2017 年 6 月 30 日前，已经开始了饲料级胍基乙酸产品生产经营活动，且对外宣传时使用了君德同创的相关信息。（3）大晓公司销售胍基乙酸产品时宣称产品来自泽兴公司和君德同创。（4）大晓公司不能证明被诉侵权产品合法来源。大晓公司虽主张其仅系销售商，同时否认被诉侵权产品源于泽兴公司，并声称被诉侵权产品来自广瑞公司，最高人民法院要求其提供广瑞公司具有生产饲料级胍基乙酸产品能力和资质的证据，其未予提交。（5）泽兴公司虽主张其并未与大晓公司合作销售胍基乙酸产品，但根据二审审理期间君德同创陈述和大晓公司的自认，泽兴公司与大晓公司法定代表人之间、股东之间具有亲属、姻亲等关系，应当认定泽兴公司、大晓公司之间具有关联关系，结合大晓公司未能提供其销售的被诉侵权产品的生产工艺及其研发主体，且泽兴公司在知悉大晓公司销售被诉侵权产品时对外宣称产品来自泽兴公司的情况下，并未采取任何措施维权等情形，应当推定大晓公司在生产经营活动中使用了君德同创的涉案技术秘密，且相关技术秘密来自泽兴公司。综上，君德同创为证明泽兴公司与大晓公司共同实施了使用涉案技术秘密的行为已经尽力举证，在泽兴公司、大晓公司没有提供相反证据的情况下，应当认定泽兴公司未经君德同创许可，在《战略合作协议》《加工协议》约定的保密期限内和保密期限届满后，均实施了许可大晓公司使用涉案技术秘密的行为，且大晓公司对于泽兴公司未经君德同创许可系明知，故根据2017 年修订的《反不正当竞争法》第9 条第1 款第3 项的规定，大晓公司亦构成侵害君德同创商业秘密。

五是技术秘密侵权案件中，应明确区分侵权行为类型确定法律责任。本案一审法院认定泽兴公司、大晓公司对涉案技术秘密具有披露行为，进而判决其承担侵权责任。最高人民法院认为在确定泽兴公司、大晓公司的侵权责任时，原审法院没有根据技术许可合同的特点、保密期限的法律性质等严格区分泽兴公司作为被许可人应当承担的民事责任，以及大晓公司作为第三人应当承担的民事责任，属于适用法律错误，并予以了纠正。最高人民法院认为泽兴公司、大晓公司对涉案技术秘密的侵害行为不是披露，大晓公司与泽兴公司在协议约定的保密期限内和保密期限届满后共同实施了侵害涉案商业秘密的行为，应当承担连带责任。最高人民法院判令泽兴公司立即停止允许他人使用君德同创涉案技术秘密的行为直至涉案技术秘密为公众所知悉，大晓公司立即停止使用君德同创涉案技术秘密的行为直至涉案技术秘密为公众所知悉。

第三节　技术秘密保密期限对技术秘密受法律保护的影响

本案关于“保密期限届满后仅能自己使用涉案技术秘密，不能许可他人使用、披露涉案技术秘密”的结论值得商讨。

一、技术秘密的保密期限与技术秘密受法律保护的关系需要分析清楚

本案二审引用《民法总则》第 123 条的相关规定指出：“包括技术秘密在内的商业秘密是民事主体依法享有的知识产权，任何人未经许可不得披露、使用和允许他人使用权利人的商业秘密。”① 笔者对此完全同意，这似乎也是本领域的共识。但接下来的观点却有很大的讨论空间：（1）“其他知识产权具有公开性、期限性、绝对排他性等特征，商业秘密自产生之日就自动取得，并具有相对排他性，即同一商业秘密可能由多个权利主体占有”。这里要强调的是商业秘密的相对排他性并不是自产生之日就自动取得，这与著作权作品不同。因为不为公众所知悉能够解决技术问题的方案和信息虽然已经产生，但是如果没有为保密而采取必要的保护措施，就无法获得法律的保护，其排他性也就无从谈起。（2）“商业秘密的保护期限具有不确定性，只要商业秘密不被泄露，就一直受法律保护”。这里想提醒的是商业秘密不被泄露有可能属于不为公众所知悉，可以成为商业秘密保护的对象，但并不必然受法律保护，因为采取保密措施是其必要条件。（3）“技术许可合同约定保密期间，仅代表双方当事人对该期间的保密义务进行了约定，该保密期间届满，虽然合同约定的保密义务终止，但被许可人仍需承担除自己使用以外的保密义务”。这一观点着实让人费解。被许可人仍需承担除自己使用以外的保密义务这一点，我国法律未见规定，不知依据何在。

二、诚实信用原则不能成为保密期限届满后附加保密义务的理由

二审判决引用《合同法》第 43 条、第 92 条以及最高人民法院《关于适用〈中华人民共和国合同法〉若干问题的解释（二）》第 22 条规定②认为：当事人对于在订立合同过程中知悉的商业秘密，无论合同是否成立，都不得

① 此处适用判决时的规定。——编者注

② 此处适用判决时的规定。——编者注

泄露或者不正当地使用，泄露或者不正当地使用该商业秘密给对方造成损失的，应当承担损害赔偿责任；合同终止后，当事人仍然有保密义务，未尽到保密义务的，应当向对方承担赔偿责任。对法条的上述理解笔者完全同意，但是这些合同义务与保密期限届满后附加给被许可人的保密义务是完全不同的事实，以此作为论据没有说服力。从被许可人的角度看，基于诚实信用原则约定保密期限就要按约定履行保密义务，而又基于诚实信用原则要求被许可人在保密期限届满后继续履行保密义务，这难以自圆其说。

三、合同附随的保密义务与保密期限届满后另行要求延长保密期限完全不同

二审判决认为“按照技术许可合同的性质，被许可人仅是获得了使用相关商业秘密的权利，合同中约定有保密期限，也不应当解释为保密期限届满后，受让人和被许可人可以许可他人使用甚至披露相关商业秘密”，其理由是“因披露商业秘密属于放弃商业秘密民事权利的行为，除非合同中有明确约定，否则该行权处分行为不能由非权利主体作出”。本书对此有不同看法。合同约定的保密期限与权利人的保密意愿和技术秘密的价值等因素密切相关。涉案的保密期限是权利人与被许可人商定的，显然是权利人保密意愿的真实意思表示，保密期限届满后被许可人不再负有保密义务，这也是权利人对期限届满后的权利的处分。

二审判决还认为，因合同法未区分技术转让合同和技术许可合同，《合同法》第 348 条和第 350 条①规定应当适用于技术许可合同。技术许可合同中被许可人应当承担的保密义务至少包括：未经许可人同意，不得擅自许可第三人使用相关商业秘密；应当按照合同约定采取保密措施，不应故意或者过失泄露相关商业秘密；对许可人提供或者传授的技术和有关技术资料，应当按照合同约定的范围和期限承担保密义务；对超过合同约定范围和期限仍需保密的技术，应当遵循诚实信用的原则，履行合同保密的附随义务。这些保密义务以及履行合同保密的附随义务，与本案中在保密期限届满后额外增

① 此处适用判决时的规定。——编者注

加给被许可人的保密义务，有着明显的区别。

四、保密期限届满后技术秘密权利丧失，相对人的行为无须权利人同意

通过合同约定相对人在一定的期限内负有保密义务是权利人对技术秘密采取的有效保密措施。保密期限届满后，权利人没有继续采取保密措施的，该技术信息虽然尚未被公众知悉和容易获得，但是因为不符合我国《反不正当竞争法》第 9 条和《刑法》第 219 条的规定，不再受法律保护。相对人所实施的行为，不再需要权利人许可，更不需要事先约定，据此二审法院的如下观点于理不通："本案中，战略合作协议、加工协议均没有授权泽兴公司在合同约定的保密期限届满后可以许可他人使用、披露涉案技术秘密，且根据战略合作协议、加工协议对泽兴公司保密义务和保密期限的约定，泽兴公司未经君德同创许可，不得将胍基乙酸出售给除君德同创公司之外的任何第三方，显然，君德同创作为涉案技术秘密的权利人通过签订战略合作协议、加工协议，允许泽兴公司使用涉案技术秘密，旨在充分利用涉案技术秘密商业价值，与泽兴公司实现合作共赢。而泽兴公司提供的在案证据不能证明，战略合作协议、加工协议约定的保密期限届满后，君德同创公司具有允许泽兴公司许可他人使用、披露涉案技术秘密的任何意思表示；亦不能证明泽兴公司为了在保密期限届满后享有与君德同创公司同等的涉案技术秘密权利人权益，支付了相当于涉案技术秘密价值的合理对价。故，泽兴公司在战略合作协议、加工协议约定的保密期限届满后，即 2017 年 6 月 30 日以后，仅能自己使用涉案技术秘密，不能许可他人使用、披露涉案技术秘密。"

五、通过合同解释延长保密期限无异于创设技术秘密的保密措施

本案认定泽兴公司与大晓公司在保密期限届满后实施的行为构成共同侵权的前提是涉案技术信息构成商业秘密，很显然等于认定在这个时间段权利人采取了相应的保密措施。本案事实已经查明保密期限届满后，针对两被告

权利人并没有采取新的保密措施将保密期限延长，而是通过解读最高人民法院《关于适用〈中华人民共和国合同法〉若干问题的解释（二）》[①]、《关于审理技术合同纠纷案件适用法律若干问题的解释》和本案的协议得出上述结论。这无异于创设一种对技术秘密的保密措施。《商业秘密民事案件若干规定》就商业秘密保密措施的问题已经作出较为详尽的规定，且在《合同法》和技术合同纠纷等相关司法解释颁布之后，如若司法政策确有变化之迫切需要，还是在深入研究并修改商业秘密的有关司法解释后再适用为宜。更何况，这在客观上也是对权利人懈怠行为、不积极地采取保密措施行为的纵容，从长远看对我国技术秘密的保护是不利的。这很有可能对通过约定保密期限保密义务对技术秘密采取保护措施的理解，产生严重不利的错误导向，期望能够得到纠正。

① 此处适用判决时的规定。——编者注

第四十章　员工违规将技术秘密发个人邮箱是盗窃行为

最高人民法院在大连倍通诉崔某吉技术秘密侵权案中，将被诉侵权行为的性质从一审“以其他不正当手段获取权利人的商业秘密”改为“盗窃”，并将《保密协议书》中约定的违约金作为侵权赔偿的重要参考因素，赔偿金额从一审 5 万改判为 25 万元。本书认为员工违规将技术秘密发个人邮箱被认定为盗窃行为具有积极意义，希望能尽快达成共识应用于技术秘密刑事保护。

第一节　大连倍通诉崔某吉将数据信息通过公司电子邮箱发送至个人邮箱

原告大连倍通数据平台管理中心（以下简称大连倍通）成立于 2017 年，经营范围包括数据处理、数据调研和商业项目服务等。2019 年 7 月，原告大连倍通与被告崔某吉签订《劳动合同书》《保密协议书》，聘其在管理岗位工作，并发放载有商业秘密保护及保密义务内容的《员工手册》。崔某吉在大连倍通工作期间负责组织技术团队开发“爬虫平台”项目。该项目是大连倍通针对医药企业特定目的和特殊要求开发的，包含计算机程序及相关技术信息等。2019 年 9 月至 12 月的开发成本为 25.2 万元。2019 年 11 月 20 日，经协商一致，原告、被告双方签署《解除劳动合同协议书》《离职保密协议》。2019 年 12 月 4 日至 17 日，崔某吉未经原告准许，将存有“爬虫平台”的数据库文件、系统运行程序文件、源代码和配置文件等保密数据信息，通过公司电子邮箱发送至个人邮箱。电子邮件下载列表包括 design 文件夹、web2data 文件夹和 crawler_ v1 文件夹等。2019 年 12 月 19 日，崔某吉与大连倍通签署《倍通数据集团关于信息外泄处置协议》（以下简称《信息外泄处置协议》），确认泄密行为并删除了崔某吉电子邮箱中的上述信息。

大连倍通向辽宁省大连市中级人民法院对崔某吉提起技术秘密侵权诉讼，请求判令立即停止侵害技术秘密，不得以任何目的、任何形式使用及传播原告的技术秘密；请求判令被告赔偿原告经济损失 50 万元并承担原告律师费。2021 年 1 月 29 日一审法院受理了本案，2021 年 6 月 30 日作出一审判决①，认定构成侵犯商业秘密，判决原告立即停止侵害行为，赔偿包括制止侵权行为所支付的合理开支在内的损失共计 5 万元，驳回其他诉讼请求。

原告、被告双方均不服一审判决提起上诉，最高人民法院于 2021 年 9 月 13 日立案，2021 年 11 月 3 日开庭询问，2022 年 3 月 14 日作出二审判决②：禁止崔某吉披露、使用或者允许他人使用涉案技术秘密，直至该技术秘密为公众所知悉并赔偿经济损失 25 万元及制止侵权行为所支付的合理开支。

第二节　将技术秘密信息从公司邮箱外发至个人邮箱的行为定性

一、涉案技术尚未投入市场，外发电子邮件仅为程序片段以及技术曾用于违法活动等抗辩事实，对认定构成技术秘密是否产生影响

涉案技术信息为“爬虫平台”的数据库设计，包括系统架构、数据库架构、系统运行程序、系统源代码和系统运行配置文件等。崔某吉确认外发电子数据包括“爬虫平台”的部分数据库文件、部分系统运行程序文件、部分源代码和配置文件，同时抗辩称，外发文件仅为程序片段，不是独立运行的

① 参见辽宁省大连市中级人民法院民事判决书，（2021）辽 02 民初 174 号。

② 参见最高人民法院民事判决书，（2021）最高法知民终 1687 号。

程序，爬虫技术是违法技术不应受法律保护等。一审、二审法院分别从价值性、秘密性、保密措施和合法性等几个方面对涉案技术信息是否构成技术秘密做了分析，值得关注：（1）关于外发电子邮件并非大连倍通“爬虫平台”项目全部数据的抗辩事由。大连倍通在诉讼中已明确了请求保护的技术信息载体和具体内容。崔某吉也确认外发电子邮件包括大连倍通主张的三个密点，至于是否涵盖“爬虫平台”的全部数据，不影响涉案行为性质的认定。（2）关于涉案技术信息秘密性的分析判断。涉案技术信息是大连倍通付出创造性劳动而获得的成果，其聘用崔某吉在内的多名技术人员组成团队共同开发该项目，仅4个月就投入成本25.2万元。涉案技术信息凝聚了研发人员的智力成果，并非所属领域相关人员普遍知悉和容易获得。崔某吉为获得涉案技术信息，违反公司严格的保密规定以采取外发邮件的方式获取，显然并非所属领域人员普遍知悉的平台或渠道，也反证了不为公众普遍知悉的事实。大连倍通已尽到初步的举证责任，证明涉案技术信息不为公众所知悉。崔某吉虽然主张涉案技术信息具有公知性、已被普遍使用，但并未提交反证予以证明。所称爬虫技术的概念、分类、功能和策略等文字叙述材料可以通过互联网等公开渠道获得，并不意味着涉案技术信息为公众所知悉。（3）涉案技术虽然尚未投入市场但不影响认定具有价值性。涉案技术信息是大连倍通向医药企业提供技术支持针对特定目的和行业要求而开发的计算机程序和相关技术信息，能够降低工作成本，缩短工作时间，增强竞争优势，具有实用性。虽然该技术尚未投入市场应用，但是从该技术的开发目的、技术功能和投入成本等各方面看，具有潜在的商业价值。（4）爬虫技术曾被用于违法活动不等于该技术本身具有违法性。二审中崔某吉提交了网页新闻等证据拟证明爬虫技术不应受法律保护。最高人民法院认为，即使爬虫技术曾被用于违法活动，也并不等于该项技术本身具有违法性，且崔某吉也未举证证明涉案技术信息是违法信息。

二、将技术秘密信息从公司邮箱外发至个人邮箱的行为，定性为“盗窃”还是“以其他不正当手段获取”之讨论

一审法院认为，被告崔某吉的行为构成《反不正当竞争法》第9条规定

所禁止的“以其他不正当手段获取权利人的商业秘密”侵权行为。主要理由为被告崔某吉明知原告严格的保密管理规范和对涉案技术信息限制使用、传播的要求，及其自身所负的保密义务，仍未经许可将涉案技术秘密转移至非原告所有和控制的电子邮箱，使得涉案技术秘密面临被披露和使用的风险，且对该转移信息的行为未能作出合理解释。因此，被告的行为构成“以其他不正当手段获取权利人的商业秘密”行为。最高人民法院认为，被告崔某吉的行为构成以“盗窃”手段获取他人商业秘密的行为。根据《反不正当竞争法》第9条第1款第1项和第2款的规定①，如果行为人未经技术秘密权利人许可，以复印、照相、发送邮件等方式窃取权利人的技术秘密，使得该技术秘密脱离权利人的原始控制，则行为人构成以盗窃手段获取他人商业秘密。行为人在实施窃取权利人技术秘密行为之前是否合法知悉该技术秘密，对该盗窃行为的定性不产生影响。崔某吉明知保密规定，仍然违反大连倍通的保密要求和管理规定，在其不知情的情况下将含有涉案技术信息的文件通过电子邮件发送至私人邮箱，致使涉案技术信息脱离大连倍通的原始控制，使涉案技术信息存在被披露和使用的风险，该行为构成以盗窃手段获取他人商业秘密。

三、将违约金作为认定技术秘密侵权赔偿损失数额的参考因素，值得在类似的案件中学习借鉴

大连倍通未能提供证据证明因被侵权所受到的实际损失及被告因侵权所获得的利益，仅以数据技术部的成本为依据主张法定赔偿。一审法院结合大

---

① 《反不正当竞争法》第9条规定，经营者不得实施下列侵犯商业秘密的行为：（1）以盗窃、贿赂、欺诈、胁迫、电子侵入或者其他不正当手段获取权利人的商业秘密；（2）披露、使用或者允许他人使用以前项手段获取的权利人的商业秘密；（3）违反保密义务或者违反权利人有关保守商业秘密的要求，披露、使用或者允许他人使用其所掌握的商业秘密；（4）教唆、引诱、帮助他人违反保密义务或者违反权利人有关保守商业秘密的要求，获取、披露、使用或者允许他人使用权利人的商业秘密。

经营者以外的其他自然人、法人和非法人组织实施前款所列违法行为的，视为侵犯商业秘密。

第三人明知或者应知商业秘密权利人的员工、前员工或者其他单位、个人实施本条第1款所列违法行为，仍获取、披露、使用或者允许他人使用该商业秘密的，视为侵犯商业秘密。

本法所称的商业秘密，是指不为公众所知悉、具有商业价值并经权利人采取相应保密措施的技术信息、经营信息等商业信息。

连倍通涉案技术秘密的性质、研究开发成本、创新程度和能够带来的竞争优势，以及被告崔某吉的主观过错、侵权行为的性质和情节等因素，酌定崔某吉赔偿大连倍通包括制止侵权行为所支付的合理开支在内的损失 5 万元。

最高人民法院根据《反不正当竞争法》第 17 条①第 3 款、第 4 款和《商业秘密民事案件若干规定》第 20 条②第 2 款的规定，综合考虑商业秘密的性质、商业价值、研究开发成本、创新程度、能带来的竞争优势，以及侵权人的主观过错，侵权行为的性质、情节和后果等因素，确定本案的赔偿数额。法院综合考量了涉案技术秘密的开发成本，侵权人具有主观恶意，特别是权利人与侵权人事前在保守商业秘密条款中约定的侵权损害赔偿数额等因素。《保密协议书》约定：公司数据库、系统源代码及内含资料等文件资料属于公司的绝密级秘密，并约定大连倍通每月向崔某吉支付保密工资作为其保守公司商业秘密的补偿金；若崔某吉违反以上协议，侵犯大连倍通绝密秘密，应当向大连倍通赔偿 50 万元至 100 万元。本案为侵害技术秘密纠纷，该约定属于双方就侵权损害赔偿达成的事前约定，且崔某吉根据这一约定在工作期间每月可以获得相应的保密工资，故在崔某吉违反相关约定时，可以将双方约定的侵权赔偿数额作为确定本案侵权损害赔偿的重要参考因素。综上，改判崔某吉赔偿经济损失 25 万元。

---

① 《反不正当竞争法》第 17 条规定，经营者违反该法规定，给他人造成损害的，应当依法承担民事责任。

经营者的合法权益受到不正当竞争行为损害的，可以向人民法院提起诉讼。

因不正当竞争行为受到损害的经营者的赔偿数额，按照其因被侵权所受到的实际损失确定；实际损失难以计算的，按照侵权人因侵权所获得的利益确定。经营者恶意实施侵犯商业秘密行为，情节严重的，可以在按照上述方法确定数额的 1 倍以上 5 倍以下确定赔偿数额。赔偿数额还应当包括经营者为制止侵权行为所支付的合理开支。

经营者违反该法第 6 条、第 9 条规定，权利人因被侵权所受到的实际损失、侵权人因侵权所获得的利益难以确定的，由人民法院根据侵权行为的情节判决给予权利人 500 万元以下的赔偿。

② 《商业秘密民事案件若干规定》第 20 条规定，权利人请求参照商业秘密许可使用费确定因被侵权所受到的实际损失的，人民法院可以根据许可的性质、内容、实际履行情况以及侵权行为的性质、情节、后果等因素确定。

人民法院依照《反不正当竞争法》第 17 条第 4 款确定赔偿数额的，可以考虑商业秘密的性质、商业价值、研究开发成本、创新程度、能带来的竞争优势以及侵权人的主观过错，侵权行为的性质、情节、后果等因素。

四、提起技术秘密侵权诉讼与《信息外泄处置协议》对新侵权行为进一步追诉的约定并不冲突

崔某吉上诉称，双方在《信息外泄处置协议》中已经达成和解，大连倍通已经处罚崔某吉，无权再起诉。该抗辩未被支持，对此最高人民法院分析如下：首先，《信息外泄处置协议》是崔某吉作出的关于销毁文件、不得扩散和使用相关泄露内容的承诺，是其就信息外泄行为作出的承诺，不足以证明大连倍通放弃追究被诉侵权行为的法律责任。其次，《信息外泄处置协议》约定若泄露内容对大连倍通造成利益损失，大连倍通保留进一步追诉的权利。这是就崔某吉的披露、使用、允许他人使用权利人技术秘密等违法行为保留追诉权利的约定内容，提起本诉并不违反约定。最后，崔某吉提出的大连倍通拒付部分安全合规工资及补偿金的行为属于大连倍通依据双方保密约定作出的行为，由此产生的争议属于劳动争议纠纷，与本案中承担《反不正当竞争法》下的侵权责任属于不同的法律关系，并不矛盾。

五、定性“盗窃”或“以不正当手段获取”对民事案件影响不大

在（2020）最高法民申3388号再审案（以下简称“3388号案”）中，最高人民法院将员工在离职前将技术秘密从办公邮箱拷贝至个人邮箱的行为明确定性为“以不正当手段获取”商业秘密的行为，与本案明显不同。如果崔某吉以涉案侵权行为定性问题导致适用法律错误为由申请再审，最高人民法院民事审判第三庭是否会按照“3388号案”的思路改判。这是一个值得关注的问题。希望不要改判，因为就本案而言在适用法律的问题上没有实质影响。根据《反不正当竞争法》第9条第1款的规定，“盗窃”也属于“以不正当手段获取”中的一种，亦即行为类型法定化，其性质无所谓孰轻孰重。具体到本案，一审、二审法院在认定赔偿数额时均没有将行为定性作为民事责任和判赔的考量因素，对本案再审改判确无必要。然而，将本案的行为定性为盗窃是具有积极意义的，是值得肯定的（下文详述）。2020年6月29日，本书作者代表中华全国律师协会知识产权专业委员会起草《关于〈最高人民法院关于审理侵犯商业秘密纠纷民事案件应用法律若干问题的解释〉

（征求意见稿）修改建议》，提出：被诉侵权人违反法律规定、明显违反公认的商业规则，或者员工违反了权利人所采取的第×条第×项保密措施，获取权利人的商业秘密的，人民法院应当认定属于《反不正当竞争法》第9条第1款所称的以其他不正当手段获取权利人的商业秘密。并阐明修改的理由：员工在职期间合法获取商业秘密，但未按照与公司的协议约定或公司制度规定，于离职时未主动返还、删除、销毁其接触或者获取的商业秘密及其载体商业秘密而带走的，应属于以其他不正当手段获取权利人的商业秘密。很遗憾上述建议没有被《商业秘密民事案件若干规定》采纳。通过调研可知技术秘密信息（载体）脱离权利人控制，多因员工违规产生，这也是一系列技术秘密侵权和犯罪行为的诱因，从根本上确实需要明确并强化行为本身的不法性而不仅仅是将其作为违约或违规的具体体现。

六、民事案件定性为盗窃，希望能够在达成共识的前提下对技术秘密刑事案件产生积极的影响

林广海和许常海在《人民司法》2020年第34期发表的《〈关于办理侵犯知识产权刑事案件具体应用法律若干问题的解释（三）〉的理解与适用》（以下简称《解释的适用》）一文，在侵犯商业秘密罪“其他不正当手段”的认定中提到：

实践中，行为人为非法获取商业秘密，多采用偷拍偷录、复印记录或者未经授权、超越授权进入计算机信息系统拷贝、下载等方式秘密窃取，《刑事司法解释（三）》第3条第1款将该类行为明确规定为《刑法》第219条第1款第1项规定的“盗窃”，突出打击重点。《刑事司法解释（三）》第3条第2款采纳了《反不正当竞争法》第9条的内容，明确规定“贿赂、欺诈、电子侵入”属于“其他不正当手段”。适用本条应当注意：一是《刑法》第219条第1款第1项规定的“以盗窃、利诱、胁迫或者其他不正当手段获取权利人的商业秘密”①，规制的是“不正当获取行为”本身，故其他不正当手段的性质应当与盗窃、利诱、胁迫相当，行为本身即是不法行为。二是认定“以不正当手段获取商业秘密”的前提是，行为人此前并不掌握、知悉或

① 此处适用判决时的规定。——编者注

者持有该项商业秘密，以区别于《刑法》第219条第1款第3项规定的违约侵犯商业秘密的行为。行为人合法正当获取商业秘密后违反保密义务侵犯商业秘密，属于《刑法》第219条第1款第3项规定[①]的行为，而不属于该条款第1项规定的情形。例如，商业秘密权利人的员工参与了商业秘密研发或者因日常工作使用而知悉该项商业秘密，获取行为是合法正当的，其违反保密协议擅自复制商业秘密的行为，不属于《刑法》第219条第1款第1项规定的“不正当手段”的情形。

不少地方的侦办单位和检察机关虽认为《解释的适用》一文对“不正当手段”的认定过窄并深感困惑，但在实务办案过程中仍照此标准搜集组织证据。按照此文的观点，崔某吉作为权利人的员工因日常工作使用而知悉涉案技术秘密，不属于刑法意义上的“以不正当手段”获取，属于“违约”。如果按照一审判决认定为《反不正当竞争法》规定的“以不正当手段”获取，将可能因该手段达不到与“盗窃”相当的程度而不属于《刑法》第219条第1款第1项规定的行为，当然也就无法根据《刑事司法解释（三）》第5条[②]

---

① 《刑法》第219条第1款第3项规定，有下列侵犯商业秘密行为之一，情节严重的，处3年以下有期徒刑，并处或者单处罚金；情节特别严重的，处3年以上10年以下有期徒刑，并处罚金：违反保密义务或者违反权利人有关保守商业秘密的要求，披露、使用或者允许他人使用其所掌握的商业秘密的。

② 《刑事司法解释（三）》第5条规定，实施《刑法》第219条规定的行为造成的损失数额或者违法所得数额，可以按照下列方式认定：（1）以不正当手段获取权利人的商业秘密，尚未披露、使用或者允许他人使用的，损失数额可以根据该项商业秘密的合理许可使用费确定；（2）以不正当手段获取权利人的商业秘密后，披露、使用或者允许他人使用的，损失数额可以根据权利人因被侵权造成销售利润的损失确定，但该损失数额低于商业秘密合理许可使用费的，根据合理许可使用费确定；（3）违反约定、权利人有关保守商业秘密的要求，披露、使用或者允许他人使用其所掌握的商业秘密的，损失数额可以根据权利人因被侵权造成销售利润的损失确定；（4）明知商业秘密是不正当手段获取或者是违反约定、权利人有关保守商业秘密的要求披露、使用、允许使用，仍获取、使用或者披露的，损失数额可以根据权利人因被侵权造成销售利润的损失确定；（5）因侵犯商业秘密行为导致商业秘密已为公众所知悉或者灭失的，损失数额可以根据该项商业秘密的商业价值确定。商业秘密的商业价值，可以根据该项商业秘密的研究开发成本、实施该项商业秘密的收益综合确定；（6）因披露或者允许他人使用商业秘密而获得的财物或者其他财产性利益，应当认定为违法所得。

前款第2项、第3项、第4项规定的权利人因被侵权造成销售利润的损失，可以根据权利人因被侵权造成销售量减少的总数乘以权利人每件产品的合理利润确定；销售量减少的总数无法确定的，可以根据侵权产品销售量乘以权利人每件产品的合理利润确定；权利人因被侵权造成销售量减少的总数和每件产品的合理利润均无法确定的，可以根据侵权产品销售量乘以每件侵权产品的合理利润确定。商业秘密系用于服务等其他经营活动的，损失数额可以根据权利人因被侵权而减少的合理利润确定。

商业秘密的权利人为减轻对商业运营、商业计划的损失或者重新恢复计算机信息系统安全、其他系统安全而支出的补救费用，应当计入给商业秘密的权利人造成的损失。

第 1 款第 1 项以涉案技术秘密的合理许可使用费认定损失数额。

本案最高人民法院改判认定为盗窃，是否可以对接《刑法》第 219 条第 1 款第 1 项和《刑事司法解释（三）》第 5 条第 1 款第 1 项，以涉案技术秘密的合理许可使用费作为损失认定数额，超过 30 万元即可定侵犯商业秘密罪呢？

2021 年度商业秘密案例评析“十问”，本书第二十七章“员工携密跳槽不正当手段认定对定罪的影响”、第三十一章“从音王商业秘密案析刑事司法解释适用”，以及微信公众号“金桐秘语”文章《2021 商业秘密案例评析“十问”之商》中多次表达过对前述文章中有关“不正当手段”获取认定的困惑以及该认定给基层的刑事执法带来的问题。

将本案中的侵权行为认定为盗窃是有积极意义的，希望该观点能尽快达成共识，对在当前形势下推动商业秘密的刑事保护起到应有的作用。